Wer sind wir als Organisation?

Campus Forschung
Band 958

Stefan Kirchner, Dr. rer. pol., ist wissenschaftlicher Mitarbeiter am Institut für Soziologie der Universität Hamburg.

Stefan Kirchner

Wer sind wir als Organisation?

Organisationsidentität zwischen Neo-Institutionalismus und Pfadabhängigkeit

Campus Verlag
Frankfurt/New York

Gedruckt mit freundlicher Unterstützung der WiSo-Graduate School der Universität Hamburg.

Dissertation Universität Hamburg, 2012.

Bibliografische Information der Deutschen Nationalbibliothek:
Die Deutsche Nationalbibliothek verzeichnet diese Publikation in der Deutschen Nationalbibliografie.
Detaillierte bibliografische Daten sind im Internet unter http://dnb.d-nb.de abrufbar.
ISBN 978-3-593-39730-6

Gedruckt auf Papier aus zertifizierten Rohstoffen (FSC/PEFC).
Umschlaggestaltung: Campus Verlag GmbH, Frankfurt am Main
Druck und Bindung: CPI buchbücher.de, Birkach
Printed in Germany

Dieses Buch ist auch als E-Book erschienen.
www.campus.de

Inhalt

Einleitung

Gleich ob öffentliche Einrichtungen oder Unternehmen, der Wandel von Organisationen gilt als Garant für Innovationsfähigkeit und stellt in der Praxis doch immer wieder ein Problem dar.[1] Demgegenüber erscheint Stabilität in sich ständig umwälzenden Umwelten beinahe als Defizit, das es zu überwinden gilt. In der aktuellen soziologischen Organisationstheorie wird häufig unterstellt, dass Institutionen einen erheblichen Einfluss ausüben. Organisationen orientieren sich an allgemeinen Erwartungen und streben nach Legitimität. Ein umfassender Organisationswandel wird beispielsweise ausgelöst, wenn neuen Organisationsmodellen Legitimität zugeschrieben wird und sich diese allgemein verbreiten. In der Praxis zeigt sich jedoch, dass Organisationen sich nicht verändern, obwohl dieses die äußeren Umstände und legitime Erwartungen erfordern. Auch gilt: Selbst wenn es zu Wandel kommt, laufen Veränderungen nicht selten in einer Eigendynamik ab, bei der die allgemeinen Modellvorgaben in den Abläufen der Organisation nur teilweise oder erheblich modifiziert umgesetzt werden.

Der Widerstand gegen Wandel erscheint oft als der »hässliche Zwilling« von Anpassungsfähigkeit, Flexibilität und Innovation. Dieser Widerstand ist jedoch für Organisationen ebenso grundlegend wie Anpassungsfähigkeit durch Wandel. Mit dem Ziel einer Weiterentwicklung der Organisationsforschung wird in dieser Arbeit eine bestimmte Herangehensweise vorgeschlagen. So ist bei einer Auseinandersetzung mit der Stabilität und dem Wandel von Organisationen allem voran zu klären, was mit dem Begriff

---

1 Danksagung: Mein besonderer Dank gilt an erster Stelle Jürgen Beyer und David Seidl. Ich danke meiner Mutter Christina Kirchner für ihre geduldige und dabei unbedingte Unterstützung meiner Lebensziele. Viele Andere haben meinen Weg begleitet. Stellvertretend für diese möchte ich mich für institutionelle und persönliche Unterstützung bei David Filpe, Jost Halfmann, Sven Hauff, Otto Hüther, Coco Klußmann, Alexander Leistner, Rolf Nichelmann und Maria Oppen bedanken.

der »Organisation« überhaupt beschrieben wird. Nur wenn die Ebene der Organisation ausreichend bestimmt ist, können die Umstände für Stabilität und Wandel der Organisation und die zugrunde liegenden Mechanismen aufgedeckt werden.

Die grundsätzliche und übergreifende Frage dieser Arbeit lautet daher zuerst einmal: Wie sind Stabilität und Wandel von Organisationen in institutionellen Umwelten möglich? Für die Beantwortung der Frage bietet die Organisationsforschung zwei etablierte Positionen an (vgl. Hannan et al. 1996; Lewin/Volberda 1999):

(a) Eine erste Argumentationslinie unterstellt, dass sich Organisationen flexibel im Einklang mit institutionalisierten Erwartungen verändern, das heißt Organisationen bleiben ihrer institutionellen Umwelt entsprechend stabil oder passen sich an. Organisationswandel und -stabilität werden in dieser Perspektive weitgehend als ein Reflex auf institutionellen Wandel behandelt. Diese erste Argumentationslinie entspricht im weitesten Sinne der klassischen neo-institutionalistischen Perspektive. Dieser Position kommt eine zusätzliche Bedeutung zu, da es sich beim soziologischen Neo-Institutionalismus um die »default theory of organizations today« (Davis 2010: 8) handelt. Eine entsprechend große Anzahl empirischer Untersuchungen und konzeptioneller Ansätze folgt dieser Argumentation. Die Bedingungen von Stabilität und Organisationswandel entsprechen dabei den Bedingungen institutioneller Stabilität und institutionellen Wandels und beschreiben eine Umweltabhängigkeit der Organisation.

(b) Eine zweite Forschungsrichtung behauptet demgegenüber eine relative Unabhängigkeit der Organisation von deren unmittelbaren Umweltbedingungen. Dies drückt sich vor allem dadurch aus, dass Stabilität bis hin zur Hyperstabilität als eine grundlegende Eigenschaft von Organisationen verstanden wird. Selbst angesichts massiver Umweltveränderung wird unterstellt, dass sich Organisationen in bestimmten Kerneigenschaften nicht verändern (können). Im Zweifel gehen Organisationen eher in einem evolutionären Auswahlprozess unter, als dass Veränderungen erfolgreich umgesetzt werden. In jedem Fall ist Organisationswandel aber problematisch und von erheblichen systematischen Widerständen begleitet. Diese Vorstellung prägt den Ansatz der strukturellen Trägheit von Organisationen in der Populationsökologie (Hannan/Freeman 1977, 1984, 1993), das Konzept des »Imprinting« von Eigenschaften in Organisationsformen (Stinchcombe 1965; Johnson 2007), aber auch das Konzept der Pfadabhängigkeit von Organisationen (Sydow et al. 2009). Indem mit dieser zweiten Argumentationslinie auch Widerstandspotenziale gegen Anforderungen der Umwelt in den Blick genommen werden, wird eine Eigenlogik der Organisation sichtbar. Diese Eigenlogik steht institutionellen Erwartungen entgegen und blockiert eine Anpassung systematisch.

Mit der Gegenüberstellung dieser beiden Positionen wird ein erheblicher Widerspruch in der aktuellen Organisationsforschung deutlich. Anpassung und Hyperstabilität stehen einander ebenso entgegen wie Umweltabhängigkeit und Eigenlogik. Scheinbar unvereinbar kann man einmal davon ausgehen, dass sich Organisationen entsprechend ihrer Umwelt verändern, oder man kann unterstellen, dass Organisationen auch bei Veränderungen in ihren Strukturen starr bleiben oder sich nur eingeschränkt entwickeln.

Zentrale These dieser Arbeit ist, dass dieser Widerspruch aufgelöst werden kann, wenn die Ebene der Organisation bestimmt wird. King et al. (2009) machen auf einen generellen Mangel in der aktuellen Organisationstheorie aufmerksam. Ähnlich argumentiert Peter Walgenbach (2011) in einem aktuellen Beitrag. Während nach King et al. (2009: 291) viele Ansätze Aktivitäten in und um Organisationen herum beschreiben, bleibt die Position des Hauptdarstellers, die der Organisation, meist unbesetzt. Die aktuelle Organisationstheorie erscheint damit als Theorie ohne Protagonisten, da die Organisation als eigenständige Ebene nicht umfassend bestimmt und damit nicht genügend berücksichtigt wird. Entsprechend unscharf bleiben daher bisher Aussagen zur Verbindung von Institutionen und Organisationen. Andrew J. Hoffman (2001) beschreibt beispielsweise, dass die Interaktion von Institution und Organisation bisher nicht deutlich genug herausgearbeitet wurde. Marc Schneiberg (2007) zeigt, dass in bestimmten institutionellen Umwelten von diesen abweichende Organisationsformen lange Zeiträume überdauern können. Wenn unterstellt wird, dass sich Organisationen an institutionelle Erwartungen anpassen, dann handelt es sich bei dauerhaften Abweichungen um ein erklärungsbedürftiges Phänomen. Um Eigenlogik unterstellen zu können, sind Ressourcen der Organisation erforderlich, die eine dauerhafte Abweichung ermöglichen. Andernfalls kann der These einer Tendenz zur Umweltabhängigkeit wenig hinzugefügt werden. Daher ist eine Bestimmung der Bedingungen von Stabilität und Wandel der Organisation notwendig, die zuerst einmal unabhängig von Institutionen existieren. Entsprechend wird in dieser Arbeit Folgendes unterstellt: Aussagen zu Stabilität und Wandel von Organisationen sowie zur Verbindung von Institutionen und Organisationen lassen sich nur treffen, wenn die Ebene der Organisation ausreichend bestimmt ist.

In dieser Arbeit wird die Ebene der Organisation, wie von King et al. (2009) vorgeschlagen, mit Hilfe des Konzeptes der Organisationsidentität erfasst. Im Anschluss an diesen Vorschlag steht die Diskussion der Möglichkeiten für Stabilität und Organisationswandel im Mittelpunkt. Dabei wird die Rolle von Organisationsidentitäten ins Zentrum der Argumentation gerückt. Antworten der Organisationsmitglieder auf die Frage »Wer sind wir als Organisation?« sind Teil der Identität der Organisation (Albert/Whetten 1985). Die Beantwortung dieser Wer-sind-wir-Frage bestimmt in der Praxis die Möglichkeiten für Stabilität und Wandel einer Organisation. Einerseits begrenzt diese kollektive Selbstdefinition Entwicklung, andererseits werden Möglichkeitsräume erst erschlossen.

Ziel der Arbeit ist eine Ergänzung des soziologischen Neo-Institutionalismus. Während in anderen Ansätzen eine Mikro-Fundierung vorgeschlagen wird (Powell/Colyvas 2008), verfolgt diese Arbeit eine »Meso-Fundierung«. Durch die Einführung der Organisationsidentität wird ein zentraler Mechanismus im Verhältnis von Umwelt und Organisationsmitgliedern eingeführt, der die spezifischen Eigenschaften und Dynamiken der Organisation als eigenständige Ebene abbildet. In der aktuellen Literatur findet sich eine starke Konzentration auf Erklärung institutionellen Wandels – beispielsweise durch soziale Bewegungen (Rao et al. 2000; Zald et al. 2005; Schneiberg/Lounsbury 2008) oder durch institutionelle Unternehmer (DiMaggio 1988; Beckert 1999; Greenwood/Suddaby 2006). Der letzte Ansatz gilt dabei als Lösungsversuch der Paradoxie der »Embedded Agency«, also der Frage nach der Möglichkeit von Alternativen unter den Bedingungen institutioneller Beeinflussung. Diese Vorschläge für eine Mikro-Fundierung sollen zur Erklärung von institutionellem Wandel beitragen. Anders als bei der Mikro-Fundierung geht die Arbeit jedoch davon aus, dass eine fundierte Analyse des Organisationswandels auf einer Klärung der Bedingungen für Stabilität von Organisationen basiert. Letztlich sind gerade Abweichungen von allgemein etablierten Modellen Ausgangspunkt von institutionellen Diffusionsdynamiken. Es ist also notwendig zu klären, wie Abweichungen auf der Ebene der Organisation entstehen und sich auch gegen allgemeine Erwartungen in der Umwelt stabilisieren können.

Der Argumentationsgang folgt der Einführung des Organisationsidentitätskonzeptes und der Ableitung der damit verbundenen Konsequenzen für Stabilität und Organisationswandel in institutionellen Umwelten. Ziel ist eine Verbindung von Umweltabhängigkeit und Eigenlogik der Organisation in einem Modell, das die Organisation als eigenständige Ebene bestimmt und deren Wechselwirkung mit Institutionen aufdeckt. Entsprechend sind die leitenden Fragen zu formulieren um Stabilität und Wandel von Organisationen in institutionellen Umwelten konzeptionell abbilden und einfassen zu können:

(i) Um die Gegenüberstellung der oben ausgeführten Ansätze zu verdeutlichen, ist vor allem danach zu fragen: Welche Eigenschaften bestimmen die Verbindung zwischen Organisation und Institution? Für eine Beantwortung der Frage ist zu diskutieren, welche Möglichkeiten Organisationen in neo-institutionalistischen Ansätzen angesichts institutionellen Drucks eingeräumt werden, sich abweichend zu verhalten. Auch sind die Ebenen und Mechanismen zu bestimmen, die helfen können, eine Verbindung zwischen Organisation und Institution aufzudecken. Besonders das Konzept der Entkopplung von Formalstruktur und tatsächlichen Aktivitäten der Organisation (Meyer/Rowan 1977) kann als ein erstes Gegenargument zur Gegenüberstellung von Umweltabhängigkeit und Eigenlogik der Organisation verstanden werden. Daher bleibt zu prüfen, inwieweit die hier vorgenommenen Unterstellungen zutreffen. Der Argumentationsgang der Arbeit fordert dabei in den folgenden Abschnitten einen Nachweis, dass sich mit der Einführung des Konzeptes der Organisationsidentität tatsächlich ein Erkenntnisfortschritt einstellt. Ohne die ausführliche Argumentation vorwegzunehmen, kann herausgestellt werden, dass die dem Neo-Institutionalismus zugrunde liegende Institutionentheorie von Berger und Luckmann (1980) grundsätzlich eine Verbindung von Institutionen und Identitäten betont. So ist die Konstruktion von Identitäten für die Erzeugung von Institutionen wichtig, da Identitäten Akteure und Felder miteinander verknüpfen (Lawrence/Suddaby 2006). Zudem wird in der Untersuchung von Diffusionsprozessen eine erste Verbindung von Organisationsidentität und institutionellen Erwartungen aufgedeckt (Sahlin-Andersson 1996; Sahlin/Wedlin 2008). Eine Integration der Konzepte erscheint damit nicht nur möglich, sondern als aussichtsreich.

(ii) Die Auseinandersetzung mit Organisationen konzentriert sich häufig auf die Untersuchung von Wandelprozessen. Dabei wird Stabilität als notwendiger Gegenpol zur Veränderung häufig nicht berücksichtigt. Hier wird dagegen unterstellt, dass die Untersuchungen der Mechanismen der Stabilität eine Grundlage für die Analyse von Organisationswandel darstellen. Beide Punkte bilden notwendige Komponenten für ein solides Konzept des Organisationswandels. So wird gefragt: Was sind die Bedingungen für Stabilität und Wandel der Organisation? Die Frage nach Stabilität scheint darüber hinaus besonders wichtig, da die Vorstellung einer sich ständig wandelnden und zur Anpassung zwingenden Organisationsumwelt das Problem aufwirft, ob und wie überhaupt Stabilität in solchen turbulenten Umwelten erzeugt werden kann. Für die Beschreibung von Mechanismen einer stabilen Reproduktion sozialer Strukturen wird in dieser Arbeit der Pfadansatz eingeführt. Mit der Bestimmung der Reproduktionsmechanismen werden Ressourcen für Stabilität und im Anschluss daran die Bedingungen für Wandel aufgezeigt. Durch eine Einführung der Organisationsidentität wird herausgearbeitet, wie die Mechanismen und Grundannahmen von Pfadabhängigkeit auf dieser Ebene der Organisation angewendet werden können.

(iii) Mit der Diskussion der Verbindung zwischen Organisation und Institution sowie dem Verhältnis von Stabilität und Wandel entsteht die Frage nach dem Zusammenhang der aufgeworfenen Aspekte: Welche Konsequenzen ergeben sich aus der Betrachtung von Organisationsidentitäten für Organisationswandel in institutionellen Umwelten? Organisationsidentität wird im Anschluss an die vorangestellten Ausführungen als Mechanismus bestimmt, der eine Auseinandersetzung mit Umwelterwartungen leistet. Konformität (Isomorphie) und Abweichung (Eigenlogik) sind durch die Identität der Organisation vermittelt. Organisationswandel wird als Problem des Identitätswandels in institutionellen Umwelten verstanden und diskutiert.

Entlang der leitenden Fragen ergibt sich der Aufbau der Arbeit. In Teil A erfolgt die Einführung des Ansatzes der Organisationsidentität als Bestimmung der Ebene der Organisation, der der weiteren Argumentation zugrunde gelegt wird. Teil B diskutiert die Verbindung von Organisation und Institution. Um die Basisannahmen der neo-institutionalistischen Organisationstheorie kritisch diskutieren zu können, werden die grundlegenden Definitionen und die beschriebenen Verbindungen von Institution und Organisation herausgearbeitet. Mit dem Ziel, den Identitätsansatz mit neo-institutionalistischen Ansätzen zu verknüpfen, wird ein Konzept der Verbindung von Institution und Organisationsidentität entworfen. Die Ausführungen in Teil C zielen auf die Aufdeckung der Bedingungen von Stabilität als Grundlage für Wandel. Für die Analyse wird der Pfadansatz als Konzept zur Beschreibung von Stabilität und Wandel unterstellt. Die

Grundlagen dieses Ansatzes werden vorgestellt und ausgeführt. Darauf aufbauend wird das Konzept der Pfadabhängigkeit von Organisationen aufgegriffen, um dieses abschließend mit dem Konzept der Organisationsidentität zu verknüpfen. Aus den Analysen der vorangestellten Abschnitte werden in Teil D Konsequenzen für die Beschreibung von Stabilität und Wandel von Organisationen in institutionellen Umwelten hinsichtlich des zentralen Konzeptes der Organisationsidentität aufgegriffen und ausgeführt.

A. Organisationsidentität

In der Einleitung wurden zwei gegensätzliche Positionen dargestellt. Danach lässt sich zum einen mit Unterstützung des soziologischen Neo-Institutionalismus argumentieren, dass Organisationen den Vorgaben der institutionellen Umwelt folgen und sich an legitime Erwartungen anpassen. Demgegenüber kann mit anderen Ansätzen die Behauptung aufgestellt werden, dass Organisationen oft nicht in der Lage sind, sich umfangreich anzupassen. Vielmehr finden sich Hinweise für eine substanzielle Persistenz von Organisationen angesichts sich wandelnder institutioneller Umwelten. Für eine Auflösung dieses Widerspruches erscheint eine dritte Perspektive notwendig. Zu diesem Zweck soll im Folgenden das Konzept der Organisationsidentität eingeführt werden.

Das Konzept der Organisationsidentität dient in dieser Arbeit dazu, eine Ebene der Verbindung zwischen Organisation und Institution zu bestimmen. Gleichzeitig werden die mit dieser Ebene verbundenen Effekte und die Bedingungen für Organisationswandel in institutionellen Umwelten aufgezeigt. Im ersten Abschnitt werden Ansätze zu Organisationsidentität vorgestellt. Darauf folgt eine Präzisierung der Darstellung der Verbindung von Organisationsaktivitäten und Organisationsidentität durch eine Bestimmung der Funktionen der Organisationsidentität.

1. Grundlagen der Organisationsidentität

Organisationen stehen in einem komplexen Wechselverhältnis mit ihrer Umwelt. Gleichzeitig funktioniert die Organisation intern, in ihrem Kern, eigenständig und eigenlogisch (vgl. Thompson 1967). Zum Teil erscheint es notwendig, interne von externen Anforderungen zu trennen, um die Funktionstüchtigkeit der Organisation aufrechtzuerhalten (vgl. Meyer/Rowan

1977). Organisationen sind dabei durch ein komplexes Interaktionsverhältnis mit der Organisationsumwelt bestimmt (Mayntz 1963: 40ff.; Weick 1988, 1995a; Fiol/Huff 1992; Luhmann 1988, 2000; Scott/Davis 2007: 88ff.). Gleichzeitig wird in teilweise sehr unterschiedlichen Ansätzen der Organisation ein Status als eigenständige und zentrale Einheit in modernen Gesellschaften zugeschrieben (Coleman 1990; Simon 1991; Luhmann 1988, 2000; King et al. 2009).

Das Konzept der Organisationsidentität ermöglicht es, Organisationen als eigenständige, eigenlogische Einheiten zu bestimmen und in ihren Dynamiken zu beschreiben (vgl. King et al. 2009). Die Identität einer Organisation bezeichnet eine Form kollektiver Realität, die abgelöst vom einzelnen Mitglied existiert. Für Individuen, also für das einzelne Organisationsmitglied, erscheint die Organisation mit ihren Strukturen, Routinen oder Prozessen vergleichbar mit einer sozialen Tatsache (Durkheim 1984). Die Organisation beschreibt damit eine eigenständige Realitätsebene, die sich außerhalb des Individuums befindet und als kollektiv geteilte Form des Denkens und des Handelns auf das Individuum zurückwirkt. Eine Organisation besteht zwar aus einzelnen Organisationsmitgliedern, lässt sich aber als eigenständiger Organismus beschreiben (Whetten/Mackey 2002; Whetten 2006; Cornelissen et al. 2007). Es handelt sich demnach nicht um die Beschreibung einer Verbindung von Organisationsidentität und den persönlichen Identitäten der Mitglieder, die in anderen Ansätzen in den Mittelpunkt treten (siehe Ashforth/Mael 1989; Dutton et al. 1994; Foreman/Whetten 2002). Vielmehr konstituiert sich Organisationsidentität in dieser Arbeit durch eine Ablösung von persönlichen Deutungen der Organisation durch die Mitglieder als eine reflexive Konstruktion der Organisation als Ganzes (vgl. Seidl 2005). Die Reflexivität der Organisationsidentität entsteht durch deren Einsatz als Mechanismus der Beschreibung der Organisation und der Beschreibung der Organisation in ihrer Umwelt.[2]

Die aktuelle Diskussion des Organisationsidentitätskonzeptes wird von zwei unterschiedlichen Perspektiven geprägt. Einerseits handelt es sich um die Perspektive auf Organisationsidentität als fester Bestandteil der Organisation als sozialer Akteur. Andererseits existiert die Perspektive einer

2 Für einen Überblick zur Erforschung von Organisationsidentitäten siehe Brown 2001; Oliver/Roos 2003; Seidl 2005; Brown et al. 2006 ; Rometsch/Sydow 2006; Cornelissen et al. 2007; Glynn 2008; Rometsch 2008; Vogel/Hansen 2010.

kontinuierlichen Reproduktion von Organisationsidentität (ähnlich Ravasi/Schultz 2006).

1.1 Identität als Eigenschaft der Organisation als sozialer Akteur

In der Perspektive der Organisation als sozialer Akteur bildet die Organisationsidentität eine grundlegende Eigenschaft einer Organisation (Ravasi/Schultz 2006; King/Whetten 2008; King et al. 2009):

»This perspective acknowledges the unique social status afforded ›organizations‹ in modern society – invested with roughly the same rights and responsibilities as individuals [...] As a condition of successful social interaction, it follows that organizational actors, such as individual actors, must possess identifying features capable of rendering them recognizable as particular types of actors, as well as making them distinguishable from all similar actors.« (King/Whetten 2008: 195)

In einer für die gesamte Debatte grundlegenden Definition verstehen Albert und Whetten (1985; vgl. Whetten 2006) Organisationsidentität als Antwort auf die Frage »Wer sind wir als Organisation?«. Die Aussagen (claims) der Mitglieder, die als Antworten auf diese Identitätsfrage gelten können, haben entsprechend dieser Definition drei grundlegende Eigenschaften: Sie sind zentral, zeitlich stabil und unterscheidend (central, enduring, distinctive). In dieser Perspektive wird die Organisationsidentität als eine Eigenschaft der Organisation als sozialer Akteur beschrieben.

Der zentrale Charakter der Aussagen der Mitglieder zur Organisationsidentität entsteht durch den Bezug auf eine wichtige Unterscheidung (Albert/Whetten 1985). Wichtigkeit und Aussagegehalt einer Unterscheidung sind selbstverständlich relativ und abhängig von dem Kontext oder dem Ziel der Aussage sowie beeinflusst von den Objekten, von denen die Organisation durch die konkrete Aussage unterschieden werden soll. Damit ist auch offensichtlich, dass eine Identität nur in Beziehung zu organisationsexternen Elementen bestimmt werden kann. Indem sich die Organisation von anderen abgrenzt oder sich positiv auf diese bezieht, nimmt die Formulierung der Identität Bezug auf Elemente der Umwelt wie Typisierungen, Erwartungen oder allgemeine Beschreibungen. Die Formulierung der Identität bezieht sich demnach im Normalfall immer auch auf Elemente außerhalb der Organisation und ist damit grundsätzlich abhängig vom jeweiligen sozialen Kontext (vgl. Sevón 1996: 58; Sahlin-Andersson 1996).

Darüber hinaus ist für die Bestimmung einer Organisationsidentität von Bedeutung, dass der zentrale und unterscheidende Charakter der Aussagen zeitlich stabil ist. Die Bestimmung der Organisationsidentität durch die Frage »Wer sind wir?« verbindet sich mit der Frage »Wer sind wir gewesen?«. Eine Quelle der Identität der Organisation bildet die Kontinuität von Vergangenheit und Gegenwart. Dabei dient der Bezug zur Vergangenheit der Reduktion von Komplexität. Eine Grundlage der Individualität der Organisation ist die eigene Geschichte, der historische Selbstbezug der Organisation (vgl. auch Luhmann 2000; Seidl 2005).

Die Organisation bezieht sich in ihren Identitätsformulierungen gleichzeitig auf zwei Referenzpunkte (Whetten 2006: 223): Zum einen als vergleichende Referenz auf Kategorien, Bedeutungen, Bewertungen oder Objekten in der Umwelt (comparative frame of reference), dieses entspricht einem Umweltbezug (unterscheidend). Zum anderen handelt es sich hier um eine Selbstreferenz auf die Vergangenheit der Organisation (historical frame of reference). Dieses entspricht einem Selbstbezug der Organisation bei der Konstruktion der Organisationsidentität (zentral und zeitlich stabil). Aktuelle Praktiken und Entscheidungen werden im Prozess dem gegenübergestellt, was als vergangene Zustände der Organisation kollektiv erinnert wird. Die Konsistenz der Organisationsidentität wird damit geprüft und gegebenenfalls wiederhergestellt.

1.2 Identität als kontinuierlicher Reproduktionsprozess

Neben der Perspektive der Organisationsidentität als Eigenschaft eines sozialen Akteurs finden sich Ansätze, die die Organisationsidentität als Gegenstand eines permanenten, kollektiven Rekonstruktionsprozesses verstehen und beschreiben (Gioia et al. 2000; Ravasi/Schultz 2006). Es handelt sich hierbei um eine Erweiterung und Kritik der »Sozialer-Akteur-Ansätze.« Aus empirischer Sicht werden Organisationsidentitäten als geteilte Deutungsmuster behandelt (Gioia et al. 2000; Ravasi/Schultz 2006). Zum Teil werden diese Deutungsmuster als Identitätsgeschichten, Identitätsdiskurse oder Narrationen der Organisation(smitglieder) verstanden und empirisch ausgewertet (vgl. Humphreys/Brown 2002; Chreim 2005; Whetten 2006).

Identität ist in dieser Perspektive immer wieder Gegenstand der Neudefinition und Auslegung (Chreim 2005). Das gilt besonders, da sich Organisationen bei der Konstruktion ihrer Identität immer mit der jeweiligen

Umwelt auseinandersetzen. Diese Verknüpfung führt zu einer adaptiven Instabilität der Organisationsidentität (Gioia et al. 2000). Im Kern steht die Organisationsidentität damit immer unter dem Vorbehalt der Destabilisierung durch Erwartungen externer Beobachter wie beispielsweise von spezifischen externen Anspruchsgruppen. Anders als von Albert und Whetten (1985) beschrieben, erscheint die Organisationsidentität nicht zeitlich stabil, sondern dynamisch und teilweise sogar prekär zu sein.

Organisationsidentitäten befinden sich somit mehr oder weniger immer im Wandel. Die Vorstellung von Stabilität ist bis zu einem gewissen Grad eine Illusion und ein kontinuierlicher Wandel der zugeschriebenen Bedeutungen von Labels erscheint als der Normalfall (vgl. Beispiele bei Nag et al. 2007: 843). Dies ist der zentrale Unterschied zwischen »Sozialer-Akteur-Ansätzen« und der Vorstellung einer kontinuierlichen Reproduktion der Organisationsidentität (Ravasi/Schultz 2006).

»The notion of an identity that is enduring implies that identity remains the same over time – that it has some permanency. An identity with a sense of continuity, however, is one that shifts in its interpretation and meaning while retaining labels for ›core‹ beliefs and values that extend over time and context.« (Gioia et al. 2000: 65)

Dieser Perspektive folgend, ist in der Praxis weniger eine zeitliche Stabilität zu beobachten als vielmehr die permanente Herstellung von Kontinuität der Organisationsidentität und deren Interpretation. Beispielsweise bleiben die Labels gleich, während sich ihre Bedeutung und Auslegung im Zeitverlauf verändern (Gioia et al. 2000).

Zentral bleibt der Selbstbezug als Auseinandersetzung mit der eigenen Vergangenheit. Dabei liegt die Bedingung für Stabilität und Wandel der Organisationsidentität in der Herstellung von Kontinuität und damit in der Erinnerung und Auslegung vergangener Zustände. Dabei gilt: »The ›facts‹ of the past might not be in doubt, but their meaning always is.« (Gioia et al. 2000: 71)

Nicht die zeitliche Stabilität der Elemente, sondern die permanente Konstruktion einer Kontinuität zwischen Vergangenheit und Gegenwart wird in dieser erweiterten Perspektive zu einer grundlegenden Eigenschaft der Organisationsidentität. Es bleibt aber zu fragen, wie die Kontinuität von Labels und deren Interpretation stabilisiert werden kann. Die Tendenz zur Hyperstabilität der Definition von Albert und Whetten steht hier in einem klaren Widerspruch zu den Aussagen über eine systematische Instabilität der Organisationsidentität. Dabei ist jedoch offensichtlich, dass beides, Flexibilität und Stabilität, notwendige Anforderungen an die Organisation darstellen, damit diese in einer gegebenen Umwelt überleben kann.

1.3 Wandel und Stabilität als Widerspruch

Ein wichtiger Unterschied zwischen den soeben geschilderten Ansätzen besteht in der jeweiligen Rolle der Stabilität von Organisationsidentitäten. In der grundlegenden Definition von Albert und Whetten (1985) gilt Stabilität der Organisationsidentität als grundlegendes Definitionsmerkmal. Gleichzeitig bleibt aber offen, auf welcher Basis diese Stabilität fußt. Stabilität der Identität wird bei Albert und Whetten erst einmal nur postuliert. In der Diskussion wird oft eine allgemeine Tendenz der Organisationsidentität zu Stabilität und Trägheit beschrieben. Das Verhältnis von Wandel und Stabilität der Organisationsidentität gehört damit zu den weiterhin offenen Fragen der Diskussion (Ravasi/van Rekom 2003; Chreim 2005; Ravasi/Schultz 2006; Rometsch 2008: 66f.).

1.3.1 Das Problem der Trägheit der Organisationsidentität

Organisationsidentität wird nicht selten in einem grundsätzlichen Spannungsverhältnis zu Möglichkeiten für Organisationswandel gesehen (Nag et al. 2007; Rometsch 2008: 64ff.). Beispielsweise in Bezug auf Entscheidungsträger: »[...] managers have difficulty noticing, interpreting, and appropriately acting on environmental changes that do not correspond with their firms' organizational identities.« (Stimpert et al. 1998: 90) Ähnliches gilt aber auch für weniger exponierte Mitglieder, die ebenfalls durch eine etablierte Organisationsidentität in ihrem Verhalten und Entscheidungen beeinflusst werden: »[...] identification of the workforce with an old identity led to blinding core rigidities that prevented the company from easily adapting to changing market conditions.« (Fiol 2002: 661) Eine Trägheit von Organisationsidentitäten entsteht zunächst einmal, da ein Wandel einen erheblichen Aufwand verursacht: »Changing identity involves much more than economic costs; indeed, it can be argued that the costs of changing identity are largely psychological and social rather than economic. Firms thus find it very difficult to change in ways that are inconsistent with their identities because the managers of those firms find the social and psychological tasks of giving up old meanings and accepting new meanings so costly.« (Stimpert et al. 1998: 92)

Eine etablierte Identität kann nicht einfach ausgetauscht werden, das gilt auch angesichts erheblicher Umweltveränderung (Gioia et al. 2000). Als Grundlage für den allgemeinen Bauplan der Organisation ist die Organisationsidentität für die strukturelle Trägheit der Organisation eine wichtige (vgl. Hannan/Freeman 1977, 1984; vgl. Hannan et al. 1996), wenn nicht sogar die bedeutendste Quelle: »Altering such a blueprint, once it is imprintted, is risky and costly, particularly when such changes erode existing bases of identity and therefore go the organization's core.« (Hannan et al. 2006: 757)

Eine etablierte Organisationsidentität verursacht eine Trägheit der gesamten Organisation, insofern diese neuen Praktiken und Entscheidungen entgegensteht (Reger et al. 1994: 569; Jacobs et al. 2008). Die Identität einer Organisation ist daher als eine grundlegende Einschränkung der Anpassungsfähigkeit der Organisation identifiziert worden (Bouchikhi/Kimberly 2003). Die Einschätzungen der Auswirkungen der Trägheit der Organisationsidentität umfassen negative und positive Effekte. So lässt sich einerseits negativ formulieren:

»Identity can be a source of competitive disadvantage because it is dependent on the past and can be more difficult to change than some other resources. In this situation, identity can be a source of inertia in thought and action that can be problematic when the environment changes.« (Barney et al. 1998: 116)

Ashforth und Mael (1996: 49f.) führen eine Reihe von potenziell negativen Effekten der Trägheit von Organisationsidentitäten auf, dazu zählen erhebliche Einschränkungen bei der Beobachtung der Umwelt und der Beurteilung von bestimmten Problemen sowie eine schwer trennbare Matrix von eng verknüpften, zentralen Überzeugungen, Werten und Praktiken (vgl. Whetten 2006; King/Whetten 2008). Letztlich entsteht eine grundsätzliche Abwehr von Alternativen, die eine bestehende Identität in Frage stellen. Dabei gilt, dass in Entscheidungssituationen die Aufrechterhaltung der Beständigkeit den Anpassungsversuchen der Identität oft vorgezogen wird. In diesem Sinne lässt sich eine allgemeine empirische Beobachtung konzeptionell unterfüttern: »[...] economic and sociopolitical landscapes are littered with organizations that either did not recognize environmental threats/opportunities (because they could not allow themselves to see them) or were incapable of responding to them« (Ashforth/Mael 1996: 51).

Diese Einschätzung einer ineffizienten Hyperstabilität liegt nahe an Konzepten der Organisationsökologie (Hannan/Freeman 1977). Schließlich erscheinen Identitäten selbst als irreversibles Commitment (Whetten

2006; King/Whetten 2008). Die Trägheit der Identität führt so nicht selten zu einer umfassenden Stagnation der Organisation (vgl. Fiol 2001, 2002).

Diesen nachteiligen Auswirkungen kann entgegengehalten werden, dass Trägheit nicht notwendigerweise etwas Schlechtes darstellt (Barney et al. 1998). Eine starke, beständige Organisationsidentität kann gerade in Problemsituationen und Zeiten von Umweltturbolenzen eine wichtige Orientierung bieten, die es ermöglicht, in Situationen von Ambiguität und Unsicherheit überhaupt Entscheidungen zu fällen: »[...] given the importance of an organization's soul to its members, [...] a certain degree of inertia is not only inevitable, but desirable.« (Ashforth/Mael 1996: 53; vgl. Albert/Whetten 1985; Fiol 2001, 2002)

1.3.2 Von der Trägheit zu Prozessen der Herstellung von Stabilität

Der ausgeführte Aspekt der Trägheit der Organisationsidentität steht der These einer kontinuierlichen Reproduktion in einem scheinbar unauflösbaren Widerspruch gegenüber. Folglich oszillieren die Einschätzungen zwischen diesen zwei Positionen: »[...] identity is both a dynamic process that unfolds over time and a source of stability for those who depend upon it« (Hatch/Schultz 2004: 5). Entweder erscheint die Organisationsidentität ständig im Wandel oder sie gilt als tendenziell rigide und schwer veränderbar. Beide Vorstellungen – einerseits die Trägheit und andererseits die Instabilität der Organisationsidentität – erscheinen unvereinbar: »[...] both perspectives may be correct in their own right, their advocates may have respectively underestimated the generative potential of institutional claims and the resilience of shared understandings under environmental pressures.« (Ravasi/Schultz 2006: 453)

Ein erster Ansatzpunkt für eine Lösung für diese Paradoxie von Stabilität und Wandel bei der Auseinandersetzung mit den Eigenschaften von Organisationsidentitäten findet sich in der Unterscheidung von Bezeichnungen (Label) und damit verbundenen Bedeutungen (Meaning) (Gioia et al. 2000; Corley/Gioia 2004; Chreim 2005; dazu Rometsch 2008: 66f.).[3] Diese Vorstellung leistet jedoch nur bedingt eine Lösung des

3 Die Überlegungen zielen auf eine partielle Ablösung des Elementes von der Bedeutung und der Auslegung als bloßer Begriff: »[...] an organization can claim a stable identity, [...] but the significance of such words as ›service‹, ›quality‹, and ›highest possible‹ can (and, in some circumstances, must) take on different meanings at different times and in different parts of the organization« (Corley 2004: 1149). Eine Veränderung der Orga-

geschilderten Problems. Identitätselemente sind in der Regel grundsätzlich interpretationsoffen formuliert (Albert/Whetten 1985; Seidl 2005; Whetten 2006). Es handelt sich folglich um leere Begriffe (vgl. Ortmann 1995: 369ff.; Ortmann/Salzman 2002), die als allgemeine Labels immer konkreten Situationen gegenübergestellt werden und in diesem Prozess mit Bedeutung und Interpretationen gefüllt werden müssen, um so minimale alltäglich-notwenige Anpassungen und Spielräume zu ermöglichen. Dieses wird beispielsweise im Verhältnis von konkreten Strategien und Identität deutlich, wobei Identität normalerweise keine exakten strategischen Formulierungen vorgibt und unterschiedliche strategische Realisierungen zulässt (vgl. Ashforth/Mael 1996). Es lässt sich demnach nicht genau bestimmen, auf welcher Grundlage Wandel oder Stabilität der Organisationsidentität möglich ist, da zudem unterstellt werden kann, dass gerade die Basis der Stabilität der Interpretationen eine Grundlage für die Stabilität der Organisation als Ganzes ist. Zumindest stellt sich die Frage, was die Grundlage der Stabilität der Identitätsauslegungen ausmacht. Mit dieser Frage ergibt sich ein Anhaltspunkt für inkrementellen Wandel. Für die Lösung des Problems der Stabilität der Organisationsidentität steht man so jedoch wieder am Ausgangspunkt.

In der Paradoxie der Stabilität und des Wandels der Organisationsidentität spiegelt sich das Thema der gesamten Arbeit. Schließlich geht es auch hier um die Gegenüberstellung eines trivialen, von außen herbeigeführten Organisationswandels und eines durch interne Trägheit eher unwahrscheinlichen Wandels der Organisation. Es stellt sich in diesem Punkt wie für die gesamte Arbeit die Frage nach der Grundlage für die Stabilität von adaptiv instabilen Organisationsidentitäten. Einfache Postulate von Stabilität oder permanentem Wandel der Identität erfordern eine Ergänzung durch eine Analyse der Bedingungen der kontinuierlichen Reproduktion: »[...] viewing organizational identity as simply enduring, or as constantly changing in response to external exigencies is likely to yield a simplistic view of this phenomenon [...] identity is subject to continual reconstitution.« (Chreim 2005: 587)

Um tatsächlich stabil zu sein, benötigt die Organisationsidentität Mechanismen der Stabilisierung, andernfalls würde sie sich permanent der

---

nisationsidentität lässt sich demnach aufspreizen in einen grundlegenden Wandel der Begriffe und einen schrittweise verlaufenden, untergeordneten Wandel der Bedeutungen und Auslegungen der Begriffe. Letzteres ermöglicht eine Flexibilität, während die Begriffe selbst stabil bleiben und als starr erscheinen.

eigenen Selbstauflösung und einer lähmenden Unsicherheit über die eigene Kontinuität gegenübersehen. Nimmt man die oben angeführten Beispiele einer erheblichen Trägheit der Identität ernst, ist das zumeist nicht der Fall. Letztlich fehlen in den Ansätzen der kontinuierlichen Reproduktion stabilisierende Momente. Damit wird die Wandlungsfähigkeit von Identitäten überschätzt.

Um wiederum stabilisierende Mechanismen aufdecken zu können, ist eine Prozessperspektive notwendig, die um die Bestimmung der rekursiven Funktionen der Identität erweitert ist. Mit diesem Ansatz lassen sich die Wechselwirkungen zwischen Identität und Organisation sowie die Dynamiken der Organisationsidentität in institutionellen Umwelten aufdecken. Die paradoxe Situation entsteht letztlich mit einer binären Ob- oder Obnicht-Frage. Letztlich klärt sich die Frage nach Stabilität und Wandel in einer dynamischen Prozessperspektive aus der Abfolge von Ereignissen. Stabilität und Flexibilität ist damit keine Frage nach dem ob oder ob nicht. Vielmehr liegt eine Erklärung in Verständnis wann sich im Prozess anfängliche Flexibilität in Widerstand gegen Wandel verkehrt und unter welchen Umständen dieses geschieht.

2. Erweiterung: Funktion und Feedback

Um den Problemen der geschilderten Ansätze zu begegnen, ist eine Erweiterung um eine explizite Perspektive der Funktionen der Identität und die damit verbundenen Feedbackprozesse notwendig.

Im Folgenden soll dem Vorschlag von David Seidl (2005) gefolgt werden, der im Anschluss an Niklas Luhmann (2000) Organisationsidentität als Selbstbeschreibungstext der Organisation als Ganzes bestimmt.[4] Wie in einem verschriftlichten Text der Selbstbeschreibung identifiziert sich die Organisation mit den Ausdrücken »wir«, »hier«, dem eigenen Namen und den daran gebundenen Kontexten.

4 Im Folgenden sollen die systemtheoretischen Unterscheidungen auf die existierenden Ansätze der Organisationsidentitätsforschung angewendet werden. Diese Arbeit verwendet hierbei eine allgemeine Auslegung der systemtheoretischen Perspektive auf die Organisation und wird damit einem strengen Verständnis dieses Ansatzes nicht gerecht werden können. Gleichzeitig liegt der Gewinn dieses Ansatzes für diese Arbeit in der Markierung wichtiger allgemeiner Eigenschaften der Organisationsidentität für die Organisation.

Die Organisationsidentität als Selbstbeschreibungstext erfüllt eine integrative und eine operative Funktion für die Organisation (Seidl 2005). Darauf aufbauend lässt sich ein systematischer Feedbackprozess beschreiben. Versteht man die Identitätsaussagen der Organisationsmitglieder als Selbstbeschreibungstext der Organisation, kann dieser Ansatz mit dem Verständnis von Albert und Whetten verknüpft werden. Unterstellt man, dass geteilte Interpretationsschemata, Identitätsdiskurse oder Narrationen auf einem Identitätstext der Selbstbeschreibung basieren, so ist auch hier die Verbindung zu Ansätzen hergestellt, die Identität als kontinuierlichen Reproduktionsprozess verstehen.[5]

2.1 Operative Funktion: Rahmung und Beobachtungslinse

Eine erste Funktion der Organisationsidentität als Selbstbeschreibungstext besteht darin, vor dem Hintergrund einer hohen Komplexität eine Orientierung der Organisationsaktivitäten zu ermöglichen. Entsprechend erfüllt die Organisationsidentität eine operative Funktion. Diese Funktion der Organisationsidentität lässt sich in zwei miteinander verbunden Eigenschaften beschreiben:

(a) Zum einen dient der Bezug auf die Identität einer Organisation als Beobachtungslinse (Ashforth/Mael 1996; Seidl 2005) und damit als Grundlage für Sinnzuschreibungsprozesse[6] bei der Auseinandersetzung mit sich selbst und der Verarbeitung der relevanten Umwelt. Auf der Organisationsidentität aufbauend, werden relevante Bezugspunkte innerhalb, aber auch außerhalb der Organisation erkannt, bezeichnet (labeled) und inter-

5 Die Organisationsidentität versteht sich in den angeführten Ansätzen weitestgehend übereinstimmend als Bündel von Annahmen über die Organisation, die von deren Mitgliedern mehr oder weniger übereinstimmend geteilt werden. Dabei wird deutlich, dass es leicht zu einer erheblichen Fragmentierung von empirisch erfassbaren Identitäten durch individuelle Wahrnehmung kommen kann (vgl. Fiol 1991: 199f.). Von einzelnen Mitgliedern erhält man so unter Umständen lediglich Aussagen über eine persönlich wahrgenommene Identität der Organisation, eine »percieved organizational identity« (Dutton et al. 1994). Dennoch wird unterstellt, dass eine kollektiv verankerte und geteilte Organisationsidentität existiert. Obwohl also individuelle Perspektiven auf die Organisation, nicht selten vermittelt durch organisationsinterne Gruppen oder Abteilungen (vgl. Ashforth/Mael 1996; Albert/Whetten 1985), beobachtet werden können, existiert die Organisationsidentität als eigenständiger Text, auf den Bezug genommen wird. Unter Umständen können demnach Abteilungen innerhalb der Organisation(sidentität) selbst stark ausdifferenzierte Abteilungsidentitäten ausbilden.

6 Siehe dazu die Ausführungen zur Rolle von Sensemaking-Prozessen in Organisationen bei Fiol 1991; Weick 1995b; Sevón 1996; Gioia/Thomas 1996.

pretiert (vgl. Fiol/Huff 1992; Reger et al. 1994; Weick 1995a), die dann beispielsweise als Interpretationen und Beschreibungen zur Grundlage für Aktivitäten in der Organisation werden. Als Beobachtungslinse stellt die Organisationsidentität allgemeine Kriterien für Aufmerksamkeiten, Verhalten, Kommunikation und Entscheidungen zur Verfügung (vgl. Fiol 1991). In Bezug auf die Organisationsidentität als Selbstbeschreibung der Organisation führt Seidl (2005: 84) aus: »Organisational self-descriptions [...] give direction to decision making and thus influence what decisions are produced [... they; SK] offer themselves explicitly as selection criteria; for example, in the form of organisational goals or strategies.«

Die Organisationsidentität macht hierbei keine unmittelbaren Vorgaben, wie genau entschieden oder gehandelt werden soll. Vielmehr beeinflusst sie nach diesem Verständnis, ob Alternativen wahrgenommen und wie diese bewertet werden (Seidl 2005: 84). Identität eröffnet so Anschlussmöglichkeiten für Entscheidungen und andere Aktivitäten der Organisation.

(b) Zum anderen und eng verbunden mit der Funktion als Beobachtungslinse kann in Erweiterung dieser Position eine weitere zentrale Eigenschaft der Organisationsidentität herausgestellt werden. Diese besteht in der Funktion der Rahmung (framing) der Situation, der Ereignisse und der Strukturen der Organisation (vgl. Goffman 1977) durch die Organisationsidentität (Cornelissen et al. 2007; Jacobs et al. 2008). In diesem Sinne ermöglicht die Organisationsidentität beispielsweise die Ausarbeitung und Umsetzung von Entscheidungen, zum Beispiel in Bezug auf strategische Aktivitäten (Albert/Whetten 1985; Dutton/Dukerich 1991; Ashforth/Mael 1996; Barney/Stewart 2000): »[... Organizational identity; SK] defines the mission and seminal beliefs and values of the organization, serving as a wellspring [... or; SK] as a beacon for strategic planning.« (Ashforth/Mael 1996: 32) Dabei legt die Organisationsidentität die Strategie nicht fest, sondern lässt der konkreten Ausgestaltung Freiheitsgrade: »[... Organizational identity; SK] does not determine strategy [...] a given [... organizational identity; SK] is not necessarily yoked to a certain strategy, and [...] strategies are at least somewhat substitutable.« (Ashforth/Mael 1996: 33) Das Verhältnis von Identität und Strategie der Organisation ist durch eine wechselseitige Bezugnahme gekennzeichnet: »[...] self-definition and strategic choice are intertwined such that an organization may enact and express a valued identity through strategy and may infer, modify or affirm ail identity from strategy and the responses it evokes.

Choices serve to instantiate identities [...] and facilitate their social validation, and identities serve to legitimate choices.« (Ashforth/Mael 1996: 33–4; siehe auch Gioia/Thomas 1996; Stimpert et al. 1998) Diese Annahmen gelten nicht nur, wie in der vorangegangenen Argumentation, für strategische Aktivitäten, sondern treffen allgemein für Entscheidungen und Praktiken einer Organisation zu.

Die Organisationsidentität funktioniert als Rahmung bzw. als geteiltes Deutungsschema, das Entscheidungsprozesse lenkt und die Konsistenz von Entscheidungen und Beobachtungen bewertbar macht und damit sicherstellt (vgl. Fiol/Huff 1992). Im Selbstbezug der Organisation können Elemente, die nicht mit der Organisationsidentität übereinstimmen, als abweichend behandelt werden (vgl. Luhmann 2000: 426). Es handelt sich damit dabei um einen groben Maßstab, der eingrenzt, was eine Organisation ist oder sein soll – das umfasst beispielsweise auch Ausführungen darüber, welche grundlegenden Aufgaben und Rollen sie hat und was den Mitgliedern grundlegend zugemutet werden soll.

Die Beschreibung der Organisation als Einheit ermöglicht gleichzeitig die Selbstverortung in der jeweiligen Umwelt der Organisation. Indem die Elemente, die zu ihr gehören, bestimmt werden, dient die Identität einer Organisation der groben Definition der Grenze mit der Umwelt (vgl. Luhmann 2000). Damit konditioniert die Identität aber auch, welche Aktivitäten in der Organisation gegen die grob definierte Rolle verstoßen, sich also Out-of-Character bewegen (vgl. Whetten 2006, siehe auch Goffman 1969) oder für den entsprechenden »Typ von Organisation« als nicht angemessen angesehen werden (Ravasi/Schultz 2007: 103). In diesem letzten Sinne der groben Einhegung der Organisationsaktivitäten wirkt die Organisationsidentität als eine allgemeine Entscheidungsprämisse (vgl. March/Simon 1976; Luhmann 2000).

2.2 Integrative Funktion: Organisation als Ganzes

Verbunden mit der operativen Funktion existiert nach Seidl (2005) eine integrative Funktion der Organisationsidentität. Eine zentrale Funktion der Identität liegt danach in der Erzeugung eines Verhältnisses zu sich selbst als Einheit. Die Identität erzeugt eine Repräsentation der Einheit der unterschiedlichen Teile, indem die vielfältigen Strukturen der Organisation zu einem Ganzen zusammengefasst werden, und sie setzt die Teile auf diese Weise zueinander in Beziehung.

Als Selbstbeschreibungstext ist die Organisationsidentität lediglich eine simplifizierte, grobe Repräsentation der komplexen Prozesse und Strukturen einer Organisation (vgl. Ashforth/Mael 1996; Whetten 2006). Bei Organisationsidentitäten gilt daher analog zum Verhältnis von Karte und Landschaft, dass diese nur bestimmte, signifikante Zusammenhänge zwischen den Teilen bezeichnen kann (Seidl 2005: 82–83; siehe dazu auch Ortmann 1995: 355ff.). Eine Karte, die das Gelände mit allen Eigenschaften in ihrer Fülle und Komplexität abbildet, verliert ihren Orientierungswert und damit ihre Funktion. Es besteht ein Unterschied zwischen der Identität und den tatsächlichen Strukturen und Prozessen sowie deren Verbindungen. Die Organisationsidentität ist daher immer eine Simplifikation der tatsächlichen Komplexität. Der Analogie von Karte und Gelände folgend, verweist auch die Organisationsidentität nur auf bestimmte, bedeutende Aspekte und Zusammenhänge. Dabei besteht immer eine notwendige, komplexitätsreduzierende Selektivität in der Zuschreibung einer Signifikanz der Beobachtung und Bewertung der Verbindungen der Teile, die prinzipiell immer auch anders dargestellt werden könnte.

Die Orientierungs- und Integrationsfunktion der Organisationsidentität basiert demnach auf Simplifikationen als Reduktion der Komplexität der Organisation, um überhaupt eine beschreibbare Einheit der Organisation darstellen zu können. Entsprechend einfach sind die Identitätsaussagen formuliert: »[…] identity claims are typically shorn of the diffuse inconsistencies, complexities, and ambiguities that would inhibit understanding. Identity claims are typically simple and coherent, providing an easy referent for social construction.« (Ashforth/Mael 1996: 30–31)
Einzelne Identitätselemente sind oft eher allgemeine Kategorien oder Labels, die zur Beschreibung der Organisation verwendet werden: »[…] organizational members may draw on broad social categories such as ›family firm‹, ›university‹, or ›socially responsible‹ – and on widely accepted beliefs about the way such organizations should be structured and function – to account for established norms or major decisions.« (Ravasi/Schultz 2007: 103)

Dabei besteht eine wichtige Differenz zwischen der Identität und der Kultur einer Organisation. Der Verweis auf eine bestimmte zentrale Praktik, Routine oder ein spezifisches Herstellungsverfahren kann ebenfalls genutzt werden, um sich von anderen Organisationen abzugrenzen. Überhaupt kann der Verweis auf einzelne Routinepraktiken oder Entscheidungsregeln ein wichtiges Identitätselement darstellen: »Strategic choices, as well as regular practices, familiar habits, and operating routines [...] embody or come to symbolize the identity itself.« (Ashforth/Mael 1996: 50; vgl. Ravasi/Schultz 2007) Was man tut und wie man es tut definiert somit, wer man ist. In diesem Zusammenhang finden sich Hinweise auf die Verbindung von Organisationsidentität und Organisationskultur (Fiol et al. 1998; Corley 2004; Hatch/Schultz 1997, 2002):

»[...] organizational culture supplies members with cues for making sense of and giving sense to what their organization is about, as unique values, beliefs, rituals, and artefacts can help organizational members substantiate their identity claims and express their perceived uniqueness.« (Ravasi/Schultz 2007: 105)

Organisationskultur ist Bezugspunkt und gleichzeitig teilweise Element der Organisationsidentität (vgl. Whetten 2006).[7]

2.3 Primärer Feedbackkreislauf: Feedback im Selbstbezug

Nachdem nun die grundlegenden Eigenschaften und die Funktionen der Organisationsidentität umrissen wurden, lässt sich der Zusammenhang zwischen den Aktivitäten und der Identität der Organisation bestimmen.

Auf einen ersten Blick wird man feststellen, dass die Organisationsidentität im Alltag der Organisation tatsächlich nur selten eine explizite Rolle spielt (Seidl 2005; Whetten 2006). Nicht die Identität der Organisation, sondern Routinen und etablierte Rollenerwartungen bestimmen oft die unmittelbaren Abläufe. Erst in Situationen, in denen sich verschiedene Entwicklungswege auftun, wird die Organisationsidentität oft als Entscheidungshilfe oder als Entscheidungsprämisse genutzt (Whetten 2006). Nicht selten wird sie erst in Krisen- oder Konfliktsituation explizit thematisiert und ist dann unmittelbar, beispielsweise in diskursiven Auseinandersetzungen, als solche erkennbar. Damit wird aber auch deutlich, dass ein großer Teil der Aktivitäten in einer Organisation keinen direkten Bezug auf die Organisationsidentität hat (Albert/Whetten 1985; Seidl 2005).

7 Dabei gibt es Hinweise, dass sich die Eigenschaften der Organisationsidentität in Abhängigkeit von der Hierarchieebene unterscheiden. Höhere Ebenen behandeln die Organisationsidentität als Instrument formaler, strategischer Auseinandersetzung mit der Organisation und ihrer Umwelt, während untergeordnete Hierarchieebenen Organisationsidentität eher als emergente, informelle Praktiken oder als geteilte Werte und Überzeugungen wahrnehmen und damit als Form der Unternehmenskultur (Corley 2004).

Mit ihrer integrativen und operativen Funktion hat die Organisationsidentität jedoch einen wichtigen Einfluss auf alltägliche Aktivitäten der Organisation. Das ist dann der Fall, wenn sich ein relevanter Teil der Aktivitäten in der Organisation auf die Organisationsidentität bezieht (vgl. Seidl 2005). Entscheidungen und Praktiken bezeichnen dabei jeweils Aktivitäten der Organisation, die mit der Organisationsidentität in Verbindung stehen können. Die Organisationsidentität erbringt hierbei eine Orientierungsleistung, da sie es ermöglicht, dass ein Teil der alltäglichen Entscheidungen und Aktivitäten auf sie Bezug nimmt. Die integrative und die operative Funktion der Organisationsidentität ermöglichen es, dass sich Praktiken und Entscheidungen auf die Organisation als Ganzes beziehen (siehe auch Ashforth/Mael 1996; Stimpert et al. 1998; Barney et al. 1998; Corley 2004). Praktiken und Entscheidungen stabilisieren sich mit Bezug auf die zentralen, unterscheidenden und kontinuierlichen Aspekte der Organisation als Ganzes.

Der passende Bezug von Praktiken auf die Organisationsidentität wirkt als Ausgangspunkt für die *Viabilität*, das heißt der Funktionsfähigkeit der Identität: »[...] a self-description is viable as long as the organisation can make use of it. [... A; SK] viable organisational self-description has to account for ›significant‹ elements [...] according to which the concrete decisions can be orientated.« (Seidl 2005: 85) Der Verweis auf die Identität und damit die Passung mit der Identität sichert beispielsweise eine bestimmte Entscheidung ab. Dieses führt aber gleichzeitig dazu, dass die Identität als Beschreibung der Einheit der Organisation im Vollzug der Entscheidung bestätigt wird.

Die rekursive Sicherstellung der Viabilität der Organisationsidentität beschreibt einen Feedbackeffekt. In Abbildung 1 sind die einem solchen Feedback zugrunde liegenden Verbindungen dargestellt. Pfeil Nummer 1 beschreibt die operative Funktion: Die Organisationsidentität wird als Rahmen oder Beobachtungslinse eingesetzt, die eine Orientierungsleistung für Praktiken und Entscheidungen der Organisation bereitstellt. Pfeil Nummer 2 beschreibt die integrative Funktion: Entscheidungen oder Praktiken stimmen mit der Beschreibung der Organisation überein, sind konform oder weichen ab.

Ein Feedbackeffekt der Identität entfaltet sich wie folgt: Indem Elemente der Organisationsidentität als Rahmen und/oder Beobachtungslinse funktionieren, wird die Entstehung von Praktiken ermöglicht, die auf das Identitätselement Bezug nehmen (Pfeil 1). Praktiken, die sich auf das

Identitätselement beziehen, bestätigen damit dieses Element in seiner Fähigkeit, die verschiedenen Teile und Aktivitäten einer Organisation zu integrieren (Pfeil 2). Das Identitätselement, das in seiner integrativen Funktion bestätigt wurde, ist nun als Rahmen oder Linse attraktiver für weitere Aktivitäten. Immer mehr Aktivitäten werden nun Bezug auf dieses Element nehmen. Dieser Bezug wiederum bestätigt erneut die integrative Funktion des Elements usw. Analog zu Praktiken gilt dieser Zyklus auch für Entscheidungen der Organisation. Identität und Aktivitäten der Organisation sind in diesem Feedbackkreislauf zirkulär miteinander verwoben. Identität schreibt sich in Aktivitäten ein und Aktivitäten prägen die Identität. Dieser primäre Feedbackkreislauf entsteht im Selbstbezug der Organisationsidentität.

Abbildung 1: Feedback im Selbstbezug

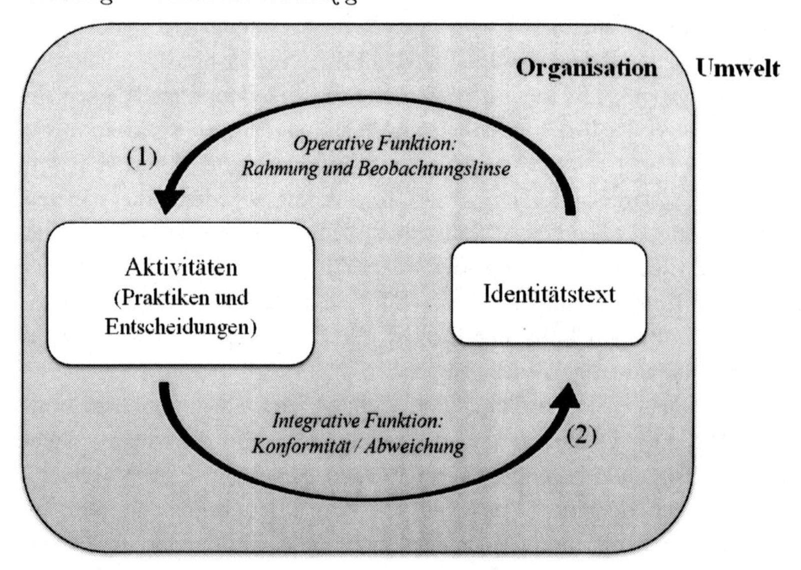

Quelle: eigene Darstellung

Neben den Möglichkeiten für einen positiven Feedbackeffekt gilt jedoch auch, dass Teile der Identität nur solange funktionsfähig (*viable*) sind, wie sie ihre Orientierungs- und Integrationsfunktion erfüllen können (vgl. Seidl 2005). So ist es durchaus möglich, dass die Identität konkreten Praktiken und Entscheidungen entgegensteht: »[...] a self-description might conflict with local structures in a particular decision situation. As a result of such a case either the self-description or the local structure would become unviable.« (Seidl 2005: 86–87)

Eine nicht-konforme, abweichende Praktik kann beispielsweise ein bestimmtes Identitätselement grundsätzlich in Frage stellen. Schließlich zeigt eine solche Praktik, dass das Element nicht geeignet ist, die Organisation als Ganzes zu repräsentieren (vgl. Ashforth/Mael 1996). Genauso kann aber auch die Praktik als Abweichung von der Identität in ihrer Funktion als Rahmung behandelt werden. Im Konfliktfall zwischen Aktivität und Identität ist der Ausgang mitunter ungewiss und abhängig von den konkreten Bedingungen. Simplifikation und kontingente Zuschreibung von Signifikanz machen die Funktionsfähigkeit der Organisationsidentität zu einer Interpretationsfrage im jeweiligen Kontext. Damit erscheint die Organisationsidentität erneut in einem erheblichen Maß als instabil und umkämpft. Gleichzeitig ist mit dem Feedbackmechanismus Potenzial für eine systematische Stabilisierung erkennbar.

3. Diskussion: Grundlagen der Identitätsperspektive

In den vorangehenden Ausführungen wurden verschiedene Zugänge zur Organisationsidentität aufgezeigt und es wurde ein Modell der Verbindung von Identität und Aktivitäten der Organisation für diese Arbeit ausformuliert. Organisationsidentität wird dabei als Selbstbeschreibungstext der Organisation verstanden, der eine operative und integrative Funktion für diese leistet. Diese Funktionen laufen in einer rekursiven Oszillation zwischen Aktivitäten und Selbstbeschreibung ab. Ein Feedbackeffekt entsteht, wenn Identität Aktivitäten hervorbringt oder begrenzt und Aktivitäten die Selbstbeschreibungen der Organisation bestätigen oder in Frage stellen.

Die paradoxe Gegenüberstellung der Befunde zu Stabilität und Wandelbarkeit von Organisationsidentitäten verweist auf ein grundsätzliches Problem. Wenn Identitäten Gegenstand einer permanenten Rekonstruktion sind, dann ist eine Ergänzung durch Mechanismen zur Stabilisierung notwendig. Nur so kann die Organisationsidentität als umkämpfte, potenziell konflikthafte soziale Konstruktion die notwendige Stabilität bieten, um eine Instanz der Organisation als Ganzes zu beschreiben.

Praktiken und Entscheidungen symbolisieren, verkörpern, bestätigen und modifizieren Organisationsidentität oder stehen im Konflikt mit dieser. Mit Hilfe der Identität der Organisation können Aktivitäten auf Abweichung, Konformität, Erfolg und Misserfolg hin überprüft werden. In diesem Verständnis entspricht die Organisationsidentität einem Gerüst der Organisation. Sie schafft einen stützenden Rahmen, in dem sich eine Vielzahl verschiedener Aktivitäten vollziehen kann. Sie steckt eine grobe Grenze ab und ist gleichzeitig Schutz- und Möglichkeitsraum für die Aktivitäten der Organisation.

Inwieweit eine konkrete Organisationsidentität tatsächlich in kohärenten Formen existiert, ist eine empirische Frage. So finden sich Argumente, die unterstellen, dass beispielsweise eine schwache, inkonsistente Organisationsidentität zu Problemen bei strategischen Entscheidungen führt: »[...] organizations without a strong sense of identity lack a base from which to craft a coherent strategy.« (Ashforth/Mael 1996: 32) Untersuchungen zeigen, dass Organisationsidentitäten durch interne Konflikte und Deutungskämpfe gekennzeichnet sind (Pratt/Foreman 2000; Glynn 2000; Foreman/Whetten 2002). Eine starke Organisationsidentität wird als Kernkompetenz der Organisation verstanden (Fiol 2001, 2002). Beispiele von klar formulierten Organisationsidentitäten (Barney et al. 1998; Baron 2004) stehen Berichten von systematischer Widersprüchlichkeit (Gioia/Thomas 1996) bis hin zur Zuständen einer Schizophrenie von Organisationen gegenüber (Wiesenthal 1990). Letztlich wird in der Literatur vor diesem Hintergrund nicht selten unterstellt, dass Organisationen multiple Identitäten ausbilden, um unterschiedlichen Anforderungen gleichzeitig gerecht zu werden. Eine partielle, dauerhafte Widersprüchlichkeit bestimmter Identitätselemente wird dabei zum inhärenten Merkmal.

Die hier erarbeiteten Grundlagen und Einschätzungen begleiten die Argumentationen in den folgenden Abschnitten dieser Arbeit und werden an den entsprechenden Stellen weiter ausgeführt.

B. Verbindung von Institutionen und Organisationen

Der folgende Teil der Arbeit befasst sich mit der Verbindung von Institution und Organisation in den Konzepten des soziologischen Neo-Institutionalismus. Ausgehend von einer Diskussion theoretischer und konzeptioneller Grundlagen der existierenden Ansätze, wird eine Kritik der vorliegenden Konzepte formuliert. Auf dieser Kritik aufbauend, wird vorgeschlagen, die Verbindung von Institution und Organisation mit Hilfe einer Verknüpfung von Organisationsidentitäten und institutionalisierten Organisationsmodellen zu erfassen. Zu diesem Zweck werden neo-institutionalistische Forschungslinien und Ansätze der Organisationsidentität miteinander verbunden. Ziel des gesamten Abschnittes ist die Integration des Organisationsidentitätsansatzes in die neo-institutionalistische Organisationsforschung.

1. Neo-Institutionalismus: Institutionen und Organisationen

Noch vor einer Verknüpfung der Forschungslinien ist es notwendig, die Grundlagen des Neo-Institutionalismus aufzugreifen und zu hinterfragen. Die zentralen Fragen in diesem ersten Abschnitt lauten daher: Wie gestaltet sich das Verhältnis von Organisation und Institution im soziologischen Neo-Institutionalismus? Was genau ist eigentlich eine Institution? Welche Form von Institution stehen Organisationen gegenüber? Welche strategischen Möglichkeiten bestehen angesichts institutionellen Drucks?

1.1 Anpassung der Organisation an institutionalisierte Erwartungen

In den zentralen neo-institutionalistischen Ansätzen werden Institutionen und Organisation miteinander durch die Grundannahme verknüpft, dass sich Organisationen an Institutionen orientieren und sich an diese anpassen. Organisationen streben demzufolge nicht vorrangig nach größtmöglicher Effizienz der technologischen oder organisatorischen Prozesse, sondern versuchen gegenüber ihrer Umwelt in ihren Strukturen und Aktivitäten als legitim zu erscheinen.

John W. Meyer und Brian Rowan erläutern in ihrem grundlegenden Artikel, dass institutionalisierte Erwartungen und besonders gesellschaftliche Rationalitätsmythen formale Organisationsstrukturen definieren bzw. erzeugen (Meyer/Rowan 1977: 344):

»The impact of such rationalized institutional elements on organizations and organizing situations is enormous. These rules define new organizing situations, redefine existing ones, and specify the means for coping rationally with each. They enable, and often require, participants to organize along prescribed lines.«

Die institutionalisierten Erwartungen der Umwelt werden von Organisationen als Grundlage benutzt, um Teile der eigenen Struktur und Aktivitäten aufzubauen. Dieser Vorgang lässt sich als Inkorporation von institutionellen Elementen bezeichnen und drückt sich in folgender Annahme aus: »As rationalized institutional rules arise in given domains of work activity, formal organizations form and expand by incorporating these rules as structural elements.« (Meyer/Rowan 1977: 345) Institutionalisierte Rationalitätsmythen definieren neue Bereiche rationaler Aktivitäten oder verändern existierende. Entsprechend entstehen neue Organisationsstrukturen oder existierende Strukturen werden nach dem Vorbild anderer umgestaltet. Die Bewertung eigener Strukturen richtet sich in einem solchen Fall der Anpassung eher nach externen oder zeremoniellen Bewertungen und weniger nach (internen) Effizienzkriterien. Mit Hilfe dieser Maßnahmen reagiert die Organisation auf institutionalisierte Erwartungen. Im Ergebnis gilt die Form sowie die Art und Weise des Organisationsaufbaus als legitim[8]: »The organization becomes, in a word, legitimate, and it uses

8 Es existieren zwei Möglichkeiten, um zu erklären, wie sich dieser Prozess der Verbindung von Organisation und Institutionen vollzieht (Meyer/Rowan 1977: 346): (1.) Organisationen übernehmen bestimmte Strukturelemente, um technische Abhängigkeiten und auf Austausch bezogene Abhängigkeiten mit ihrer Umwelt regulieren zu können. (2.) Die Unterscheidung von Organisation und Umwelt verwischt durch die Verschränkung von institutionalisierter Erwartung der Umwelt und der Organisation als offenem System. Organisationen entstehen in einem solchen Fall nur noch als »dramatischer Vollzug« institutionalisierter Rationalitätsmythen (dramatic enactment of myths). Letztlich trifft nach Meyer und Rowan aber beides zu: »Organizations both deal with their environments at their boundaries and imitate environmental elements in their structures« (ebd.: 347).

its legitimacy to strengthen its support and secure its survival.« (Meyer/Rowan 1977: 349) Und weiter heißt es:

»Failure to incorporate the proper elements of structure is negligent and irrational; the continued flow of support is threatened and internal dissidents are strengthened [...] Affixing the right labels to activities can change them into valuable services and mobilize the commitments of internal participants and external constituents.« (Meyer/Rowan 1977: 350)

Mit der Anpassung an Rationalitätsmythen beweist die Organisation ihre Fitness und stabilisiert die internen und externen Beziehungen.

Paul J. DiMaggio und Walter W. Powell (1983) gehen ebenfalls davon aus, dass institutionalisierte Erwartungen die Strukturen von Organisationen prägen. Genauer fragen die beiden Autoren nach dem Grund für die empirisch beobachtbaren Ähnlichkeiten von Organisationen. Für die Beantwortung dieser Frage ist der Begriff des »Organisationsfeldes« zentral:

»By organizational field, we mean those organizations that, in aggregate, constitute a recognized area of institutional life: key suppliers, resource and product consumers, regulatory agencies, and other organizations that produce similar services and products.« (DiMaggio/Powell 1983: 148)

Das Organisationsfeld setzt sich aus relevanten Akteuren zusammen, die nicht nur in Konkurrenzverhältnissen zueinander stehen, sondern viele unterschiedliche Austauschbeziehungen unterhalten können.[9] Kurz, ein Organisationsfeld beschreibt eine soziale Bezugsgruppe der Organisation (vgl. Berger/Luckmann 1980).

Die Organisationen, die zusammen ein Organisationsfeld bilden, sind durch wechselseitige Beobachtung und Einflüsse miteinander verbunden. Diese Verbindung führt nach DiMaggio und Powell längerfristig dazu, dass sich die Organisationen in ihren Strukturen und Prozessen einander angleichen. Dieses ist aber nicht das Ergebnis eines Wettbewerbs, der die effizienteste Strategie hervorbringt. Vielmehr handelt es sich um einen Prozess, bei dem die Organisationen in einem Feld systematisch bestimmten institutionellen Erwartungen ausgesetzt sind und sich im Zuge wechselseitiger Beobachtung bestimmte Lösungen allgemein verbreiten. Dabei unterscheiden die Autoren drei Wege, auf denen sich die Organisations-

9 Für Fligstein (1991) bestimmt sich das Organisationsfeld aus der Sicht des Betrachters bzw. der betreffenden Organisation. Zur Diskussion zum Begriff des Organisationsfeldes siehe Walgenbach/Meyer 2008: 71ff.

strukturen angleichen: Zwang, mimetische Prozesse und normativer Druck (DiMaggio/Powell 1983: 150ff.).

DiMaggio und Powell (1983) argumentieren, dass das Ergebnis der Anpassungsprozesse in einem Feld eine Organisationsstruktur ist, die nicht unbedingt die technische Effizienz maximiert. Dennoch kann die Anpassung mit einer Verbesserung der Wettbewerbslage der sich anpassenden Organisation einhergehen. Dieses ist aber Ergebnis der Ähnlichkeit der Organisation mit anderen Organisationen im Feld. Die Austauschbeziehungen vereinfachen sich, ein Ruf von Legitimität bzw. eine positive Reputation wird aufgebaut und Mitarbeiter können einfacher gewonnen werden. Außerdem entspricht die Organisation nun den allgemeinen Kategorien für öffentliche und private Förderungen und Verträge.

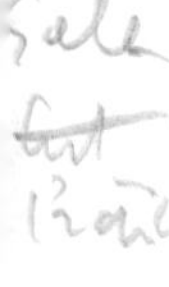

Für die Organisation wie auch für deren Mitglieder haben Formen der Institutionalisierung vor allem eine Entlastungsfunktion. Durch institutionalisierte Routinen können Zeit und Kraft gespart werden (vgl. Berger/Luckmann 1980: 61). Müssen bestimmte Dinge nicht permanent neu ausgehandelt und koordiniert werden, werden Kapazitäten frei, die für andere Aktivitäten zur Verfügung stehen. Powell und DiMaggio (1983) unterstellen, dass die Wahrscheinlichkeit einer Orientierung an legitimen Konzepten gerade in unsicheren Situationen steigt.[10] Eine zentrale Funktion von Institutionen für Organisationen und deren Mitglieder sowie für andere Anspruchsgruppen ist deren komplexitätsreduzierende Wirkung. Wird den allgemeinen Erwartungen entsprochen, können durch eine erfolgreiche Koordination von Mitgliedern und externen Bezugspunkten die Reibungsverluste einer Mismatch-Situation vermieden werden. Eine Nicht-Erfüllung von allgemeinen Erwartungen führt wahrscheinlich zu einem Konflikt oder Koordinationsproblemen, die wiederum erst mit größerem Aufwand beigelegt werden müssen. Vor allem wird die Organisation aber von Begründungszwängen entlastet, indem sie auf ein allgemein legitimiertes Konzept zurückgreift (vgl. Meyer/Rowan 1977; dazu auch Kühl 2002).

Soweit zu den allgemeinen Grundlagen des Ansatzes. Zwei Fragen bleiben: Wie verbinden sich Organisationen mit Institutionen und durch

---

10 Die Anpassung einer Organisation an institutionalisierte Erwartungen kann sogar als Form von Rationalität verstanden werden (vgl. Powell 1991), nur übersetzt sich diese Art der Rationalität nicht in die herkömmliche Vorstellung von technischer Effizienz und objektiver Nutzenmaximierung. Folge der Stabilität von Institutionen können aber durchaus Effektivitätsgewinne sein: »The resulting stability [of institutions; SK] increases effectiveness when it is linked to goals of the organization by creating ›routines‹ that reduce search and evaluation costs.« (Zucker 1987: 446)

welche Mechanismen ist das Verhältnis von Institutionen und Organisationen bestimmt? Bei diesen Fragen handelt es sich um bedeutende, wenn nicht sogar zentralen Probleme der Ansätze des soziologischen Neo-Institutionalismus.

Es könnte vermutet werden, dass sich das Problem der Eigenschaften der Verbindung von Institution und Organisation mit einem Rückgriff auf Grundlagentexte schnell aufklären lässt. Das Gegenteil ist jedoch der Fall. Die Beschreibung der Übernahme von institutionalisierten Praktiken in die Organisation wird größtenteils nicht eindeutig lokalisiert. Mit Begriffen wie »Inkorporation«, »Konformität« (Meyer/Rowan 1977; vgl. Oliver 1991; Scott 2001), »Adoption«, »Modellieren«, »Anpassung« (DiMaggio/Powell 1983), »Implementierung«, »Imitation« (Zucker 1987) oder »Enactment« (vgl. Czarniawska/Joerges 1996) kann zwar die Existenz einer Verbindung bestimmt werden, jedoch verbleiben die Analysen in der Tendenz bei einer Beschreibung der ablaufenden Prozesse, ohne die dahinter liegenden Mechanismen zu berücksichtigen. Um zu verstehen, wie das Verhältnis von Institution und Organisation gestaltet ist, erscheint es sinnvoll, die Grundlagen erneut zu thematisieren. Allem voran stellt sich hier die Frage, was überhaupt als Institution verstanden wird.

1.2 Was ist eigentlich eine Institution?

Institution ist nicht gleich Institution! Dies ist eine wichtige Aussage, die in der aktuellen Literatur zu wenig Beachtung findet. Derzeit existiert eine Vielzahl unterschiedlicher soziologischer, politik- und wirtschaftswissenschaftlicher Konzepte, die mit einem Institutionenbegriff arbeiten und sich wechselseitig aufeinander beziehen.[11] Doch nicht einmal im soziologischen Neo-Institutionalismus selbst herrscht Einigkeit darüber, was genau als Institution zu bezeichnen ist (Scott 1994a). Einige Autoren bestimmen Institutionen als Formen in der Umwelt von Organisationen. Andere Vertreter wiederum verstehen Organisationen selbst als Institutionen (vgl. Zucker 1987). Ein ähnliches Problem besteht in der Bestimmung des Umfangs der Institutionalisierung, der in neo-institutionalistischen An-

11 Kathleen Thelen (1999, 2003) identifiziert zum Beispiel drei unterschiedliche Institutionenbegriffe, die für die Untersuchung von Pfadabhängigkeit relevant sind: einen funktionalistischen/utilitaristischen, einen kulturell-soziologischen sowie einen Institutionenbegriff, der auf politische Machtverteilung bezogen ist.

sätzen im Anschluss an Berger und Luckmann (1980) an die Zuschreibung von Legitimität gebunden wird.

In vielen grundlegenden Texten gilt Legitimität als erreicht, wenn die Voraussetzungen eines bestimmten Vorgehens nicht mehr hinterfragt werden und somit als selbstverständlich gelten (siehe Zucker 1977). Institutionalisierte Organisationsstrukturen oder Routinen werden als »richtige« oder sogar als die »einzigen« Möglichkeiten betrachtet (Scott/Meyer 1994: 234) und erhalten den Status von unhinterfragten Fakten (Meyer/Rowan 1977). In diesem Sinne gelten die Praktiken als »vollständig« institutionalisiert (Tolbert/Zucker 1996).

Tolbert und Zucker (1996) haben einen Übertragungsversuch vorgelegt, der der Untersuchung von Organisationen dienen soll. Es existieren jedoch einige Unschärfen und Verkürzungen in der Übernahme des ursprünglichen Konzeptes (vgl. Walgenbach/Meyer 2008: 94f.). Die folgende Rekonstruktion des Berger-Luckmann-Ansatzes soll die Grundlage der Definition des Institutionenbegriffs für diese Arbeit ausformulieren. Im Anschluss wird das Konzept der institutionellen Logik als empirische Grundlage aufgegriffen und eine Unterscheidung verschiedener Ebenen der Institutionalisierung vorgenommen.

1.2.1 Institution bei Berger und Luckmann

Dem soziologischen Neo-Institutionalismus liegt das Institutionenkonzept von Berger und Luckmann zugrunde. Folgt man diesem (1980), findet Institutionalisierung statt, »[…] sobald habitualisierte Handlungen durch Typen von Handelnden reziprok typisiert werden« (Berger/Luckmann 1980: 58). Dabei können verschiedene Stufen innerhalb des Institutionalisierungsprozesses abgegrenzt werden.[12] Den ersten Schritt bildet der Prozess der Habitualisierung. Das menschliche Tun unterliegt dem Gesetz der Gewöhnung. Durch Modellbildung und Routine kann Kraft eingespart werden. »Habitualisierung in diesem Sinne bedeutet, dass die betreffende Handlung auch in Zukunft ebenso und mit eben der Einsparung von Kraft ausgeführt werden kann.« (Berger/Luckmann 1980: 56) Die Gewöhnung bzw. Routine hat eine Entlastungsfunktion, denn »[…] vor dem Hintergrund habitualisierten Handelns öffnet sich ein Vordergrund für Einfall und Innovation« (Berger/Luckmann 1980: 57).

---

12 Diese Stufen sind auch die Grundlage für die Übertragung von Tolbert und Zucker.

Habitualisierung beschreibt jedoch lediglich eine notwendige Voraussetzung, ist selbst aber keine hinreichende Stufe und kann daher als vorinstitutionell bezeichnet werden. Erst mit dem Schritt der Typisierung beginnt der tatsächliche Prozess der Institutionalisierung. Die Typisierung verläuft reziprok und umfasst Akte wie Akteure zugleich – das bedeutet, dass von bestimmten Akteuren bestimmte Akte (wechselseitig) erwartet werden. Damit umfasst der Prozess der Institutionalisierung nicht nur bestimmte Aktivitäten, sondern auch die Akteure selbst. Akte sind zum Beispiel bestimmte Handlungsskripte (siehe Gioia/Poole 1984), die in typischen Situationen routinemäßig ausgeführt werden. Institutionalisierung wirkt in dieser Perspektive auch auf die Erzeugung eines Selbstverständnisses, auf die Identität des Akteurs. Das beinhaltet Interpretationen sowie Deutungen und sedimentierte Wissensvorräte – kurz, die soziale Wirklichkeit der beteiligten Akteure. Eine individuelle oder persönliche Typisierung reicht jedoch nicht aus: »Wenn habitualisierte Handlungen Institutionen begründen, so sind die entsprechenden Typisierungen Allgemeingut.« (Berger/Luckmann 1980: 58, vgl. 72)

Um als Institution zu wirken, muss eine Generalisierung der Typisierung und Habitualisierung gegeben sein. Dieses wird von Berger und Luckmann als Objektivation bezeichnet, womit die Herauslösung aus einem subjektiven Kontext und die Verallgemeinerung und Übertragung auf andere Akteure bzw. Kontexte gemeint ist.[13] Der Zustand der Institutionalisierung ist demnach erreicht, wenn die reziproken Typisierungen zum allgemein verfügbaren Konstrukt innerhalb einer sozialen Bezugsgruppe werden. Die institutionalisierten Erwartungsstrukturen gelten dann als legitime Erwartungen genau für diese soziale Gruppe. Akte wie Akteure werden zum Gegenstand wechselseitiger Erwartungen in dieser sozialen Bezugsgruppe und beschreiben so institutionalisierte Erwartungsstrukturen.

Anschließend folgt die Sedimentierung der institutionalisierten Erwartungen. Dies bedeutet, dass die Praktiken durch verschiedene Mechanismen im kollektiven Bewusstsein bzw. im allgemein verfügbaren Wissensvorrat verankert werden. Sedimentierung dient der Verfestigung von Erwartungsstrukturen. Dieses geschieht vor allem durch Formen der Internalisierung, durch wiederholte Vergegenwärtigung bzw. durch die Übertra-

13 »Objektivationen durch Ausdruck sind mehr oder weniger dauerhafte Indikatoren subjektiver Empfindungen. Sie ermöglichen deren ›Begreifbarkeit‹ über die Vis-à-vis-Situation, in welcher sie unmittelbar erfasst werden können, hinaus« (Berger/Luckmann 1980: 36).

gung auf eine »neue Generation«[14] mit Hilfe des Apparates der Sozialisation. Diesem letzten Punkt kommt nun besondere Aufmerksamkeit zu. Das Auftreten einer neuen Generation stellt einen kritischen Moment für einen Institutionalisierungsprozess dar. Vor diesem Zeitpunkt ist die Institution für alle bis dahin Betroffenen ein Faktum und damit Gewissheit. Für diejenigen Personen jedoch, die am Erkennen des Problems und der Erarbeitung der Lösung nicht beteiligt waren, kann sich der Zusammenhang nicht unmittelbar erschließen. Eine Vermittlung wird notwendig. Diese Vermittlung kann Übertragungsfehler beinhalten, sie kann auch gänzlich fehlschlagen oder grundsätzlich abgelehnt werden. Ist die Übertragung jedoch erfolgreich, zementiert sich eine institutionalisierte Erwartung. Erst mit dem Auftreten einer neuen Generation entsteht auch das Problem der Legitimation (Berger/Luckmann 1980: 65–66 u. 99–100). Der kritische Punkt liegt also bei der Übertragung der Institution an jegliche Personen, die an deren Entstehung nicht beteiligt waren. Mit diesem Schritt werden die Praktiken weiter objektiviert, denn es vollzieht sich eine erneute Herauslösung aus den subjektiven Erfahrungen.[15]

Unterstellt man, dass Institutionen nur dann weiter bestehen, wenn sie eine allgemein anerkannte Lösung für ein (an)erkanntes Problem darstellen (Berger/Luckmann 1980: 74), dann muss diese Verbindung von Problem und Lösung den bisher Unbeteiligten erklärt werden, da diese nicht auf persönliche Erfahrung zurückgreifen können.

> »Legitimierung ist der Prozess dieses Erklärens und Rechtfertigens. Legitimation ›erklärt‹ die institutionelle Ordnung dadurch, dass sie ihrem objektivierten Sinn kognitive Gültigkeit zuschreibt. Sie rechtfertigt die institutionale Ordnung dadurch, dass sie ihren pragmatischen Imperativen die Würde des Normativen verleiht.« (Berger/Luckmann 1980: 100)

Damit besitzen Legitimation und Institution sowohl eine kognitive als auch eine normative Seite:

---

14 Der hier verwendete Begriff »Generation« ist den Beispielen von Berger und Luckmann geschuldet, die eher bei traditionalen Gesellschaften und Familienbeziehungen ansetzen. Die Übernahme durch eine neue Generation lässt sich aber auch moderner und allgemeiner auslegen.

15 In einem engeren Sinne kommt hier entsprechend das Auftreten einer neuen Generation, im biologischen Sinne, als weitere Stufe hinzu – also das Eintreten von Personen, die aufgrund ihrer späteren Geburt bzw. ihrer abweichenden Sozialisation potenziell andere Voraussetzungen, abweichende Erfahrungen und divergierende Deutungen mitbringen. Das ist zum Beispiel der Fall, wenn Eliten aus Altersgründen ausgetauscht werden.

»Legitimation sagt dem Einzelnen nicht nur, warum er eine Handlung ausführen *soll* und die andere nicht ausführen darf. Sie sagt ihm auch, warum die Dinge sind, *was* sie sind. Mit anderen Worten: bei Legitimierung von Institutionen geht das ›Wissen‹ den ›Werten‹ voraus.« (Berger/Luckmann 1980: 100, Hervorhebungen im Original)

Es lassen sich analytisch verschiedene Ebenen der Legitimation unterscheiden (Berger/Luckmann 1980: 100–101): (i) Eine sprachliche Objektivation beinhaltet die Bezeichnung von Erfahrungen mit bestimmten Begriffen bzw. Informationsausschnitten, die ein bestimmtes Verhalten oder eine bestimmte Beziehung von Akten und Akteuren zueinander implizieren. Die einfache vortheoretische Argumentation lautet hier: »So ist es eben!« oder »Das macht man so!«. (ii) Auf der zweiten Ebene befinden sich Schemata, die als rudimentäre theoretische Postulate objektive Sinngefüge verbinden. Dazu zählen beispielsweise Lebensweisheiten, Legenden, Volksmärchen. (iii) Als Drittes existiert eine Ebene aus komplexen und expliziten Legitimationstheorien. Diese Formen entsprechen zum Teil geschlossenen Bezugssystemen, die einen institutionellen Sachverhalt mit Hilfe eines differenzierten Wissensbestandes rechtfertigen.

Legitimation der Gültigkeit institutioneller Erwartungsstrukturen wird durch sprachliche Bezeichnung, aber vor allem durch eine Theoretisierung von institutionalisierten Sachverhalten geleistet. Ihre Hauptwirkung liegt darin, bestimmte Elemente (Akte, Objekte oder Akteure) sinnhaft miteinander in Beziehung zu setzen und damit eine sinnhafte Rahmung der Situation herzustellen. Auf Basis dieser Rahmung ist es beispielsweise möglich, passende Handlungsskripte zu aktivieren, um eine Koordination der Elemente und eine Kooperation der Akteure zu erreichen. Sobald Erwartungen soziale Wirklichkeit geworden, das heißt institutionalisiert sind, besteht die »[…] Möglichkeit zur Abweichung von den ›programmierten‹ Handlungsabläufen, die sich von der konkreten Relevanz ihres Ursprunges abgelöst haben« (Berger/Luckmann 1980: 66). Damit ist Abweichung grundsätzlich denkbar und praktisch möglich: »Zusätzliche Kontrollmaßnahmen sind nur erforderlich, sofern die Institutionalisierungsvorgänge selbst zum eigenen Erfolg nicht ganz ausreichen.« (Berger/Luckmann 1980: 59)

Die in anderen Ansätzen betonte Rolle von Sanktionierungen beschreiben auch Berger und Luckmann als eine Stütze für Institutionen. Jedoch bedeutet Institutionalisierung an sich bereits soziale Kontrolle. Sobald ein bestimmter Bereich institutionalisiert ist, steht dieser Bereich unter sozialer

Beobachtung. »Je mehr Verhaltensweisen institutionalisiert sind, desto mehr Verhalten wird voraussagbar und kontrollierbar.« (Berger/Luckmann 1980: 67) Nichterfüllung der Erwartungen führt im Zweifel zu Konflikten und entsprechenden Sanktionsmaßnahmen. Dieser Zusammenhang ist auch in nachfolgenden Ansätzen thematisiert worden. Entscheidend für die Möglichkeiten institutioneller Selbsterhaltung ist, was im Fall einer Abweichung oder bei einem Konflikt folgt.

Maßnahmen zum Erhalt sind auch gerade bei alltäglichen, unhinterfragten Formen der Institutionalisierung maßgeblich. Selbsterhaltung etablierter institutioneller Muster basiert daher auf fortlaufenden Reproduktionsprozessen (Jepperson 1991: 145). In den sogenannten Krisenexperimenten konnte gezeigt werden, dass gerade diese Erwartungen mit äußerst scharfen Reaktionen gegen Abweichungen aufrechterhalten werden: »Departures [...] call forth immediate attempts to restore a right state of affairs.« (Garfinkel 1984: 42)

In ethnomethodologischen Versuchsanordnungen wurden gezielt institutionalisierte Erwartungen unterlaufen, die als alltägliche Gegebenheit unhinterfragt hingenommen werden (Garfinkel 1984). Die Verletzung der als gültig erwarteten Sachverhalte führte bei den Betroffenen nach einiger Zeit zu heftigen Reaktionen. Die Kommunikation war durch die Nicht-Erfüllung stark gestört und das abweichende Verhalten des Gegenübers wird nach ersten Schlichtungsversuchen erheblich sanktioniert. Die starke kognitive Konditionierung führt nicht nur zur Unmöglichkeit einer reibungslosen, koordinierten Kommunikation, sondern sie zieht eine umfangreiche Sanktionierung des abweichenden Verhaltens nach sich. Der alltägliche reibungslose und routinemäßige Vollzug sichert also den Glauben an die Gültigkeit. Abweichungen werden mit erheblichen Sanktionen abgewehrt und stabilisieren so die unhinterfragte, institutionalisierte Erwartung.

1.2.2 Diskussion des Institutionenbegriffes

In grundlegenden neo-institutionalistischen Ansätzen wird häufig eine Definition von (vollständiger) Institutionalisierung verwendet, die besonders die kulturell-kognitive Seite von Institutionen betont. Andere Eigenschaften und Formen von Institutionen bleiben dabei außen vor (vgl. Walgenbach/Meyer 2008).

Tolbert und Zucker (1996) unterscheiden in ihrer Analyse semi-institutionalisierte »Objektivation« von vollständig institutionalisierter »Sedimentation«. Letztlich beschreiben die beiden Autorinnen ein Kontinuum der Institutionalisierung. Dieses Vorgehen suggeriert aber, dass es sich nur bei vollständig kognitiv verankerten Institutionen (Taken-For-Grantedness) um abgeschlossene Institutionalisierungsformen handelt. In Abgrenzung zu anderen Institutionenbegriffen ist hier eine wichtige Differenz zu erkennen, die einen Alleinvertretungsanspruch für kulturelle Formen manifestiert und diese Theorierichtung gegenüber anderen Ansätzen abgrenzt: »Attention to the cultural-cognitive dimension of institutions is the major distinguishing feature of neoinstitutionalism within sociology.« (Scott 2001: 57) Andererseits verliert man durch eine Abgrenzung von nicht kulturell-kognitiven Formen einen erheblichen Teil sozialer Phänomene aus dem Blick, die nach Berger und Luckmann ebenfalls plausibel als institutionalisiert gelten können.

In der Perspektive dieser Arbeit greift die Einteilung in »halbe« und »vollständige« Formen der Institutionalisierung zu kurz. Das gilt auch für die eine enge Konzentration auf eine kognitive Verankerung. Die Tatsache, dass eine Erwartung hinterfragt wird, bedeutet in der Praxis selten, dass dieser Erwartung keine allgemeine Legitimität zugeschrieben wird, und ist nicht zwangsläufig ein Hinweis darauf, dass diese Erwartung unzureichend institutionalisiert ist.

Folgt man Berger und Luckmann, so beschreibt Legitimität die allgemein verbreitete, generalisierte bzw. objektivierte Erwartung der normativen und kognitiven Gültigkeit bestimmter wechselseitig geteilter Erwartungen über das Sollen (normativ) und Sein (kognitiv) der Objekte, Akteure und Aktivitäten in ihrer Beziehung zueinander. Legitimität ist ein Indikator für Institutionalisierung. Nach Berger und Luckmann beginnt Institutionalisierung, wie oben beschrieben, mit dem Vollzug von zwei Schritten: der Objektivation und der Weitervermittlung der Erwartungsstruktur an Dritte, das heißt Personen, die an der ursprünglichen Entstehung der wechselseitigen Erwartungen nicht beteiligt gewesen sind. Der unhinterfragte Vollzug beschreibt damit nur eine (besonders starke) Form der Legitimität, bei der die Gültigkeit im alltäglichen Vollzug nicht mehr in Frage gestellt wird. Sollen und Sein fallen hierbei gewohnheitsmäßig, dauerhaft und selbstverständlich zusammen. Grundsätzlich scheint es jedoch für eine Institution weniger ausschlaggebend zu sein, dass diese Erwartungen in ihrer Gültigkeit im Alltag unhinterfragt umgesetzt werden. Vielmehr reicht es aus, dass ein Akteur davon ausgehen kann, dass alle relevanten Anderen davon ausgehen, dass eine Erwartung allgemeine Gültigkeit besitzt (Meyer

1977). Bereits bei Berger und Luckmann ist deutlich zu erkennen, dass sich Institutionen gleichzeitig sowohl aus kognitiven als auch aus normativen Komponenten zusammensetzen. Hinzu treten noch Sanktionen, die als sekundäre Mechanismen die Einhaltung bestimmter Regeln, Bedeutungen und Praktiken absichern.

Es ist daher geboten, die Grundlage von Institutionen bzw. Institutionalisierungsprozessen nicht auf eine kognitive Dimension zu verengen. Genau diese Überlegung liegt dem Vorschlag von W. Richard Scott (2001) zugrunde, der versucht, die Fundamente von Institutionen anhand von drei zu unterscheidenden Dimensionen herauszuarbeiten (vgl. Clemens/Cook 1999; Hoffman 1999; Djelic/Quack 2003). Scott zufolge ruhen Institutionen auf drei unterschiedlichen Säulen auf: auf einer regulativen, einer normativen und einer kognitiven. Die unterschiedlichen Ebenen durchdringen sich in den konkreten Institutionalisierungsprozessen, beruhen aber auf eigenständigen Mechanismen. Es müssen aber nicht zwangsläufig alle drei Formen gleichzeitig an der Entstehung oder Unterstützung einer konkreten Institution beteiligt sein. Mit der Unterscheidung von drei unterschiedlichen Säulen als Basis von Institutionen ist es möglich, die Beziehung der neo-institutionalistischen Organisationstheorie zu anderen Ansätzen zu bestimmen, die ebenfalls mit einem Institutionenbegriff operieren. Dabei können verschiedene Ebenen und der jeweilig betonte Bezug zu einer der drei Säulen abgegrenzt werden (vgl. Scott 2001: 85). Andere Ansätze werden dadurch mit der neo-institutionalistischen Perspektive vergleichbar. Gesellschaft besteht für Berger und Luckmann aus vielen, wechselseitig aufeinander bezogenen Strukturen: »Gesellschaft ist ein menschliches Produkt. Gesellschaft ist eine objektive Wirklichkeit. Der Mensch ist ein gesellschaftliches Produkt.« (Berger/Luckmann 1980: 65)

Die sozial-kulturelle Strukturierung der Wahrnehmung, als Ergebnis der Wirkung institutionalisierter Rollen auf das Selbst der Individuen, ist gleichzeitig wieder Bedingung für die Erzeugung neuer Strukturen. Der Institutionenbegriff von Berger und Luckmann bezieht sich auf eine soziale Konstruktion der Wirklichkeit. Kognitive und normative Eigenschaften von Institutionen sind verbunden und zielen vor allem auf die sinn- und wissenskonstruierenden Aspekte von Institutionen. Ein wichtiger Unterschied zu anderen Ansätzen besteht im Durchschlagen von Institutionen auf Identitäten der Individuen. Die reziproke Verknüpfung von Akten und Akteuren sedimentiert sich in Form von institutionalisierten Rollen, die als generalisierte Erwartungsverdichtungen wirken.

Die Objektivierung der Typisierung von Handlungsweisen durch generalisierte Rollen und Verfestigung der Objektivierung schlägt sich im »gesellschaftlichen Selbst« des Einzelnen nieder (vgl. Mead 1975). Die Institutionen schreiben sich in den Einzelnen ein und schlagen nachhaltig auf dessen Identität durch (Berger/Luckmann 1980: 77–78).[16] Institutionen erscheinen damit gleichzeitig sowohl als externe Begrenzungen als auch als interne Modelle der Akteure (Clemens/Cook 1999). Auf den Punkt gebracht bedeutet das Folgendes:

> »Institutions constrain not only the ends to which their behaviour should be directed, but means by which those ends are achieved. They provide individuals with the vocabularies of motives and with a sense of self. They generate not only that which is valued, but the rules by which it is calibrated and distributed.« (Friedland/Alford 1991: 251)

In dieser Arbeit wird demnach ein auf dem Konzept von Berger und Luckmann basierender, erweiterter Institutionenbegriff unterstellt, der nicht nur kognitive, sondern auch normative und regulative Aspekte von Institutionen einfasst und in seinen Effekten für Identitäten relevant ist.

1.2.3 Institutionelle Logik(en)

Aus dem Konzept von Berger und Luckmann lässt sich ableiten, dass Institutionen mehr oder weniger komplexen institutionalisierten Erwartun-

16 Die Tatsache, dass die Konstruktion von Identitäten im besonderen Maße mit Organisationen in Wechselwirkung steht, haben Goffman (1973) und Foucault (1977) umfassend gezeigt. An »totalen Institutionen« – Organisationen, die ihre Mitglieder zeitlich und räumlich total einfassen, wie Waisenhäuser, Krankenhäuser und Gefängnissen, haben beide Autoren unabhängig voneinander die disziplinierende und subjektkonstruierende Wirkung von Organisationen herausgearbeitet. So erscheinen gerade Organisationen als soziale Apparate, die durch systematische Verhaltenserwartung und deren Überwachung, Sanktionierung und Belohung im besonderen Maße die Individuen in ihrem Verhalten, ihrer Identität und ihrer Sicht der Welt konditionieren. Organisationsstruktur und sozialisierte Identität sowie die Verhaltensstruktur des Organisationsmitgliedes verhalten sich »kongenial« (Goffman 1973) und erscheinen zumindest partiell passend aufeinander abgestimmt: »[...]The member is transformed into a cooperator; he becomes the ›normal‹, ›programmed‹, or builtin member. He gives and gets in an appropriate spirit what has been systematically planned for, whether this entails much or little of himself. In short, he finds that he is officially asked to be no more and no less than he is prepared to be, and is obliged to dwell in a world that is in fact congenial to him.« (Goffman 1973: 172)

gen innerhalb einer sozialen Bezugsgruppe entsprechen. Um die allgemeine Beschreibung von institutionalisierten Erwartungen zu konkretisieren, wird hier auf den Begriff der institutionellen Logiken zurückgegriffen (zu institutional logics siehe Friedland/Alford 1991; Thornton/Ocasio 2008). Definiert man Logik als sinnhafte Ordnung bestimmter Elemente, so lässt sich der Begriff der institutionellen Logik als Werkzeug zur Bestimmung der Elemente einer Institution einsetzen. Wie bei vielen anderen Konzepten ist auch die Verwendung des Begriffes der institutionellen Logiken nicht immer eindeutig und seinen Anwendungen liegt selten eine explizite oder gar einheitliche Definition zugrunde (Thornton/Ocasio 2008).

Für die Zwecke dieser Arbeit lassen sich zwei Definitionen unterscheiden. Zum einen existiert ein weit verbreiteter Einsatz des Begriffes auf der Ebene eines gesamten Feldes, oft wird dabei die Mehrzahl: institutionelle Logik*en*, zur Beschreibung verwendet. Zum anderen lässt sich eine institutionelle Logik auf der Ebene einer einzelnen Institution beobachten. Mit dieser Abgrenzung, die im Folgenden entwickelt wird, kann eine substanzielle Unterscheidung erstellt werden, die in späteren Teilen der Arbeit eine saubere begriffliche Fassung institutionellen Wandels ermöglicht.

(a) Institutionelle Logik auf Feldebene: Diese Anwendung des Begriffes geht auf einen Vorschlag von Friedland und Alford (1991) zurück. Um neo-institutionalistische Analysen stärker an Eigenschaften der Gesellschaft anzubinden, bezeichneten die Autoren mit dem Begriff der institutionellen Logiken bestimmte institutionelle Ordnungen oder Geltungsbereiche. Beispiele sind die institutionelle Logik des Kapitalismus, der Familie, des bürokratischen Staats, der Demokratie und der Religion, die als institutionelle Konfigurationen mit ihren Eigenschaften die Gesellschaft beeinflussen. Viele andere Institutionen, die in einer bestimmten Gesellschaft existieren, richten sich nach diesen umfassenden institutionellen Logiken aus oder leiten sich direkt von diesen ab. So lässt sich die Einbettung konkreter institutioneller Zusammenhänge in einer erweiterten Gesellschaftsperspektive aufzeigen.

In den folgenden Analysen werden institutionelle Logiken auch auf abgegrenzte gesellschaftliche Teilbereiche wie Organisationsfelder bezogen (Scott 2001; Thornton/Ocasio 2008). Ein Defintionsversuch in diesem Sinne lautet:

»Institutional logics are the organizing principles that shape the behaviour of field participants. Because they refer to a set of belief systems and associated practices, they define the content and meaning of institutions.« (Reay/Hinings 2009: 631)

Institutionelle Logiken beschreiben hier die Konfiguration verschiedener Institutionen oder allgemeiner institutioneller Prinzipien in einem bestimmten gesellschaftlichen Bereich – beispielsweise einem Feld. In Untersuchungen wurde darauf hingewiesen, dass in einigen Feldern eine übergreifende Logik dominant wird. Demgegenüber gibt es jedoch auch Hinweise, wonach eine Vielfalt von Logiken innerhalb eines Feldes stabil koexistiert oder einander teilweise sogar dauerhaft widersprüchlich entgegenstehen kann (Scott 2001: 139f.; Haveman/Rao 1997; Schneiberg 2007; Thornton/Ocasio 2008; Reay/Hinings 2009).

In diesem Verständnis des Begriffes der institutionellen Logiken werden die Eigenschaften einer institutionellen Matrix beschrieben (vgl. North 1990). Innerhalb einer solchen institutionellen Matrix existieren mehrere Institutionen, die sich aufeinander beziehen oder eng miteinander verknüpft sind. Eine Vielzahl von etablierten institutionalisierten Erwartungen folgt der (oder den) dominanten Logik(en) und stabilisiert damit die existierende(n) Logik(en) in einem Feld (vgl. Thornton/Ocasio 2008). In diesem Sinne lassen sich zum Beispiel oft nur diejenigen Institutionen neu etablieren, die zu den existierenden Logiken eines Feldes passen oder die sich an diese anpassen lassen. Im Verständnis dieser Arbeit bezeichnen institutionelle Logiken auf einer Feldebene die sinnhafte Ordnung einer Vielzahl von unterschiedlichen, institutionalisierten Erwartungen entlang bestimmter allgemeiner, umfassender Prinzipien in einem bestimmten Organisationsfeld oder gesellschaftlichen Bereich.

(b) Institutionelle Logik auf Institutionsebene: Den Logiken in einem Feld kann die Untersuchung der Logik einer einzelnen Institution gegenübergestellt werden. Diese zweite hier vorgeschlagene Anwendung institutioneller Logik schließt an die Konzeptionalisierung bei Richard Deeg (2001, 2005) und an John Zysman (1994) an. Auf der Institutionsebene bezeichnet institutionelle Logik die konkrete Konfiguration der Elemente einer spezifischen Institution. Institutionelle Logik als Konfiguration oder sinnhafte Ordnung umfasst entlang der hier zugrunde gelegten Definition von Berger und Luckmann die Ordnung aller kognitiven und normativen Aspekte, die eine Institution als institutionalisierte Erwartung umfasst.

Der Begriff der institutionellen Logik erlaubt eine differenzierte Bestimmung der Elemente einer Institution und deren Relation in einem erweiterten institutionellen Kontext – einmal auf Ebene des Feldes und zum anderen auf der Ebene der einzelnen Institution. Damit ist eine

Differenzierung der Beschreibung von Institutionen und deren Eigenschaften möglich.

1.2.4 Diskussion: Lokale Ebene und Populationsebene der Institutionalisierung

Im soziologischen Neo-Institutionalismus wird beschrieben, dass Institutionen für Populationen von Organisationen gelten und gleichzeitig ihre Wirkung in der konkreten Organisation entfalten. Gerade bei der Auswirkung von institutionalisierten Erwartungen auf die einzelne Organisation wird das Verhältnis zwischen Organisation und Institution oft nicht genau bestimmt (siehe Zucker 1987; Scott/Meyer 1991; Jepperson 1991; Walgenbach/Meyer 2008). In der Anwendung erscheint daher nicht nur der Institutionenbegriff, sondern auch der Organisationsbegriff nicht selten unscharf umrissen. Tatsächlich stehen einander zum Teil widersprüchliche und gegensätzliche Aussagen und Annahmen zur Bestimmung des Verhältnisses von Organisationen und Institutionen gegenüber. Im Ergebnis fallen die Einschätzungen und Beschreibungen von Effekten und Mechanismen entsprechend unterschiedlich aus.

Um die Grundlagen der unterschiedlichen Ansätze aufzudecken, lässt sich Folgendes behaupten: Institution ist nicht gleich Organisation, da sich Institutionen in der Umwelt der Organisation befinden. Diese Annahme steht jedoch in einem erheblichen Widerspruch zu einer konzeptionellen Verzweigung innerhalb der neo-institutionalistischen Organisationstheorie. So unterstellt Zucker (1977), dass Institutionen nicht (nur) in der Umwelt von Organisationen existieren, sondern dass Organisationen selbst Institutionen darstellen. In dieser Perspektive zerfallen die Analysen in einen »Institution-als-Umwelt-Ansatz« und einen separaten »Institution-als-Organisation-Ansatz« (Zucker 1987: 444):

> »Environment as institution assumes that the basic process is reproduction or copying of system-wide [...] social facts on the organizational level, while organization as institution assumes that the central process is generation (meaning creation of new cultural elements) at the organization level.«

Die Annahme, dass es sich bei Organisationen gleichzeitig um Institutionen handelt, rechtfertigt Zucker (1977; 1987) im Kern mit folgendem Argument: Organisationen wie auch Institutionen seien jeweils gleichermaßen unabhängig von persönlichem Einfluss und persönlichen Fähigkeiten. Und gerade einzelne Organisationen seien eine wichtige Quelle für die Institutionalisierung neuer Praktiken, vor allem in informellen Bereichen. Diesem Problem kann begegnet werden, indem eine zentrale Dimension im Verhältnis von Institution und Organisation durch die Unterscheidung von Einflüssen auf einer lokalen Ebene und auf einer Populationsebene eingeführt wird.[17] Die Lösung liegt in der Bestimmung der Bezugsgruppe. Institutionen sind immer Institutionen für »jemanden« – als geltende Erwartungen in einer bestimmten sozialen Gruppe (vgl. Berger/Luckmann 1980), zum Beispiel in einem Organisationsfeld, einem Betrieb oder in einer Abteilung eines Betriebes.

Im Institution-als-Umwelt-Ansatz wird die Wirkung einer allgemeinen Bezugsgruppe untersucht. Es wird unterstellt, dass eine Vielzahl von Organisationen in einem Feld systematisch den gleichen institutionalisierten Erwartungen in ihrer Umwelt gegenübersteht. Erwartungen werden hier in einem bestimmten Feld über Organisationsgrenzen hinweg von vielen anderen formuliert und systematisch reproduziert. Die einzelnen Organisationen sind »gezwungen«, auf einen vergleichbaren Erwartungsdruck zu reagieren. Das führt dann unter Umständen zu vergleichbaren isomorphen Organisationsstrukturen, auch über Organisationsgrenzen hinweg, wie Powell und DiMaggio (1983) beschreiben.

Mit der Gleichsetzung von Organisationen und Institutionen durch Zucker (1977, 1987), verschiebt sich gleichzeitig der Fokus von globalen Populationsmechanismen im Feld auf eine konkrete Organisation und deren konkrete, unmittelbare lokale Bedingungen. Vor allem in Bezug auf Organisationsmitglieder vor Ort ergeben sich alle Möglichkeiten zur Institutionalisierung von bestimmten Praktiken oder Deutungen. Im Zuge alltäglicher Interaktionen verschiedener Personen als Organisationsmitglieder im Rahmen einer konkreten Organisation können sich auch hier Institutionalisierungsprozesse vor Ort (Habitualisierung, Typisierung, Sedimentierung) einstellen. Die Institutionalisierung bezieht sich in einem solchen Fall jedoch nicht zwangsläufig auf die Organisation als Ganzes und »verwandelt« diese in eine Institution. Vielmehr treffen die Erwartungen von

---

17 Für Zucker steht vor allem das lokale Zusammenspiel von Organisation und Individuum im Vordergrund. Organisationen sind für Individuen hochgradig institutionalisierte Handlungsrahmen. Das hier vorherrschende individuelle Verhalten ist formalisiert, unpersönlich und erwartbar. Das Wechselverhältnis von Institutionalisierung konkreter Organisationspraktiken und konkreten Organisationsmitgliedern basiert letztlich auf einer »Kongenialität« von Persönlichkeit und sozialer Struktur (vgl. Goffman 1973). Es handelt sich um eine Kongenialität aus Organisationsstruktur und »programmierten«, institutionalisierten, das heißt sozialisierten Rollen(erwartungen), auf die sich die konkreten Mitglieder in ihrer Sozialisationskarriere eingestellt haben.

Individuen und Organisation aufeinander und können sich in den Aktivitäten der Mitglieder sowie als institutionalisierte Erwartungen lokal in der formalen und informellen Organisationsstruktur niederschlagen. Die Organisation hat die Möglichkeit, solche Praktiken als Abweichung zu behandeln oder als konforme Tätigkeit zu bewerten und diese sogar ausdrücklich zu unterstützen (vgl. Goffman 1973).

Der Prozess der Institutionalisierung kann innerhalb einer bestimmten Organisation ablaufen und benötigt nicht zwangsläufig ein Organisationsfeld als soziale Bezugsgruppe. Jedoch handelt es sich dann um lokale Erwartungen und die Umsetzung in nur einer einzigen Organisation. Außerhalb haben die Deutungen und Erwartungen in einem solchen Fall keinen Anspruch auf Gültigkeit. Die Organisation stellt einen begrenzten sozialen Raum dar, in dem sich bestimmte Erwartungen institutionalisieren können. Innerhalb der informellen Strukturen bilden sich, als Ergebnis emergenter Prozesse (vgl. Luhmann 2000: 240ff.), bestimmte Praktiken und Erwartungen heraus, die sich mit der Zeit als Organisationskultur auf die gesamte Organisation ausdehnen können. So verwundert auch nicht die folgende Feststellung: »Every organization necessarily has a culture [...]« (Scott/Davis 2007: 213; vgl. Meyerson/Martin 1987). Organisationskultur beschreibt lokale Institutionalisierungen von Werten, Überzeugungen und Erwartungen, die von den Organisationsmitgliedern mehr oder weniger umfassend geteilt werden.[18] Die angeführten Punkte lassen sich in der folgenden Aussage von Scott (2001: 58) zusammenfassen:

»Differentiated roles can and do develop in localized contexts as repetitive patterns of action gradually become habitualized and objectified, but it is also important to recognize the operation of wider institutional frameworks that provide prefabricated organizing models and scripts.«

Einzelne lokale Organisationen können ganz im Sinne von Zucker (1987) Ausgangspunkt für neue institutionelle Formen sein. Die lokalen Umstände verbinden sich mit den Eigenschaften der Organisation und deren Mitgliedern und können eine Variation institutionalisierter Elemente oder gänzlich neue Formen erzeugen.

Aus der globalen Populationsperspektive des Organisationsfeldes beobachtet, handelt es sich bei Formen lokaler Institutionalisierungen oder

18 Organisationskultur muss jedoch nicht zwangsläufig homogen sein. Je nach mikropolitischer Landschaft und Aufgliederung der Organisationsstrukturen finden sich womöglich Subkulturen oder gar Gegenkulturen (Scott/Davis 2007).

genauer: einer lokalen Organisationskultur, um Formen, die zur Differenzierung und Heterogenität im Organisationsfeld beitragen. Die spezifischen Bedingungen der lokalen Umwelt wirken auf die konkrete Organisation. Genauso wirken aber auch Makrophänomene auf die lokale Organisation ein. Es handelt sich demnach nicht um grundsätzlich unterschiedliche theoretische Perspektiven, sondern um verschiedene Beobachtungen, die jeweils unterschiedliche Ebenen der Institutionalisierung beschreiben. Dieses folgt aus der Tatsache, dass eine Institution immer nur im Hinblick auf eine soziale Bezugsgruppe bestimmt werden kann. In genau dieser Bezugsgruppe werden die entsprechenden Erwartungen als legitim, das heißt als institutionalisiert und gültig, angesehen.

1.3 Organisationsmodelle als Gegenstand der Institutionalisierung

Der Gegenstand der Institutionalisierung, dem sich Organisationen normalerweise gegenübersehen, sind allgemeine Modelle (DiMaggio/Powell 1991). Solche allgemeinen Modelle sind zuerst einmal ein Problem der Legitimation. Für eine gegebene Organisation, die nicht an der Entstehung der institutionalisierten Erwartungen beteiligt war, befinden sich diese Erwartungsstrukturen (so auch allgemeine Modelle) zuerst einmal außerhalb ihrer selbst in der Umwelt der Organisation und sie müssen wahrgenommen und verarbeitet werden (vgl. Luhmann 1988, 2000; Weick 1995a).

Berger und Luckmann (1980: 100ff.) weisen darauf hin, dass die Wietergabe von institutionalisierten Erwartungen eine Legitimation erfordert. Legitimation setzt, wie auch die Institution, auf zwei Ebenen an. Zum einen bezieht sich Legitimation auf den kognitiven Aspekt von Institutionen und beschreibt die Bedeutung von Objekten, Akteuren und Aktivitäten. Andererseits bezieht sie sich auf die normative Seite und erklärt, welche Handlungen als angemessen oder richtig anzusehen sind. Legitimation verleiht der institutionalisierten Erwartung objektivierten Sinn und kognitive Gültigkeit. Diese Formen der Legitimation spielen bei der Auseinandersetzung mit institutionalisierten Erwartungsstrukturen nicht nur für Personen, sondern auch für Organisationen eine zentrale Rolle.

1.3.1 Theoretisierung und Diffusion allgemeiner Organisationsmodelle

DiMaggio und Powell unterstellen bei ihrer Analyse mimetischer Isomorphieprozesse, dass Organisationen bestimmte Modelle (templates of organizing, siehe DiMaggio/Powell 1991) übernehmen: »Organizations tend to model themselves after similar organizations in their field that they perceive to be more legitimate.« (DiMaggio/Powell 1983: 151) Strang und Meyer (1993) haben auf den Einfluss der Theoretisierung von Organisationsmodellen bei der Übertragung von institutionalisierten Konzepten auf Organisationen hingewiesen. Den Begriff und den Effekt von Theoretisierungen beschreiben die Autoren wie folgt:

»By theorization we mean the self-conscious development and specification of abstract categories and the formulation of patterned relationships such as chains of cause and effect. Without general models, cultural categories are less likely to arise and gain force.« (Strang/Meyer 1993: 492; vgl. Lawrence/Suddaby 2006)

Einem Modell liegt notwendigerweise eine Vereinfachung der Zusammenhänge und eine Abstraktion vom tatsächlichen Gegenstand zugrunde. Es bezeichnet also nicht den Gegenstand in seiner komplexen Individualität, sondern leitet bestimmte Beobachtungen und Zusammenhänge von diesem ab. Das Modell abstrahiert, generalisiert und objektiviert einen bestimmten Sachverhalt und ermöglicht dadurch eine sinngemäße Übertragung oder Anwendung in anderen Kontexten. Organisationsmodelle werden durch Theoretisierungen so formuliert, dass eine generelle Anwendbarkeit möglich ist. Probleme, Ziele und Mittel werden daher in Modellen oft nur vage beschrieben und die Formulierungen lassen sich an die jeweiligen Kontextbedingungen anpassen (siehe Ortmann 1995: 369ff.; Benders/van Bijsterveld 2000; Benders/Van Veen 2001; Ortmann/ Salzman 2002 ; Kieser 2002). Barrieren, die durch eine Distanz von Theoretikern und Adoptoren gegeben sind, sowie eine Heterogenität im Organisationsfeld können so überwunden werden (Strang/Meyer 1993).

In deutschsprachigen Diskussionen wird das Phänomen der Organisationsmodelle unter dem Begriff des Leitbildes beschrieben (für einen allgemeinen Überblick siehe Giesel 2008). Im Anschluss an neo-institutionalistische Argumentationen wird unterstellt, Organisationen orientierten sich an aktuellen Leitbildern und kopierten oder imitierten die gerade gültigen Modelle (vgl. Belzer 1995; Lohr 2001; Beyer 2006a; ähnlich zum Begriff »Leitidee« Rehberg 1994: 65ff.). Beispielsweise wurde in der Auseinandersetzung mit dem Organisationswandel der 1990er Jahre wiederholt auf den Zusammenhang von Reorganisationsprozessen und der Funktion und Rolle von Leitbildern hingewiesen (Faust et al. 1994; Lohr 2001;

Minssen 2001; Kühl 2001a, 2002; Kieser 2002; Hasse/Krücken 2005; Bosch et al. 2007; Kirchner et al. 2008).[19]

Wie genau entstehen theoretisierte Organisationsmodelle? Dazu gibt es unterschiedliche Aussagen. DiMaggio und Powell (1983: 153) betonen die Rolle von zentralen Organisationen: »[...] central organizations serve as both active and passive models; their policies and structures will be copied throughout their fields.« Den Organisationen, die im Mittelpunkt der Aufmerksamkeit stehen, kann eine Rolle als passive Vorlage, aber auch als aktive Promotoren eines Modells zukommen. Diese Organisationen sehen dabei womöglich eine Chance, das eigene Konzept als allgemeinen Standard zu etablieren und so ihre institutionelle Umwelt aktiv zu gestalten (vgl. Meyer/Rowan 1977; Oliver 1991). Ausgangspunkt sind hier Variationen konkreter Organisationen, die von anderen beobachtet und kopiert werden.

Dieser ersten Darstellung steht eine andere Perspektive entgegen, die die Entstehung und Verbreitung bestimmter Organisationsmodelle auf die Wirkung von Managementmoden (management fashions) zurückführt (siehe Abrahamson 1996; Røvik 1996; Kieser 1997; Abrahamson/Fairchild 1999; Benders/Van Veen 2001; Delmestri/Basaglia 2008). Entsprechend unterschiedlich fällt die Beurteilung der zugrunde liegenden Ursachen aus:

> »[...] management fashions do not emerge spontaneously as a result of inventive behaviours of managers. They are cultural commodities deliberately produced by fashion setters in order to be marketed to fashion followers.« (Abrahamson 1996: 263)

Durch Normen der Rationalität und des Fortschritts stehen in dieser Perspektive Organisationen und deren Manager unter dem hohen Erwartungsdruck, moderne und dem Zeitgeist entsprechende Aktivitäten wenigstens nach außen zu signalisieren. Es kann sich hierbei um ein Ergebnis einer gezielten Produktion von Modellen durch Business-Schools, aber auch von Unternehmensberatern handeln. Die Entstehung dieser Konzepte beruht weniger auf einer Best-Practice-Lösung als Ergebnis praktischer Er-

---

19 Leitbilder sind kollektiv geteilte Deutungsmuster, die eine grobe Ausrichtung und damit eine Orientierung bieten. Folgt man Dierkes et al. (1992: 41ff.), bündeln Leitbilder die Deutungen verschiedener Ebenen und Einheiten und erzeugen so eine konvergente Interpretation der Situation (siehe auch Dierkes/Marz 1998). Als Folge synchronisieren Leitbilder die Bewertungen und Zuschreibungen auf verschiedenen Ebenen. Der geteilte Wahrnehmungshorizont wird nur auf bestimmte Möglichkeiten verengt und andere Möglichkeiten werden grundsätzlich ausgeschlossen.

fahrung, sondern folgt einer Eskalationslogik öffentlicher Aufmerksamkeit sowie dem Angebot und der Nachfrage nach solchen Managementmoden. Der Ansatz betont den aktiven Einfluss von wissenschaftlicher Expertise und Beratertätigkeit bei der Herstellung, Theoretisierung und Verbreitung eines bestimmten Organisationsmodells. Business-Schools und Berater wirken demnach nicht nur als Katalysatoren oder Diffusionsagenten (vgl. DiMaggio/Powell 1983), sondern sind vielmehr aktiv in die Herstellung, Erweiterung, Popularisierung und Legitimation eingebunden.

Ein weiterer Erklärungsansatz für die Institutionalisierung und Diffusion von Organisationsmodellen findet sich bei der Untersuchung sozialer Bewegungen. Mit Theoretisierung als Grundlage für eine Mobilisierung, gestützt durch eine Rahmung der Forderung nach Veränderungen (frame alignment) (Snow et al. 1986; vgl. Goffman 1977), sind soziale Bewegungen in der Lage, Anhänger und andere gesellschaftliche Ressourcen zu mobilisieren. Diese Mobilisierung hat unter Umständen einen entscheidenden Einfluss auf die Umsetzung und auf die Diffusion von neuen Konzepten in einem Feld. Alternative Organisationsmodelle werden verbreitet, indem mögliche Anwender informiert, politische Macht für eine Durchsetzung akkumuliert oder Konzepte umfangreich theoretisiert und legitimiert werden. Soziale Bewegungen sind folglich ein Ausgangspunkt für umfassenden institutionellen Wandel: »[...] promoting alternative forms can foster new competitive dynamics and populate fields with instances of new logics.« (Schneiberg/Lounsbury 2008: 656) In dem Maße, in dem soziale Bewegungen in der Lage sind, erfolgreich existierende Logiken in Frage zu stellen (Scott 2001: 139f.) und Alternativen anzubieten, können sie eine Veränderung der bestehenden institutionellen Logiken bewirken und einen Wandel vorhandener Strukturen und Aktivitäten vorantreiben. Bewegungen sind in der Lage, nachhaltige Dynamiken in Feldern auszulösen, mit Hilfe derer sich neue Organisationsmodelle etablieren lassen (Hoffman 1999; Rao et al. 2000; Schneiberg 2002; Schneiberg/Soule 2005). Folglich sind neue Organisationsmodelle zum Teil das Ergebnis sozialer Bewegungen (vgl. Schneiberg/Lounsbury 2008; Rao/Kenney 2008).

Gleichzeitig wird hier deutlich, dass solche Dynamiken nicht zwangsläufig harmonisch verlaufen. Institutionalisierung und De-Institutionalisierung beschreiben umkämpfte Prozesse, wobei sich unter Umständen Bewegungen und Gegenbewegungen unvereinbar gegenüberstehen (Schneiberg/Lounsbury 2008). Beispiele für die Bedeutung von sozialen Bewegungen für die Verbreitung von Organisationsmodellen und bestimmter professioneller Praktiken finden sich in ganz unterschiedlichen Bereichen. Zu nennen sind hier die Verbreitung neuer Organisations- bzw. Produktionsformen von Brauereien (Carroll/Swaminathan 2000), neue Formen der Kochkunst der »Nouvelle Cuisine« als neue professionelle Orientierung (Rao et al. 2003), die Diffusion der ISO-9000-Norm vor dem Hintergrund der Qualitätsmanagementbewegung (Walgenbach 2000; Beck/Walgenbach 2003), die Einrichtung von bestimmten Abteilungen als Grenzstellen für Investoren (Rao/Sivakumar 1999) sowie der Einfluss der Anti-Gentechnologie-Bewegung auf Strategieentscheidungen von Biotechnologieunternehmen (Weber et al. 2009).

Diese Erklärung der Verbreitung von neuen Organisationsmodellen als Effekt sozialer Bewegungen steht in einem gewissen Widerspruch zu einer weiteren Erklärungsvariante, dem Konzept des institutionellen Unternehmers (institutional entrepreneur, siehe DiMaggio 1988; Beckert 1999; Greenwood/Suddaby 2006). Das Konzept des institutionellen Unternehmers beschreibt die Fähigkeiten einzelner Akteure, Individuen und Organisationen, institutionelle Konstellationen durch absichtsvolles Handeln zu verändern. In dem Maße, in dem dieser Ansatz den Versuch unternimmt, einzelnen Akteuren innerhalb neo-institutionalistischer Erklärungsmodelle Gewicht zu verleihen, erscheint die Individualisierung institutionellen Wandels jedoch als unzureichendes Erklärungsmodell. Als Ursachen für Wandel können weniger die Handlungen einzelner mächtiger und mitreißender Akteure gelten, die unabhängig und auf sich gestellt versuchen, eine bestimmte institutionelle Ordnung zu verändern. Vielmehr liegt die Erklärung für Veränderungen institutioneller Konfigurationen in der strukturellen Situation und der Möglichkeit der kollektiven Aktivierung zu alternativem Handeln in einem konfliktbehafteten Prozess.

Letztlich ist es in einem sozialen Prozess oft nicht möglich, den Erfolg eines Phänomens zu erklären, indem man vorrangig versucht, die Ursachen in dessen Ursprung zu suchen oder die Person oder Organisation zu identifizieren, die als erste die zugrunde liegende Idee verfolgt hat. Vielmehr sind sämtliche Formen sozialer Innovation in einen sozialen Kontext eingebettet. Oft genug ist die Bestimmung des Ursprungs bereits Teil des Mythos und damit Teil der Legitimation eines institutionalisierten Modells. Dieses wird in der folgenden Ausführung von Sahlin-Andersson (1996: 81) auf den Punkt gebracht:

»[...] the common distinction between innovation and imitation, where it is often implied that imitation is less pioneering than innovation (innovation is then often assumed to originate in an idea that a certain person came up with), is a false one. The creation of new forms and innovative elements are part of the imitation process since there are no ready-made models which remain unchanged as they spread [...] that it is followers who make leaders rather than vice-versa.«

Eine erfolgreiche Innovation ist wenigstens in gleichem Maße ein Produkt des sozialen Kontextes wie sie ein Ergebnis der Anstrengung eines einzelnen Unternehmers sein kann. Die Erklärung für die Entstehung und Verbreitung von Organisationsmodellen liegt demnach weniger in den individuellen Handlungen Einzelner als vielmehr in der Aufnahmefähigkeit und der Resonanz des sozialen Kontextes im Zusammenspiel mit individuellen Handlungen (vgl. Rao et al. 2000; Schneiberg/Lounsbury 2008).

1.3.2 Modelle des Organisierens versus Modelle der Organisation

In der Literatur umfasst der Begriff der Institution viele unterschiedliche Muster institutionalisierter Erwartungen. So beziehen sich auch allgemeine Organisationsmodelle, als Gegenstand institutionalisierter Erwartungen, in unterschiedlich komplexen Formen auf sehr unterschiedliche Aspekte von Organisationen. Bisher wird in der Literatur keine systematische Unterscheidung zwischen verschiedenen Modellen oder Vorlagen für Organisationen zugrunde gelegt. Entlang der unterschiedlichen Inhalte von Organisationsmodellen als institutionalisierte Erwartungen lässt sich eine grundlegende Abgrenzung vornehmen (Kirchner 2010): Zum einen gibt es Modelle des Organisierens, die bestimmte Praktiken von Organisationen beschreiben. Zum anderen existieren Modelle der Organisation, die die Eigenschaften von Organisationen als Ganzes umfassen.

Modelle des Organisierens bezeichnen bestimmte, institutionalisierte Praktiken von Organisationen. Diese Praktiken sind institutionalisierte Bausteine der Organisation, die entsprechend inkorporiert werden können (Meyer/Rowan 1977; Røvik 1996). Ein großer Teil der neo-institutionalistischen Untersuchungen bezieht sich auf genau solche Praktiken (vgl. Lawrence/Suddaby 2006) – dazu zählen beispielsweise Management- und Organisationspraktiken wie Total Quality Management, Gruppenarbeit, Weiterbildungsprogramme, Mitarbeiteraktienprogramme oder die Einführung der ISO-9000–Norm (Cole 1985; Scott/Meyer 1994; Abrahamson 1996; Zbaracki 1998; Abrahamson/Fairchild 1999; Delmestri 1998; Dirsmith et al. 2000; Walgenbach 1998, 2000; Beck/Walgenbach 2003; Guler et al. 2002). Modelle der Organisation beschreiben demgegenüber nicht bloß einzelne Praktiken, sondern die Eigenschaften einer Organisation als Ganzes, als Einheit oder als Vertreter einer bestimmten allgemeinen Kategorie. Sie definieren bestimmte Kernelemente und zentrale Prozesse in ihren normativen und kognitiven Ausprägungen sowie deren Konfiguration. Hier sind Vorlagen für die ganze Organisation Gegenstand einer Institutionalisierung. In der Literatur finden sich drei Anknüpfungspunkte für die Beschreibung von Modellen der Organisation:

(i) Modelle der Organisation beschreiben, was in der Literatur im weitesten Sinn als Organisationsform bezeichnet wird (siehe Hannan/Freeman 1993; Baron 2004; Rao/Kenney 2008). Eine Organisationsform ist eine weit gefasste und allgemeine Bezeichnung für die Konfiguration von Organisationsstrukturen, nach der der Aufbau einer Organisation oder die Konfiguration der Elemente systematisiert werden kann (Hannan/Freeman 1993: 79). Es handelt sich um ein allgemeines Klassifizierungsinstrument, das es ermöglicht, bestimmte Felder oder Populationen von Organisationen mit Hilfe von Kerneigenschaften abzugrenzen (Hannan et al. 2003: 478; vgl. King/Whetten 2008). Mit der Annahme, dass einer Organisationsform bestimmte Codes zugrunde liegen, die Gegenstand der Beschreibung der Organisation sowie der Erwartungen von relevanten Bezugspunkten in der Organisationsumwelt sind, bezeichnet der Begriff jedoch gleichzeitig ein Modell der internen Kohärenz (Polos et al. 2002; vgl. Rao/Kenney 2008). Beispiele für Modelle der Organisation als Organisationsformen sind (De-)Institutionalisierungsprozesse wie der Aufstieg und Fall von Konglomeratunternehmen in den 1980er Jahren (Davis et al. 1994), die Einführung und Abschaffung der Matrixform (Burns/Wholey 1993) sowie die Diffusion der multidivisionalen Form (Fligstein 1991).

(ii) Im Anschluss an die Idee der Organisationsform und an neoinstitutionalistische Ansätze haben Greenwood und Hinnings (1988, 1993, 1996) den Versuch unternommen, mit dem Konzept der organisationalen Archetypen (organisational archetypes) eine differenziertere Beschreibung der Verbindung von (isomorphen) Organisationsstrukturen und institutionalisierten Erwartungen herauszuarbeiten.[20] Dieser Ansatz geht über eine Klassifizierung der strukturellen Merkmale einer Organisationsform hinaus und führt die konkrete Anordnung der vorgefundenen Elemente auf ein ihm zugrunde liegendes, kohärentes Interpretationsschema zurück: »An organizational archetype [...] is a particular composition of ideas and

20 Für Anwendungsbeispiele und aktuelle Literaturverweise siehe Kirkpatrick/Ackroyd 2003.

beliefs and values connected with structural and system attributes« (Hinings/Greenwood 1988: 19; vgl. Greenwood/Hinings 1993; Greenwood/Hinings 1996). Es wird dabei unterstellt, dass die konkrete Gestalt der Organisationsstrukturen durch die Orientierung an einem Interpretationsschema bestimmt wird. Dieses Schema gibt einen Rahmen vor und bestimmt damit den angemessenen Handlungsbereich, formuliert die Prinzipien der Organisationsprozesse und definiert allgemeine Bewertungskriterien.

(iii) Ein dritter Ansatzpunkt, durch den Zusammenhänge im Verständnis von Modellen der Organisation beschrieben werden können, findet sich im Begriff Conception of Control (Fligstein 1996, 2001). Dieser Begriff geht über die Annahmen von Organisationsformen und Archetypen hinaus, indem unterstellt wird, dass eine Conception of Control nicht nur typische Strukturen und Prozesse einer Organisation als Ganzes definiert, sondern gleichzeitig auch eine bestimmte Wahrnehmung und Verarbeitung der Umwelt impliziert. Der Begriff wurde von Neil Fligstein eingeführt, um zu beschreiben, wie Organisationen mit Märkten als institutionellen Umwelten umgehen:

»Conceptions of control refer to understandings that structure perceptions of how a market works and that allow actors to interpret their world and act to control situations. A conception of control is simultaneously a worldview that allows actors to interpret the actions of others and a reflection of how the market is structured. Conceptions of control reflect market specific agreements between actors in firms on principles of internal organization (i.e., forms of hierarchy), tactics for competition or cooperation, and the hierarchy or status ordering of firms in a given market.« (Fligstein 2001: 35)

Eine Conception of Control bezeichnet somit ein umfassendes Modell der Organisation als Einheit, das allgemeine Vorgaben für interne und externe Beziehungen beinhaltet.

Für die drei Ansatzpunkte der Beschreibung von Modellen der Organisation gelten folgende Implikationen: Als institutionalisierte Erwartungen entstammen Modelle der Organisation einem sozialen Kontext und stellen allgemeine Erwartungen an die Bedeutung und die angemessenen Aktivitäten einer Organisation als Ganzes dar. Da die vorliegende Arbeit auf Identitäten bzw. Kerneigenschaften von Organisation fokussiert ist, sind im Folgenden maßgeblich Modelle der Organisation von Interesse. Diese Ausrichtung lässt die Eigenschaften und Effekte von Modellen des Organisierens in der Argumentation in den Hintergrund rücken.

1.4 Institutioneller Druck und die Möglichkeit strategischer Anpassungen

In einigen Grundlagentexten des soziologischen Neo-Institutionalismus wird unterstellt, dass auch angesichts erheblichen institutionellen Drucks eine Vielfalt von verschiedenen strategischen Wahlmöglichkeiten umgesetzt werden kann. An eine Diskussion dieser Entwürfe zur Beschreibung strategischer Spielräume anknüpfend, soll nun mit den Konzepten der Entkopplung und der Translation einer Beantwortung der Frage nach der Verbindung zwischen Organisation und Institution im soziologischen Neo-Institutionalismus nachgegangen werden.

1.4.1 Strategische Wahl angesichts institutionellen Drucks

Ein Argument, das allgemein gegen einen starren Umweltdeterminismus vorgebracht wird, ist die Aussage, dass eine Organisation normalerweise einer Vielzahl unterschiedlicher Anforderungen durch die Umwelt gleichzeitig gegenübersteht (Meyer/Rowan 1977: 355; vgl. Thompson 1967). Vor allem technische und institutionelle Anforderungen können sich widersprüchlich zueinander verhalten, dazu kommen lokale und allgemeine Anforderungen aus verschiedenen Bereichen und auf verschiedenen Ebenen innerhalb und außerhalb der Organisation.

Organisationen sind dabei keine institutionellen »Beurteilungstrottel« (vgl. DiMaggio/Powell 1991). In der neo-institutionalistischen Diskussion wird hervorgehoben, dass Organisationen versuchen, Erwartungen durch Ausweichstrategien zu entkommen. Die bekannteste These hierzu ist die Überlegung von Meyer und Rowan (1977) zur Entkopplung von Formalstruktur und tatsächlichen Aktivitäten der Organisation. Auch das bloße Reden über Reformen kann (zumindest kurzfristig) die Organisation von externen Erwartungen entlasten (Meyer/Rowan 1977; Brunsson/Olson 1993: 200). Gleichzeitig wird aber angeführt, dass einflussreiche Organisationen versuchen können, ihr institutionelles Umfeld gezielt zu beeinflussen, indem sie Versuche unternehmen, einen eigenen Standard allgemein zu etablieren oder ihre eigene Deutung durchzusetzen (Meyer/Rowan 1977).[21] Konfrontiert mit institutionellen Erwartungen der Umwelt, wird die Existenz einer Vielzahl von Reaktionsmöglichkeiten für Organisationen

21 Zum Teil gestalten Organisation ihren institutionellen Kontexte mit: »[…] organizations do often adapt to their institutional contexts, but they often play active roles in shaping those contexts […] powerful organizations attempt to build their goals and procedures directly into society as institutional rules.« (Meyer/Rowan 1977: 348)

angeführt (Meyer/Rowan 1977; Oliver 1991; Hinings/Greenwood 1988; vgl. Scott 2001).[22] Das Spektrum reicht hier von Konformität über Kompromisslösungen und zeitlich begrenzte Experimente bis hin zu einer gezielten Ablehnung oder Beeinflussung der institutionellen Erwartungen. Die aufgeführten Ansätze beschreiben jedoch vor allem strategische Möglichkeiten als grundsätzliche Potenziale der Organisation. Die Frage, mit Hilfe welcher Mechanismen die Organisation in der Lage ist, Entscheidungen zu treffen, die sich abweichend von Institutionen verhalten, wird nicht geklärt. So verbleiben die genannten Ansätze in der Tendenz auf der Ebene einer klassifizierenden Heuristik.

Genauer lässt sich dieses Problem aufzeigen, wenn man fragt, was genau passiert, wenn die institutionalisierten Erwartungen zum ersten Mal an der »Türschwelle« der Organisation ankommen. Dazu ist vergleichsweise wenig bekannt (Hoffman 2001; Campbell 2005). Obwohl auf der Ebene eines Organisationsfeldes eine gewisse Homogenität zu beobachten ist, können sich bei der lokalen Umsetzung erhebliche Unterschiede einstellen. Eine grobmaschige Beschreibung des Feldes ist also nur eine mögliche Beobachtungsperspektive. Hoffman gibt in diesem Zusammenhang Folgendes kritisch zu bedenken:

»[...] few institutional analysis fully connect the influence of institutional fields to culture and practice on the organizational level [...] To understand firm heterogeneity within an institutional context, field-level analysis is only half of the equation. Organizational-level analysis must be included.« (Hoffman 2001: 149)

Für ein vollständiges Bild ist eine Betrachtung der Verbindung zwischen Prozessen in einem Organisationsfeld und lokalen Prozessen in den konkreten Organisationen notwendig. Auf der Ebene der Organisation sind durchaus erhebliche Widerstände gegen allgemein institutionalisierte Erwartungen zu beobachten: »Through structural inertia and cultural barriers, organizations can resist enacting new cultural frames [...] as directed by the institutional field.« (Hoffman 2001: 147) In diesem Sinn versteht sich auch der folgende Hinweis von Greenwood und Hinings (1996: 1032): »[...] the role of intraorganizational dynamics in accepting or rejecting institutionalized practices is critical.« Hoffmann (2001), der die

22 Die Position und der Einbindungsgrad in Netzwerken bestimmt die Wahrscheinlichkeit der Konformität mit den Erwartungen von Anspruchsgruppen (Rowley 1997). Andererseits spielen die Eigenschaften der Organisation und der Situation eine Rolle. Zald et al. (2005: 266) identifizieren zum Beispiel acht verschiedene Reaktionen in Abhängigkeit zu internen und externen Eigenschaften der Organisation und der Erwartungen.

Rolle von Prozessen auf der Organisationsebene betont, unternimmt einen Lösungsversuch, indem er die Übernahme von institutionalisierten Erwartungen in die Organisationskultur bzw. in die Organisationspraktiken beschreibt. Diese Betonung von Kultur und Praktiken findet sich in einer Vielzahl von empirischen Konzepten. Andererseits werden die eigentlichen Mechanismen auf der Organisationsebene oft nicht ausgeführt. Auch hier stehen Praktiken und Kultur oder Bezeichnungen wie Strategie, Richtlinien oder Strukturen der Organisation ohne weitere Erklärung als abschließende Begriffe einer Beschreibung und können damit vor allem die Effekte für die Organisation als Ganzes nicht abbilden.

Die Mechanismen und Eigenschaften der Reproduktion durch die Organisation werden demnach nicht klar aufgedeckt und finden in der Forschung bisher wenig Beachtung.[23] Für einen Großteil der Forschung mit neo-institutionalistischen Konzepten gilt daher weiterhin, dass die grobe Gestalt der Organisationsstrukturen einen Reflex der institutionellen Umwelt darstellt. Ändert sich die Institution, wird sich die Organisation an diese Veränderungen anpassen, um einen drohenden Verlust an Legitimität abzuwenden. Zwei Argumente innerhalb des Neo-Institutionalismus können diese allgemeinen Schlussfolgerungen womöglich differenzieren. Dies sind die Entkopplungsthese und die Beschreibung von Translationsprozessen bei der Übernahme von institutionalisierten Modellen.

1.4.2 Entkopplung von Organisation und Institution

Neben der Beschreibung von Isomorphie, der Anpassung der Organisationsstrukturen an institutionelle Erwartungen, ist Entkopplung ein zentrales Konzept neo-institutionalistischer Organisationstheorie. Für Meyer und Rowan (1977) befinden sich die formalen Strukturen einer Organisation zwischen zwei Bereiche eingespannt, die jeweils unterschiedliche Anforderungen stellen. Zum einen sind das die bereits beschrieben Anforderungen, die durch die Einbindung der Organisation in weit reichende soziale Netzwerke entstehen. Zum anderen muss die Organisation aber auch dafür sorgen, dass den Koordinations- und Kontrollanforderungen

23 In vergleichbarer Art und Weise lässt sich der Versuch von Greenwood/Hinings (1996) verstehen, mit dem die Autoren versuchen, die organisationsinternen Dynamiken auf die Machtbeziehung von bestimmten Gruppen in der Organisation zurückzuführen. Auch hier erscheint das Argument und der Hinweis auf den Einfluss von Macht sinnvoll, die Einheit der miteinander streitenden Gruppen wird jedoch nicht näher beschrieben.

der Aktivitäten vor Ort Rechnung getragen wird. Ersteres beschreibt die institutionellen und Letzteres die technischen Umwelten einer Organisation, an deren Eigenschaften sich die Organisation jeweils anpassen muss.

Während in institutionellen Umwelten die Bezugsgröße durch die Legitimität einer Struktur und die Gesichtswahrung (maintenance of face) signalisiert wird, werden Strukturen in technischen Umwelten anhand von technischer Effizienz bewertet. Diese Unterscheidung geht auf eine Analyse von James D. Thompson (1967) zurück. Der Autor unterstellt die Existenz eines technologischen Kerns der Organisation:

»One or more technologies constitute the core of all purposive organizations. But this technical core is always an incomplete representation of what the organization must do to accomplish desired results. Technical rationality is a necessary component but never alone sufficient to provide organizational rationality, which involves acquiring the inputs which are taken for granted by the technology, and dispensing outputs which again are outside the scope of the core technology.« (Thompson 1967: 19)

Der technologische Kern umfasst nicht nur Technologien im herkömmlichen Sinne von Produktionstechnologien, sondern auch Organisationspraktiken und Routinen, die zum Beispiel bei der Erbringung einer bestimmten Dienstleistung immer wieder angewendet werden müssen. Zusätzlich zur Funktion des technischen Kerns müssen aber die Voraussetzungen der technischen Aktivitäten (Input) bereitgestellt und deren Produkte (Output) von der Organisation weiterverarbeitet und an die Umwelt weitergegeben werden. Für diese beiden Anforderungen ist unter Umständen ein reger Austausch mit der jeweiligen Umwelt notwendig.

Die Organisation befindet sich nach Thompson immer in einem Spannungsverhältnis zwischen zwei unterschiedlichen Bereichen: der Geschlossenheit des technologischen Kerns und der Offenheit der Organisation als soziales System gegenüber ihrer Umwelt. Um den reibungslosen Ablauf innerhalb des technischen Kerns einer Organisation zu gewährleisten, werden bei Ambivalenzen Maßnahmen ergriffen, um den Kern vor Umweltstörungen abzuschirmen, abzupuffern (buffering). Die Entkopplungsthese von Meyer und Rowan (1977) basiert auf genau diesem Konzept von Thompson (1967) und funktioniert als Erklärung nur vor dem Hintergrund einer expliziten Trennung von Organisation und Institution.[24]

---

24 Für Meyer und Rowan (1977) spiegelt sich die Spannung von Kern und Umwelt vor allem im Verhältnis von formellen und informellen Organisationsstrukturen. So existiert normalerweise in der alltäglichen Praxis einer beliebigen Organisation ein erheblicher Unterschied zwischen

Meyer und Rowan nehmen darüber hinaus bei ihrer These Bezug auf das Konzept der Kopplung von Strukturen. Es gibt verschiedene Möglichkeiten der Kopplung. Die gebräuchlichsten und auch von Meyer und Rowan angewendeten Formen sind lose Kopplung und Entkopplung. Das Konzept der losen Kopplung bezieht sich dabei auf das Interaktionsverhältnis zwischen zwei Variablen oder unterschiedlichen Ereignissen, Ebenen oder Systemen (vgl. Weick 1976; Orton/Weick 1990). Dabei geht es explizit nicht um eine synonyme Beschreibung von Verbindung oder Abhängigkeit. Weick definiert das Konzept genauer:

»By loose coupling, the author intends to convey the image that coupled events are responsive, but that each event also preserves its own identity and some evidence of its physical or logical separateness.« (Weick 1976: 3). [25]

Eine Kopplung liegt vor, wenn eigenständige Ebenen in einer Wechselwirkung zueinander stehen, ohne dass sich die Reaktion der einen aus der jeweils anderen vollständig ableitet. Unter der Bedingung der Kopplung entsteht eine Verbindung, die aber die Eigenständigkeit oder Eigengesetzlichkeit der involvierten Ebenen nicht aufhebt. Die Beschreibung einer Kopplung als eng oder lose beschreibt einen unterschiedlichen Intensitätsgrad der Bezugnahme der betrachteten Ebenen. Die Unterstellung einer Entkopplung beinhaltet die strenge Annahme, dass sich die beiden involvierten Ebenen nicht aufeinander beziehen (siehe Orton/Weick 1990).

Die Anforderungen der technischen und institutionellen Umwelt können einander widersprechen. Diese Widersprüche lassen sich, nach Meyer und Rowan, durch eine Entkopplung von Formalstruktur und tatsächlicher, informeller Organisationsaktivität entschärfen. Die Entkopplung erfüllt hier primär eine Entlastungsfunktion. Um den Legitimitäts-

---

Formalstruktur und den tatsächlichen alltäglichen Arbeitsabläufen. Generell scheinen die formale Organisationsstruktur und die tatsächliche Praxis nur mittels einer losen Koppelung verbunden zu sein: »[...] structural elements are only loosely linked to each other and to activities, rules are often violated, decisions are often unimplemented, or if implemented have uncertain consequences, technologies are of problematic efficiency, and evaluation and inspection systems are subverted or rendered so vague as to provide little coordination.« (Meyer/Rowan 1977: 343)

25 In einem späteren Artikel haben Orton und Weick die möglichen Ausprägungen von Kopplungen ausführlicher beschrieben: »If there is neither responsiveness nor distinctiveness, the system is not really a system, and it can be defined as a noncoupled system. If there is responsiveness without distinctiveness, the system is tightly coupled. If there is distinctiveness without responsiveness, the system is decoupled. If there is both distinctiveness and responsiveness, the system is loosely coupled.« (Orton/Weick 1990: 205)

anforderungen zu entsprechen, wird lediglich die Formalstruktur den institutionellen, zeremoniellen Anforderungen angepasst, während die tatsächliche, alltägliche Bearbeitung der Probleme im technischen Kern mit Hilfe informeller Organisationsstrukturen bearbeitet wird. Die Folge ist keine tatsächliche, sondern eine zeremonielle Übernahme von institutionalisierten Erwartungen.

Im Anschluss an Meyer und Rowan haben andere Autoren auf Zustände der Entkopplung hingewiesen. Nils Brunsson (1989) hat mit seiner prominenten Unterscheidung von »Talk« und »Action« dieses Verhältnis genauer beschrieben: In der alltäglichen Organisationspraktik fallen Prozesse und Ideologien wie auch Ideen und Realität systematisch auseinander. Es kann beobachtet werden, dass sich zwei unterschiedliche Standards entwickeln, die vor dem Hintergrund tatsächlicher Aktivitäten im Alltag als Doppelmoral (hypocrisy) gedeutet werden können:

»Organizations may also develop double standards one ideology for internal and one for external use. The pictures of the organization and its objectives that corporate management presents to the outside world, does not necessarily have to agree with the signals they send out to their employees.« (Brunsson/Olson 1993: 9)

Auch die Rolle für Legitimation von Teilen der Formalstruktur gegenüber der Umwelt wird hier bestätigt. Die einfach auf dem Papier veränderbare Formalstruktur wird in eigener Sache als eine Werbefläche zur Selbstdarstellung nach außen benutzt, mit dem Ziel, Unterstützung zu erhalten. Die tatsächlichen Prozesse in der Organisation bleiben von solchen symbolischen bzw. zeremoniellen[26] Veränderungen unberührt. Mit den angeführten Beispielen wird beschrieben, dass bestimmte formale Regelungen existieren, die aber in der Praxis nicht durchgesetzt werden. Die Differenz von Talk und Action wird in der Literatur nicht selten auch mit der von Erving Goffman (1969) eingeführten Unterscheidung von Vorder- und Hinterbühne gleichgesetzt. Gesichtswahrung und Formen des Impression Management erscheinen als eine maßgebliche Anforderung für Organisation (vgl. Meyer/Rowan 1977).

Eine Vielzahl von weiteren Untersuchungen hat mit unterschiedlichen empirischen und konzeptionellen Ansätzen Versuche unternommen, die

26 In der Literatur werden die Begriffe »zeremoniell« und »symbolisch« synonym verwendet. Tatsächlich existiert zwischen ihnen ein erheblicher Unterschied, den Scott (2001) diskutiert. Aus diesem Grund wird im hier verwendeten Zusammenhang der Begriff »zeremoniell« vorgezogen, obwohl die einzelnen Autoren das Adjektiv »symbolisch« verwenden und die Differenz der Bedeutung in ihren Texten nicht stringent herausarbeiten.

Entkopplungsthese zu bestätigen und deren Bedingungen abzubilden (siehe Westphal/Zajac 2001; Westphal/Zajac 1994; Zbaracki 1998; Walgenbach 1998, 2000; Beck/Walgenbach 2003). Die Autoren Dirsmith et al. (2000) beispielsweise grenzen instrumentelle Arbeitsprozesse von symbolischen Darstellungen ab. Erstere entsprechen den alltäglichen technischen Anforderungen innerhalb einer Organisation. Dabei wird deutlich, dass die institutionell vermittelten Praktiken und Anforderungen auf die alltäglichen Arbeitsprozesse durchschlagen: »[…] institutional pressures have strong consequences for the way instrumental tasks are seen and, by implication, carried out […]« (Dirsmith et al. 2000: 532) Entsprechend kritisieren die Autoren die Entkopplungsthese von Meyer und Rowan. Nicht zuletzt gehen DiMaggio und Powell (1983), in Bezug auf die Angleichung durch mimetische Prozesse davon aus, dass diese sowohl von zeremoniellen als auch von tatsächlich strukturierenden Effekten bestimmt sein kann. Die strenge Annahme, dass bei Entkopplung keine Verbindung zwischen institutionellen und technischen Praktiken existiert, wird von den angeführten Ergebnissen nicht unterstützt. Vielmehr erscheint es den Autoren plausibel, stattdessen von einer losen Kopplung der Elemente auszugehen.

Das Problem der Beschreibung der Verbindung von Organisation und Institution wird in den Untersuchungen zur Entkopplung letztlich nicht gelöst – die Verbindung von zeremoniellen und tatsächlichen Praktiken kann weder eindeutig geklärt werden, noch wird der Unterschied einheitlich operationalisiert. Obwohl es sich bei dem Entkopplungsargument um eine zentrale Figur innerhalb des soziologischen Neo-Institutionalismus handelt, gibt es kaum eindeutige empirische Nachweise für die Ursachen oder Bedingungen der Stabilität von entkoppelten Organisationsstrukturen (vgl. auch Walgenbach/Meyer 2008; Boxenbaum/Jonsson 2008). Vor allem die langfristige Stabilität einer solchen Entkopplung ist umstritten – zumindest sollte dieses, wie Scott (2001: 172–174) einfordert, eine empirische Frage darstellen. Gleichzeitig wird ein weiteres Defizit deutlich: Während sich die Forschung anhand vieler Unterscheidungen und Begriffspaare mit Entkopplung beschäftigt, bleibt die andere Seite, die Klärung der Eigenschaften und Umstände einer tatsächlichen Kopplung, weitgehend unbestimmt und implizit. Auch geht in der Anwendung die ursprüngliche Unterscheidung von Thompson verloren. In seiner These wird die Pufferung von Kern und Umwelt unterstellt, indem eine deutliche Grenze zwischen Organisation und Umwelt gezogen wird.

1.4.3 Translation und Organisationsidentität

Wenn nun die Beschreibung der Entkopplung keine genaueren Hinweise auf die Verbindung von Organisationen und Institutionen bietet, dann können vielleicht Ansätze zur Beschreibung und Analyse der Übernahmeprozesse von institutionalisierten Erwartungen in die Organisationsstrukturen weiterhelfen. Was genau geschieht, wenn allgemeine Modelle einer Populationsebene auf den lokalen Kontext einer konkreten Organisation treffen, steht im Mittelpunkt der Auseinandersetzung mit Begriffen wie der Translation. Die Kernannahmen dieses Konzeptes können wir folgt auf den Punkt gebracht werden:

»Most well-known and widely circulated global models are distributed under distinct labels; yet what they stand for or express is uncertain and will not be clearly evident until they are translated and transformed into local practices. Models tend not to be ›imported whole cloth‹ […] Attention may be paid to only certain aspects of a model or models may be misunderstood or difficult to adopt. Also, models become integrated with other models and traditions as they are adopted in new settings […]« (Sundewall/Sahlin-Andersson 2006: 279).

Imitation beinhaltet die aktive und kreative Anpassung an institutionalisierte Erwartungen und Praktiken der Umwelt:

»The creation of new forms and innovative elements are part of the imitation process since there are no ready-made models which remain unchanged as they spread. Rather the spreading models are continuously shaped and reshaped in the process.« (Røvik 1996: 81)

Imitation ist hier kein passiver Übernahme- oder Kopiervorgang, sondern wird durch Translation als eine aktive Verknüpfung von Inhalten mit lokalen Bedingungen, Strukturen und Interpretationsschemata beschrieben (Sevón 1996; Czarniawska/Joerges 1996; empirisches Beispiel bei Morris/ Lancaster 2006): »[…] translation involves the combination of new externally given elements received through diffusion as well as old locally given ones inherited from the past […]« (Campbell 2005: 55). Dabei sind die lokale Zuschreibung von Bedeutungen und die Veränderung dieser Bedeutungen zentral. Nicht unveränderbare Konzepte verbreiten sich, sondern Bedeutungen und Ideen »reisen« in verschiedenen Formen (vgl. Scott 2003).

Editing versteht sich als Ergänzung des Translationsvorgangs und bezeichnet lokale Prozesse der Auslegung, Umdeutung, Anpassung und Kontrolle anhand bestimmter Regeln, die durch die vorhandene Infrastruktur bestimmt werden (Sahlin-Andersson 1996; Sahlin/Wedlin 2008: 225; empirisches Beispiel bei Sahlin-Andersson 2000 und Sundewall/Sahlin-Andersson 2006). Die Auseinandersetzung mit Prozessen der Translation und des Editing richtet sich vor allem gegen klassische Perspektiven der Diffusion von institutionell vermittelten Strukturen, zum Beispiel von Organisationsmodellen. Diese klassische Vorstellung von Diffusion wird als quasi-physikalischer Mechanismus verstanden, bei dem Organisationen Elemente aus ihrer Umwelt passiv, das heißt ohne eigene Verarbeitungsleistung in gleicher Art und Weise, aufnehmen und reproduzieren (vgl. Sahlin/Wedlin 2008).

»The discussion of diffusion generally ignores what happens when an institutional principle or practice arrives at an organization's doorstep and is prepared by that organization for adoption [...] In this sense, diffusion seems to be a mindless mechanical transfer of information from one place to another [...]« (Campbell 2004: 78).

Dieser zugespitzten Sicht auf Diffusion wird eine aktive Aneignung in Form einer Imitation von institutionellen Elementen entgegengesetzt (Sahlin/Wedlin 2008). Wie bei der Legitimierung und Theoretisierung von Organisationsmodellen, so wird auch hier argumentiert, dass Beschreibungen von Modellorganisationen als Diffusionsgrundlage entstehen, die wiederum lokal interpretiert werden. Hintergrund der Analysen ist die Bestimmung von Reorganisationsprozessen als grundsätzlich lokales Problem (Sahlin-Andersson 1996). Wie und welche Elemente aus der Umwelt aufgenommen werden, wird damit primär zu einer Frage der Aufmerksamkeit und des Zustandes der konkreten Organisation (vgl. Weick 1995a; Luhmann 1988).

Die Theoretisierung von Organisationsmodellen leistet eine Entbettung (dis-embedding) des Phänomens. Durch eine Abstraktion vom Konkreten entsteht ein allgemeines Modell dessen, was sich in einer Population verbreiten kann. Bei Translation handelt es sich gleichsam um die Umkehrung dieses Prozesses. Durch eine Wiedereinbettung (re-embedding) wird das Modell rekontextualisiert, es wird also mit den lokalen, konkreten Tatsachen vor Ort verbunden, dort interpretiert und in diese Bedingungen eingefügt (vgl. Czarniawska/Joerges 1996: 23ff.; Sahlin-Andersson 1996; Sahlin/Wedlin 2008: 225). Siehe dazu die folgende Abbildung 2.[27]

---

27 Die Theoretisierung eines Organisationsmodells ist Ausgangspunkt für die Diffusion in einer Population – dem organisationalen Feld. Aus Groß-A wird durch die Theoretisierung Klein-a

Abbildung 2: Theoretisierung und Translation (schematische Darstellung)

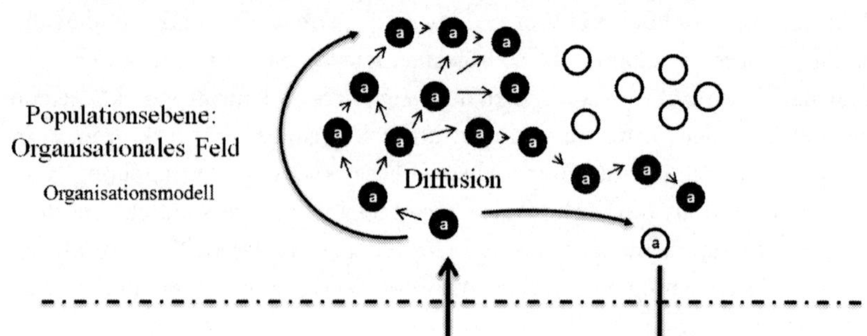

Quelle: eigene Darstellung

Wie wird aber das Ziel der Translationsprozesse in der Organisation beschrieben und wie wird damit das Verhältnis von Organisation zu Institution bestimmt? Die Ansichten, auf welcher Ebene bzw. an welchem Ort der Organisation sie sich in welcher Art und Weise mit der Institution verbinden, fallen zum Teil erheblich auseinander. Zum einen wird dieser Prozess als Anpassung der Modelle an den lokalen Kontext verstanden, ohne dass dabei der Begriff des lokalen Kontexts weiter spezifiziert wird:

» [... Translation is the; SK] process by which practices that travel from one site to another are modified and implemented by adopters in different ways so that they

im Feld und als Folge der Translation in die lokale Organisation 2 Kursiv-Klein-a. Der Diffusion im Feld folgt für die konkrete Organisation 2 die Translation des theoretisierten Modells, also die Einbettung und Anpassung des Modells in den lokalen Kontext. Abweichend von der Idee der Managementmoden ist hier eine konkrete Organisation der Ausgangspunkt der Diffusion. Grundsätzlich kann aber ein Modell auch ohne Bezug zu einer konkreten Organisation theoretisiert werden.

will blend into and fit the local social and institutional context.« (Campbell 2005: 55)[28]

Es erscheint daher folgerichtig anzunehmen, dass genau dieser lokale, institutionelle Kontext einen Wandel blockiert (Greenwood/Hinings 1996). Der Bezug zu einem lokalen institutionellen Kontext verbleibt dabei jedoch sehr allgemein und unspezifisch. Demgegenüber besteht für Andrew J. Hoffman die Verbindung von Organisation und Institution in der Übernahme von institutionalisierten Praktiken in die lokalen Organisationsstrukturen. Danach ist eine Übernahme, als Antwort auf externe institutionelle Erwartungen, nicht nur von externen Umständen abhängig, sondern sie wird auch durch interne Zustände beeinflusst:

»The form of organizational response is as much a reflection of the institutional pressures that emerge from outside the organization as it is the form of organizational structures and culture that exists inside the organization.« (Hoffman 2001: 136–7)

Organisationen interpretieren die institutionellen Erwartungen, denen sie sich ausgesetzt sehen, und versuchen eine Antwort zu entwickeln, die mit den Anforderungen der Umwelt konsistent ist (Hoffman 2001). Damit betont dieser Ansatz die Eigenlogik der Organisation im Verhältnis zu institutionellen Erwartungen.

Mehr oder weniger implizit ist bei Hoffman, aber auch in der allgemeinen Diskussion um Translationsprozesse eine Differenzierung zwischen Organisation und (institutioneller) Umwelt erkennbar. In Ansätzen, die die Grundlagen des verwendeten Organisationsbegriffes deutlicher explizieren, wird die Verbindung zwischen Institution und Organisation erkennbar (Røvik 1996: 76ff.; Sevón 1996: 49; vgl. Wedlin 2006, 2007). Die Organisation verfügt im Translationsansatz über eigene Ziele und Strukturen und ist von ihrer Umwelt klar zu unterscheiden. Elemente der Imitation werden der Umwelt selektiv entnommen und eigenständig verarbeitet. Erst auf Basis dieser Annahmen kann ein wichtiger Schluss gezogen werden:

»The impetus for imitation must come from the imitator themselves, from their conception of situation, self-identity and others' identity, as well as form analogical reasoning by which these conceptions are combined.« (Sevón 1996: 51)

---

28 Campbell (2004: 80–2) führt eine ganze Reihe von unterschiedlichen Auslegungsvarianten der Ergebnisse von Translationsprozessen an: »translated into local practices«; »blend into local institutional context«; »depends on local institutional context, power struggles, leadership support, and implementation capacities«.

Nur mit der Beschreibung der zentralen Rolle des Selbstverhältnisses der Organisation, der Organisationsidentität, wird der Mechanismus der Übernahme genau bestimmt:

»[...The; SK] organization exhibits an identity which distinguishes it from other organizations, and which defines in broad terms what is to be expected of it [...] The concept of organizational identity implies the conception of the organization as an individual.« (Røvik 1996: 77)

Diese Erkenntnis hat erhebliche Konsequenzen für die Beschreibung von Imitationsprozessen:

»[...] organizations develop their interests, identities, resources and abilities in their social context, and partly from the ideas they pick up and in relation to those they imitate.« (Sahlin/Wedlin 2008: 222) Und weiter heißt es: »The process of imitation involves both self-identification and recognition of what one would like to become [...]« (Sahlin/Wedlin 2008: 223)

Die Identität der Organisation ist im Translationsansatz somit zugleich Voraussetzung und Ziel der Imitation von allgemeinen Organisationsmodellen.

1.5 Zwischenfazit: Von der Entkopplung zur Translation und Kopplung

Im Mittelpunkt der Analysen dieses Kapitels stand die Frage nach der Verbindung von Organisation und Institution. Genauer ging es um die Frage nach den Formen und Bedingungen einer Anpassung der Organisation an institutionalisierte Erwartungen.

Um zu klären, wie Institution und Organisation im Neo-Institutionalismus miteinander verknüpft sind, wurde zuerst der Begriff der Institution diskutiert. Aufbauend auf dem von Berger und Luckmann eingeführten Institutionenbegriff wurde dieser Ansatz um in die Debatte eingeführte Erweiterungen ergänzt und mit dem Konzept institutioneller Logik verbunden. Im Anschluss daran wurden die Eigenschaften von Organisationsmodellen als Gegenstand institutionalisierter Erwartung umfangreich diskutiert. Dabei wurden Modelle der Organisation und Modelle des Organisierens voneinander abgegrenzt.

Mit dem Ziel, die Verbindung von Organisation und Institution herauszuarbeiten, wurden Ansätze diskutiert, die die Möglichkeiten strategischer Anpassungen der Organisation an institutionelle Erwartungen behandeln. Die Auseinandersetzung mit diesen Ansätzen zeigte, dass mit Hilfe unterschiedlicher Konzepten versucht wird, mehr oder weniger genau zu identifizieren, wie externe Erwartungen zur Grundlage für die Organisation werden. Das Konzept der Entkopplung und die entsprechenden empirischen Studien weisen ein Defizit auf. Es wird nicht hinreichend genauen beschrieben, wie sich Organisationen und Institutionen tatsächlich verbinden. Letztlich bleibt in vielen Ansätzen offen, wie genau allgemeine Organisationsmodelle auf konkrete Organisationen wirken. Dagegen bietet der Translationsansatz ein tragfähiges Konzept, indem er das Verhältnis zwischen Organisationen und institutionalisierten Organisationsmodellen durch lokale Aneignungs- und Interpretationsprozesse herausstellt. Die Identität der Organisation wird dabei zur zentralen Instanz bei der Verbindung von Organisation und Institution.

2. Verbindung von Organisationsidentität und Institutionen

Die Diskussion der Verbindung von Organisationen und Institutionen aus neo-institutionalistischer Perspektive hat bereits erste Hinweise auf die Bedeutung von Organisationsidentitäten geliefert. Berger und Luckmann (1980) zeigen in ihrem Ansatz, dass Institutionen auf Identitäten durchschlagen und damit nicht nur Aktivitäten prägen, sondern eben gerade das Selbstverständnis der Akteure beeinflussen. Es stellt sich die Frage, inwieweit diese Aussagen auch auf die Identität einer Organisation zutreffen. Im Translationsansatz (Sahlin/Wedlin 2008) wird explizit auf die Rolle von Organisationsidentitäten im Verlauf von Institutionalisierungsprozessen und des Organisationswandels hingewiesen. Damit ergeben sich deutliche Anknüpfungspunkte zwischen der neo-institutionalistischen Perspektive und dem Ansatz der Organisationsidentität. Diese Verbindungen werden in dem nun folgenden Teil weiter herausgearbeitet und ausgeführt.

Das Konzept der Organisationsidentität wie auch der soziologische Neo-Institutionalismus beschäftigen sich mit den Wechselwirkungen zwischen Organisation und Erwartungen in der Umwelt. Das Verhältnis zwischen Organisationsidentität und Institutionen hingegen ist im soziologischen Neo-Institutionalismus bisher weitestgehend unbearbeitet geblieben.[29] Vielmehr werden die beiden Ansätze mitunter sogar als grundlegend

29 Siehe Brown 2001; Glynn 2008; vgl. Glynn 2000; Glynn/Abzug 2002; Whetten/Mackey 2002; Czarniawska/Joerges 1996, Røvik 1996 ;Sevón 1996.

gegensätzlich behandelt. Betrachtet man den soziologischen Neo-Institutionalismus aus einer Identitätsperspektive, wird Folgendes offensichtlich:

»The clear implication of this research seems to be that organizations need to adopt or possibly merely project identities that elicit legitimacy attributions. Yet identity remains an implicit theme in all the new institutional approaches [...]« (Brown 2001: 117).

In den vorangestellten Ausführungen ist erkennbar, dass beide Ansätze wichtige gemeinsame Überschneidungen aufweisen. So erscheint in zentralen Punkten eine vielversprechende Verbindung möglich.

2.1 Erweitertes Feedback: Interaktion von Identität und Reputation

Bevor das Konzept der Organisationsidentität in Verbindung mit neo-institutionalistischen Ansätzen diskutiert wird, ist es notwendig, den Umweltbezug der Organisationsidentität zu bestimmen. Genauer geht es um die Möglichkeiten und Mechanismen der Anpassung der Organisationsidentität. Damit wird es möglich, den in Teil A bereits eingeführten Feedbackkreislauf um den Einfluss externer Erwartungen zu ergänzen. Grundlage für diese Erweiterung ist das Verhältnis von Identität, Image und Reputation.

Analytisch lassen sich drei Formen abgrenzen, durch die jeweils Annahmen und Aussagen über die Identität einer Organisation getroffen werden (Seidl 2005: 88ff.; vgl. Brown et al. 2006): (i) Bei der Identität der Organisation handelt es sich um interne Aussagen und Beschreibungen einer Organisation als Ganzes. (ii) Demgegenüber bezieht sich die Reputation auf Annahmen und Aussagen über die Organisation als Ganzes, die vollständig extern entstanden sind. (iii) Image bezeichnet organisationsinterne Vorstellungen über Beschreibungen der Organisation, die außerhalb der Organisation entstehen. Es handelt sich jeweils um Aussagen über die Organisation als Ganzes, jedoch geschieht dies aus unterschiedlichen Perspektiven auf die Organisation. Diese Aussagen können zusammenfallen, sie können sich unter Umständen aber auch erheblich unterscheiden. Die interne Selbstwahrnehmung einer Organisation kann demnach stark von dem abweichen, was als Bild von externen Beobachtern gezeichnet wird. Das Konzept der Organisationsidentität erhält mit der Interaktion von Identität, Image und Reputation eine grundlegende Dynamik. Diese Dynamik ist ein zentrales Element im Verhältnis der Organisation und ihrer institutionellen Umwelt und beschreibt die Effekte externer Erwartungen.

2.1.1 *Reputation und Image der Organisation*

Die Reputation einer Organisation entspricht Aussagen über die gesamte Organisation, die außerhalb entstehen (Fombrun 1996; Whetten/Mackey 2002). Ähnlich wie die Organisation selbst kann auch ein beliebiger externer Beobachter seine Beobachtungen zusammenfassen und sie als gebündelte Beschreibungen der Organisation als Ganzes zuschreiben, zum Beispiel in der Aussage »Firma X ist ein sozial engagiertes Unternehmen« oder »Firma Y ist ein ruchloser Profitmacher mit schlechten Arbeitsbedingungen«. Diese Form der Beobachtung lässt sich auch als Fremdbeschreibung bezeichnen (Luhmann 2000; vgl. Seidl 2005).

Reputation entsteht in der Umwelt und ist daher für die Organisation nicht direkt zugänglich. Das bedeutet, dass die Beschreibungen, die anderswo existieren, erst in einer bearbeitbaren Form bei der Organisation eintreffen. Dieses geschieht durch einen Vermittlungsprozess, bei dem erhebliche Übertragungsverluste entstehen können. Ein Mitarbeiter muss beispielsweise zuerst thematisieren, dass in einer anderen Organisation bestimmte Annahmen über den mangelhaften Modernitätsgrad existieren, bevor darauf mit einer strategischen Entscheidung reagiert werden kann.

Intern tritt an die Stelle der Reputation das Image, die interne Beschreibung des Bildes der Organisation nach außen (vgl. Dutton/Dukerich 1991; Dutton et al. 1994; Gioia et al. 2000; Hatch/Schultz 2002).[30] Während die Organisationsidentität für die Beschreibung und Koordinierung der internen Abläufe notwendig ist, stellt das Image eine Grundlage für die Außendarstellung der Organisation gegenüber ihrer Umwelt bereit (vgl. Luhmann 2000).

30 Die Begriffe »Identität«, »Image« und »Reputation« werden oft nicht klar und einheitlich voneinander getrennt behandelt (vgl. Whetten/Mackey 2002: 399ff.; Brown et al. 2006). So finden sich bei den Begriffen »Identität« und »Image« mit den Attributen »öffentlich«, »extern« und »intern« einander überlappende Kategorien (siehe Dutton et al. 1994; Gioia 2000: 67; Albert/Whetten 1985: 94f.). Um Missverständnisse zu vermeiden, werden die Kategorien weiterhin entlang des Beobachterstandpunktes abgegrenzt (vgl. Seidl 2005). Das Image einer Organisation entspricht daher einer Fremdbeschreibung. Beobachtungen, die andernorts entstanden sind, werden aus der Organisation heraus beobachtet und verarbeitet.

2.1.2 Interaktion von Identität, Image und Reputation

Ein Schwerpunkt der Diskussion zu Organisationsidentitäten ist die Beschreibung der Wechselwirkungen zwischen Identität, Image und Reputation. Zentral ist an dieser Stelle der Umweltbezug der Organisation bei der Konstruktion und Reproduktion der Organisationsidentität. Eine Organisation verortet sich nicht ausschließlich durch Selbstbeobachtung, sondern bezieht sich auch auf Beobachtungen, die von externen Perspektiven aus angefertigt werden: »[...] organizational identity is not solely an internally determined concept. Identity involves interactions and interrelationships between insiders and outsiders.« (Gioia et al. 2000: 70; vgl. Whetten 2006)

Durch eine Spiegelung (mirroring) der Organisationsidentität im Image der Organisation wird die Konvergenz oder Differenz von Wahrnehmungen innerhalb und außerhalb der Organisation feststellbar (Dutton/ Dukerich 1991; vgl. Hatch/Schultz 2002: 998ff.). Diese Wechselwirkung von externer und interner Beschreibung wird auch als Verhältnis zwischen der Organisation und den jeweiligen Anspruchsgruppen (Stakeholder) thematisiert (Scott/Lane 2000; Brickson 2005, 2007). Die Konstruktion der Organisationsidentität läuft somit in einem Oszillationsprozess zwischen Organisation und Umwelt ab (Gioia et al. 2000).

Durch die Fähigkeit der Organisation, externes Feedback wahrzunehmen und zu verarbeiten, lässt sich der Einfluss des Erwartungsdrucks der Umwelt auf die Organisation formulieren. Mit der Problematisierung der Austauschbedingungen als Funktion der Reputation wird die Passung zwischen Identitätsaussagen und externen Erwartungen beschreibbar. Die Konsistenz der eigenen, internen Aussagen und Wahrnehmungen wird durch den Umweltbezug, durch die Beobachtung der Reputation, verhandelbar und in Form des Images intern bearbeitbar. Die Identität ist dann Ergebnis der Auseinandersetzung mit der Umwelt und die Beobachtung der Umwelt, als relevanter Ausschnitt (vgl. Weick 1988), ist wiederum ein Effekt der Identität der Organisation (vgl. Røvik 1996; Sahlin/Wedlin 2008).

Mit dem systematischen Wechselbezug zwischen der etablierten Organisationsidentität und externen Beobachtungen als Reputation bzw. Image erhält die Identität der Organisation gleichzeitig ein gewisses Maß an Instabilität und Dynamik. Die Aufrechterhaltung einer konsistenten Selbstbeschreibung vollzieht sich im Zusammenspiel und durch Rückmeldung in Interaktion mit anderen, externen Beobachtern (Ashforth/Mael 1996; Gioia et al. 2000). Interne und externe Aussagen zur Identität können auseinanderfallen. Das Ziel einer (zumindest partiellen) Passung zwischen externen und internen Beschreibungen führt auf der anderen Seite bei Mismatch-Situationen potenziell zu Problemen bis hin zu erheblichen Krisen. Organisationsidentitäten können in diesem Sinn als adaptiv instabil gelten (vgl. Gioia et al. 2000; Hatch/Schultz 2002). Verfällt die Reputation einer Organisation, ist dies ein entscheidender Faktor für die Einleitung von Gegenmaßnahmen (Dutton/Dukerich 1991) und dies kann eine substanzielle Veränderung der Identität auslösen (Gioia et al. 2000): »Unexpected disruptions and their associated re-active changes constitute the most obvious examples of identity-image interaction.« (Gioia et al. 2000: 75) Die Konstruktion der Organisationsidentität versteht sich somit als Prozess einer kontinuierlichen Abstimmung interner und externer Beschreibungen und Interpretationen (vgl. Gioia et al. 2000; Hatch/Schultz 2002). Das Image einer Organisation wirkt oft als destabilisierende Kraft auf die Organisationsidentität. Unerwartetes, vor allem negatives Feedback aus der Umwelt zwingt die Organisation zu einer Überprüfung oder Veränderung der Kriterien der Konstruktion der Organisationsidentität oder zumindest der Außendarstellung.

In der Literatur finden sich prominente Beispiele für die Konfrontation mit Effekten negativen Feedbacks durch eine negative Reputation und die daraus entstehenden Reaktionen der Umwelt (vgl. auch Curbach 2009). Beispielsweise zeigte sich das im Fall Shell im Zusammenhang mit der geplanten Versenkung der Bohrplattform »Brent Spar«[31]:»The controversy and negative feedback not only influenced Shell ultimately to reconsider and revise its plan but also to reconsider its own identity.« (Gioia et al. 2000: 67) Nicht nur in prominenten Fällen wird das Auseinanderfallen von Organisationsidentität und Reputation unter Umständen zu einem Überlebensproblem: »[…] the greater the discrepancy between the way an organization views itself and the way outsiders view it […] the more the ›health‹ of the organization will be impaired.« (Albert/Whetten 1985: 269). Probleme entstehen durch eine fehlende Passung von Identität und Reputation. Aus dem Mismatch mit externen Erwartungen entstehen Schwierig-

31 Anzumerken ist hier, dass die Beschreibungen, unabhängig davon, ob sie intern oder extern entstehen, immer kontingent erscheinen. Eigenschaften der Organisation müssen auf beiden Seiten wahrgenommen und thematisiert werden. Die Bündelung der Wahrnehmung und die (massenmediale) Kommunikation der Wahrnehmung in die Anspruchsgruppen hinein ist dabei ein notwendiger Teil der Skandalisierung. Damit ist das Image einer Organisation anfällig, da grundsätzlich immer auch andere Beschreibungen möglich sind.

keiten, politische Unterstützung zu erhalten und die Versorgung mit Ressourcen zu sichern (vgl. Hatch/Schultz 2002; Cornelissen et al. 2007: 7).

2.1.3 Erweiterte Feedbackschleife

Die Verbindung der Identität der Organisation mit externen Erwartungen beruht auf zwei Eigenschaften: dem Umweltbezug (vgl. Whetten 2006) und darauf aufbauend einer adaptiven Instabilität der Organisationsidentität (Gioia et al. 2000).

Einerseits ist die Konstruktion der Organisationsidentität ein Prozess, der sich auf die Umwelt bezieht. Das ist der Fall, da Identitätsaussagen Unterscheidungen einführen, die sich auf die Umwelt der Organisation beziehen, um einen zentralen Unterschied oder eine zentrale Ähnlichkeit zu markieren. Diese Unterscheidungen ermöglichen und begrenzen Aktivitäten der Organisation: »We must do X because it is consistent with what's expected of X-type organizations, like us« (Whetten 2006: 223). Andererseits gilt die Organisationsidentität als adaptiv instabil, denn »[...] identity must be actively created and sustained through interactions with others« (Gioia et al. 2000: 65).
Der Prozess der Herstellung von Kontinuität ist damit immer anfällig gegenüber Störungen durch externe Erwartungen und Einschätzungen (vgl. Dutton/Dukerich 1991; Dutton et al. 1994; Ashforth/Mael 1996). Die Organisation ist im sozialen Kontext mit ihrer Reputation bzw. mit ihrem Image konfrontiert: »[...] as a consequence of its interrelationships with image [...] organizational identity becomes dynamic and mutable.« (Gioia et al. 2000: 74)

Verbunden mit dem Selbstbezug wird die Organisationsidentität mit Hilfe eines simultan ablaufenden Spieglungsprozesses konstruiert und aufrechterhalten. Im Prozess der Spieglung werden interne und externe Beschreibungen der Organisation als Ganzes miteinander in Beziehung gesetzt und abgeglichen. Annahmen, die andere über die Organisation haben und äußern, werden dabei zu einer wichtigen Grundlage bei der Bestimmung der Organisationsidentität und der Fähigkeit, deren Elemente zu erhalten.

Der Kern des Umweltbezuges der Organisationsidentität besteht in der Tatsache, dass Identität, neben dem Feedbackeffekt im Selbstbezug, gleichzeitig einem sekundären, erweiterten Feedbackprozess unterliegt. Der zu Beginn dieser Arbeit eingeführte Feedbackkreislauf im Selbstbezug wird hier nun ergänzt. Mit dem Prozess der Spieglung wird beschrieben, dass externe Beobachtungen wieder in die Organisation zurückgekoppelt werden (siehe Dutton/Dukerich 1991; Gioia et al. 2000; Hatch/Schultz 1997, 2002). Situationen von Passung und Mismatch mit externen Vorstellungen und Erwartungshaltungen erhalten so einen entscheidenden Einfluss. Neben dem Feedback aus integrativer und operativer Funktion der Organisationsidentität sind Organisationen folglich in der Lage, externe Erwartungen und speziell ihre Reputation miteinzubeziehen. Die Berücksichtigung des Umweltbezuges und der adaptiven Instabilität der Organisationsidentität führen zu einer Erweiterung des bereits dargestellten Feedbackmechanismus. In Abbildung 3 werden erneut die Verbindungen aufgeführt.

Abbildung 3: Erweiterte Feedbackschleife – Selbst- und Umweltbezug

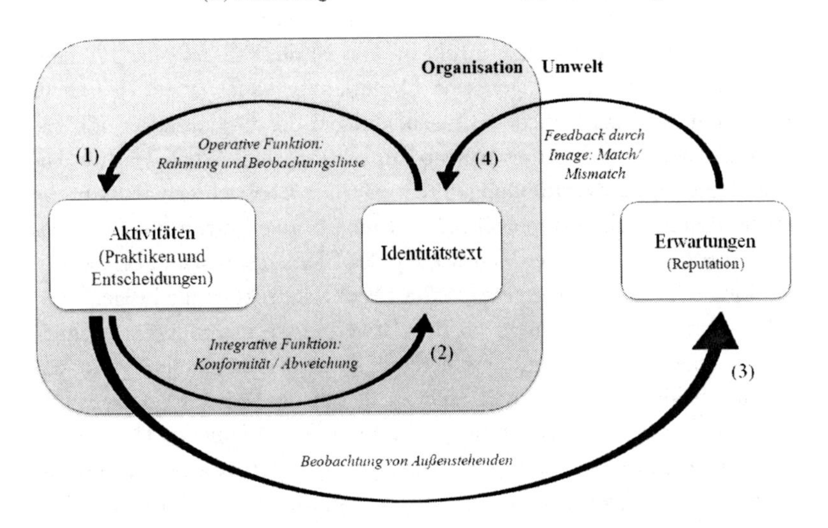

Quelle: eigene Darstellung

Pfeil 1 und 2 bilden den primären Feedbackkreislauf (A). Er entsteht im Selbstbezug der Organisationsidentität, was bereits in Teil A diskutiert wurde. Zusätzlich zu diesem primären Feedbackeffekt wird der Einfluss von Reputation berücksichtigt. In der dabei unterstellten Verwendung beschreibt Reputation eine bestimmte Form externer Erwartungen. Entsprechend wird der sekundäre Feedbackkreislauf (B), der im Umweltbezug der Organisationsidentität begründet ist, durch die Pfeile 3, 4 und 1 gebildet.

Pfeil 3 beschreibt die Beobachtung von Entscheidungen und Praktiken der Organisation durch externe Personen oder Organisationen. Diese Beobachtungen sind der Ausgangspunkt der Reputation einer Organisation. Gleichzeitig sind sie die Grundlage der Interaktion der entstandenen Reputation mit den entsprechenden externen Erwartungen zu Verlässlichkeit, Verantwortlichkeit und der Konformität mit allgemeinen Vorstellungen.

Der Pfeil 4 bezeichnet den Prozess, in dem die extern gebildete Reputation mit Hilfe des Image in die Organisation zurückgekoppelt wird (fed back). Wenn das Image nun mit der existierenden Organisationsidentität abgeglichen wird, kann die Organisation die Passung oder das Mismatch mit externen Erwartungen feststellen und deren Bedeutung für die Organisation bewerten. Eine positive Bewertung kann zu einer Verstärkung eines bestimmten Elements führen, wenn die operative Funktion der Organisationsidentität erfüllt ist. Das ist der Fall, falls das Element Praktiken und Entscheidungen eine Orientierung bietet (Pfeil 1). Erneut werden nun die Praktiken und Entscheidungen der Organisation von externen Beobachtern wahrgenommen und verarbeitet (Pfeil 3). Im Anschluss werden die Beschreibungen der externen Beobachter wieder in die Organisation zurückgekoppelt (Pfeil 4). Eine positive Bewertung des Identitätselements führt zu einer Verstärkung des Elements in seiner operativen Funktion usw. Ein positiver, erweiterter Feedbackeffekt ist die Folge.

Passt ein Identitätselement zu den Erwartungen externer Beobachter, da dieses eine positive Reputation erzeugt, so wird es für andere Praktiken und Entscheidungen attraktiver, sich zu diesem in Bezug zu setzen. Die Passung mit externen Erwartungen erhöht dessen Viabilität. Doch auch hier gilt analog zum primären Feedback, dass eine Mismatch-Situation mit externen Erwartungen ein Identitätselement grundsätzlich in Frage stellen kann. Während sich die Organisation als Ganzes mit bestimmten Eigenschaften beschreibt und auch nach außen darstellt, wird die Konsistenz und der Gehalt dieser Selbstklassifikation von externen Beobachtern wahrgenommen und bewertet.

Bei der Auseinandersetzung mit den Eigenschaften von Organisationsidentitäten in institutionellen Umwelten besteht ein wichtiger Unterschied zwischen primärem und sekundärem Feedback. Der primäre Feedbackprozess verläuft autark. Die Verstärkung von integrativer und operativer

Funktion erfolgt zunächst einmal unabhängig von anderen Bezügen. Demgegenüber wird aus der Darstellung des sekundären, erweiterten Feedbackprozesses deutlich, dass dieser nur vollständig ist, wenn ein Schritt (Pfeil 1) aus dem primären Feedbackprozess integriert wird. Eine Wechselwirkung von Image und Identität kann daher nur strukturierend wirken, wenn die eingeführte Kategorie eine operative Funktion für die Entscheidungen und Praktiken der Organisation erfüllen kann. Die integrative Funktion der Organisationsidentität bleibt davon jedoch erst einmal unberührt. Kontinuität und Viabilität eines Identitätselements sind tatsächlich nur gewährleistet, wenn dieses gleichzeitig eine operative und eine integrative Funktion erfüllen kann. Dies bedeutet aber auch, dass externe Beschreibungen oder Erwartungen zu internen Beschreibungen werden müssen, um eine integrative Funktion ausführen zu können (siehe Seidl 2005, 2007).

Erst wenn externe Kategorien und Erwartungen als interne Mechanismen der Beschreibung der Organisation als Ganzes eingesetzt und zum Rahmen oder zur Beobachtungslinse werden, wird das entsprechende Element ein Teil der Organisationsidentität. Ein strukturierender Effekt entfaltet sich folglich nur, wenn der primäre und der sekundäre Feedbackprozess synchronisiert ablaufen, das heißt dass ein Element im Umweltbezug wie auch im Selbstbezug der Organisation zugleich reproduziert wird. Nur wenn die Synchronisierung von Umweltbezug und Selbstbezug erreicht ist, können spezifische externe Erwartungen, beispielsweise in Form von Modellen der Organisation, die Aktivitäten der Organisation substanziell beeinflussen. In dem Fall, dass ein Element der Identität zwar von außen erwartet wird, aber keine integrative Funktion (Pfeil 2) erfüllen kann, ist es nicht viabel. Der primäre Feedbackzyklus wird dann nicht durchlaufen. Das Element kann womöglich kurzzeitig Orientierung bieten, ist aber nicht in der Lage, kontinuierlich die Organisation als Ganzes abzubilden.

Zur Ergänzung dieser Ausführungen kann hier auf den Einfluss von projizierten Images (vgl. Gioia et al. 2000) und Aktivitäten des Impression Management (vgl. Hatch/Schultz 2002; Ravasi/Schultz 2006) hingewiesen werden. In dem Moment, in dem Organisationen aktiv Einfluss auf externe Beobachtungen nehmen (Pfeil 3), greifen sie in die Effekte des erweiterten Feedbackprozesses ein. Das betrifft vor allem Formen, die externen Beobachtern beispielsweise die Einhaltung allgemeiner Standards signalisieren sollen, obwohl diese tatsächlich nicht eingehalten werden. Mit Hilfe einer Corporate Identity oder Maßnahmen der Öffentlichkeitsarbeit wird aufbereitetes Material bereitgestellt, um eine positive Reputation zu erzeugen oder eine negative Reputation abzuwenden. Es ist unschwer zu erkennen, dass diese Formen sehr eng mit der Entkopplungsthese in Beziehung stehen. Dazu folgen später weitere Ausführungen.

2.1.4 Identitätsdynamiken, Identitätsarbeit und Identitätsmanagement

Im Verlauf des Selbstbezugs und unter den Bedingungen des Erwartungsdrucks aus der Umwelt sind spezifische Reaktionen der Organisation zu beobachten, die entsprechende Identitätsdynamiken beschreiben. Um eine Übersicht zu erarbeiten, können drei grundlegende Reaktionen unterschieden werden. Das sind: (a) Beeinflussung externer Beobachtungen, (b) Anpassung und (c) Erhalt interner Kohärenz der Organisationsidentität (vgl. Ravasi/Schultz 2006). Beeinflussung, Anpassung und Erhalt beinhalten spezifische Aktivitäten innerhalb der Organisation. Hier kann eine analoge Kategorisierung der entsprechenden Aktivitäten angefügt werden.

Um neo-institutionalistische Konzepte zu ordnen, haben Lawrence und Suddaby (2006) das Konzept der institutionellen Arbeit vorgeschlagen. Die Autoren unterscheiden zwischen drei Formen institutioneller Arbeit: Schaffung, Zerstörung und Erhaltung. Die Bezeichnung als Arbeit richtet die Aufmerksamkeit auf die ablaufenden Prozesse und die empirisch beobachtbaren Aktivitäten in Organisationen. Arbeit soll hier individuelle und kollektive intentionale Aktivitäten bezeichnen, die wiederum unauflösbar mit unbeabsichtigten Handlungsfolgen verknüpft sind. Für Organisationsidentitäten lässt sich die Idee des Ansatzes auf Formen der Identitätsarbeit beziehen.

In der Forschung zu Organisationsidentitäten wurde das Konzept der Identitätsarbeit in Analogie zu persönlicher Identitätsarbeit eingeführt (Sveningsson/Alvesson 2003; Maguire/Hardy 2005; Ibarra/Barbulescu 2010). Zudem wurde im Feld der sozialen Bewegungsforschung ein Konzept von Identitätsarbeit entwickelt, das individuelle oder kollektive Aktivitäten beschreibt, die auf individuelle oder kollektive Selbstkonzeptionen ausgerichtet sind (Snow/Anderson 1987; Snow/McAdam 2000). Der Begriff der Identitätsarbeit betont dabei den Prozesscharakter der Identität, im Vergleich zu anderen Ansätzen, die auf eher statischen Beschreibungen ruhen (Sveningsson/Alvesson 2003; Maguire/Hardy 2005). Obwohl viele Aspekte dieser unterschiedlichen Sichtweisen in ein Konzept von Identitätsarbeit einfließen können, muss die Arbeit im Bezug auf Organisationsidentitäten unabhängig von Prozessen persönlicher Identitäten auf der Ebene der Organisation bestimmt werden (vgl. Gioia 1998).

Als Identitätsarbeit der Organisation werden in dieser Arbeit empirisch beobachtbare persönliche oder kollektive Aktivitäten in einer Organisation verstanden, die auf die Schaffung, Zerstörung oder den Erhalt der Organisationsidentität gerichtet sind. Zudem können hier zeremonielle Formen der Identitätsarbeit ergänzt werden, die Organisationsaktivitäten bezeichnen, die auf die Beeinflussung externer Beobachtung der Organisation als Ganzes gerichtet sind. Diese Kategorisierung sowie die entsprechenden grundlegenden Reaktionen lassen sich in einem einfachen Schema zusammenfassen (siehe Tabelle 1). Aus einer Steuerungsperspektive können die Formen der Identitätsarbeit auch als Bestandteil der Aktivitäten eines Identitätsmanagements verstanden werden. Identitätsmanagement beschreibt gezielte strategische Versuche, vor allem der Leitungsebene, Organisationsidentität zu gestalten, anzupassen und zu verändern.

(a) Beeinflussung externer Beobachtung – zeremonielle Identitätsarbeit: Eine Beeinflussung externer Beobachtung zielt auf die Legitimität und die Reputation der Organisation (King/Whetten 2008), indem Außenstehenden Konformität und sozial erwünschte Eigenschaften signalisiert werden. Eine mögliche Mismatch-Situation von externer Beobachtung und externen Erwartungen stellt eine Bedrohung der Überlebensfähigkeit der Organisation dar (Albert/Whetten 1985; Brown 2001; Hatch/Schultz 2002; Cornelissen et al. 2007). Entsprechend ist zu beobachten, dass Organisationen Aktivitäten ergreifen, um Mismatch-Probleme zu vermeiden. Solche Aktivitäten werden als Image Management (Dutton/Dukerich 1991) oder Impression Management (Gioia et al. 2000; Hatch/Schultz 2002; siehe Goffman 1969) bezeichnet. Mit der Hilfe von projizierten Images kann die Organisation pro-aktive oder re-aktive Versuche unternehmen, um die tatsächliche Identität von dem dargestellten Image zu entkoppeln oder wenigstens selektiv sozial erwünschte Eigenschaften zu kommunizieren (Gioia et al. 2000: 68ff.). Diese Aktivitäten mit dem Ziel, externe Beobachtungen zu manipulieren, stellen Formen zeremonieller Identitätsarbeit dar. Beispiele zeremonieller Identitätsarbeit finden sich im Fall der re-aktiven Projektion von sozial erwünschten Eigenschaften durch den Ölkonzern Shell (Gioia et al. 2000) sowie der gezielten Selbstdarstellung von Organisationen als Vertreter einer bestimmten sozialen Kategorie (Maguire/Hardy 2005).

Tabelle 1: Reaktionen und Formen der Identitätsarbeit

	Reaktionen	*Formen von Identitätsarbeit*
(a)	Beeinflussung externer Beobachtung	Zeremonielle Identitätsarbeit
(b)	Anpassung	Erzeugende oder zerstörende Identitätsarbeit
(c)	Erhalt interner Kohärenz	Erhaltende Identitätsarbeit

Quelle: eigene Zusammenstellung

(b) Anpassung – erzeugende oder zerstörende Identitätsarbeit: Eine weitere grundlegende Möglichkeit, um mit externen Wahrnehmungen oder internen Konflikten umzugehen, ist die Anpassung der Organisationsidentität. Die Forschung zu Anpassungsaktivitäten betont, dass ein Mismatch zwischen Organisationsidentität und deren Umwelt eine zentrale Quelle der Dynamik zwischen externen und internen Einflüssen darstellt. Image und Identität sind miteinander verflochten, da externe Einschätzungen für die Selbstdefinition der Organisation grundlegend sind. Diese Verflechtung führt zu einer adaptiven Instabilität der Organisationsidentität (Gioia et al. 2000). Ein Auseinanderfallen von Umwelt (Image oder Reputation) mit eigenen Selbstbeschreibungen löst Anpassungsbewegungen aus, um die Identität wieder mit externen Erwartungen in Einklang zu bringen. Solche pro- oder re-aktiven Aktivitäten der Anpassung der Organisationsidentität beschreiben erzeugende oder zerstörende Formen der Identitätsarbeit. Das zeigt sich besipielsweise bei der Gestaltung und Anpassung der Organisationsidentität, um allgemeinen, legitimen Kategorien zu entsprechen (Maguire/Hardy 2005). In der Literatur gilt Organisationsidentität oft als eine Barriere, die für einen Wandel überwunden werden muss: »To induce change, the organization must be destabilized and convinced that there is a necessity for a different way of seeing and being.« (Gioia et al. 2000: 75)

Entsprechend sind einflussreiche Aktivitäten der Zerstörung zu beobachten, dazu zählen die absichtliche Einführung von Widersprüchlichkeit (Gioia/Chittipeddi 1991; Corley/Gioia 2004) oder die Erzeugung einer

Leere von existierenden Bedeutungen (Ravasi/Schultz 2006). Gleichzeitig fordert ein solcher Zustand einer provozierten Widersprüchlichkeit der Identität von den Mitgliedern kreative Handlungen zur Konstruktion und Rekonstruktion der Identität (Ravasi/Schultz 2006). Die Einführung eines Entwurfs für eine zukünftige Identität (Gioia/Chittipeddi 1991; Gioia/Thomas 1996), der alternative Orientierungen beinhaltet, beschreibt vergleichbar einflussreiche Aktivitäten der Erzeugung.

(c) Erhalt interner Kohärenz – erhaltende Identitätsarbeit: Eine letzte Möglichkeit der Reaktion auf externen oder internen Druck besteht darin, Aktivitäten einzuleiten, die die existierenden Strukturen erhalten. Um die normalen Beschädigungen der Konsistenz zu beheben und die existierende Identität angesichts von Fehlern und Alternativen aufrechtzuerhalten, gibt es bestimmte Maßnahmen. Denn neben der adaptiven Instabilität lässt sich zeigen, dass Organisationsidentitäten ein starkes Motiv für die Erhaltung der eigenen Konsistenz innewohnt. Dieses Motiv der Erhaltung von Konsistenz überwiegt häufig die Wünsche und Möglichkeiten der Anpassung und Verbesserung (Ashforth/Mael 1996). Als Rahmen wirkt die Organisationsidentität als Barriere für Alternativen und abweichende Praktiken sowie für Entscheidungen. Jede Form von Behinderung geplanten Organisationswandels (Reger et al. 1994) beruht auf bestimmten Aktivitäten. Angesichts von Fehlern und Herausforderungen kann Konsistenz nur aktiv erhalten werden.

Aktivitäten, die darauf gerichtet sind, Inkonsistenzen einer etablierten Organisationsidentität zu verhindern, zu beheben oder zu integrieren, können als Formen erhaltender Identitätsarbeit bezeichnet werden. Diese Formen sind notwendig, um beispielsweise Konfliktfälle zwischen Identität und Aktivität zu beheben. Die Autoren Nag et al. (2007) zeigen, wie Bedrohungen der Organisationsidentität zu Schutz- und Abwehrreaktionen führen, die dann als wirksame Abwehr gegen Wandel wirken. Jacobs et al. (2008) untersuchen die Einführung von neuen Praktiken, die die Organisationsidentität bedrohen. Der Konflikt zwischen Identität und Praktiken löst Such- und Anpassungsprozesse aus, um die Widersprüche zu beheben. Im Fall von externen Bedrohungen der Organisationsidentität haben Elsbach und Kramer (1996) die Aktivitäten der Organisationsmitglieder aufgezeigt, die eine positive Beschreibung der Organisation wiederherstellen und damit Reputationsschaden abwenden. Der Erhalt der Organisationsidentität wird durch Reparaturprogramme der Organisation sichergestellt, die sicherstellen, dass Mitglieder erhaltende Identitätsarbeit ausführen. Abweichungen, die den Kern der Selbstdefinition der Organisation berühren, lösen Reaktionen der Ablehnung und Sanktionierung aus. Die kontinuierliche Konstruktion von Organisationsidentitäten beschreibt einen umkämpften Prozess.

Zusammenfassend kann Folgendes bemerkt werden: Reaktionen auf Ebene der Organisationsidentität erfordert Arbeit, genauer Identitätsarbeit. Die Kategorisierung in zeremonielle, erzeugende, zerstörende und erhaltende Formen beschreibt ein umfassendes, analytisches und empirisches Werkzeug, mit dem die Prozesse von Wandel und Widerstand auf der Ebene der Organisationsidentität beschrieben werden können. Gleichzeitig sind alle diese Formen empirisch miteinander verbunden. Ein Beispiel dafür findet sich in Anpassungsprozessen, bei denen neue Eigenschaften in die Organisationsidentität übersetzt und vor Ort angepasst werden (Sahlin-Andersson 1996; Sahlin/Wedlin 2008; Reger et al. 1994; Jacobs et al. 2008). Neue externe Modelle werden an der existierenden Organisationsidentität ausgerichtet, um diese letztlich trotz Veränderungen teilweise erhalten zu können. Die Übersetzungsprozesse beinhalten gleichzeitig Aktivitäten der Erzeugung, der Zerstörung und der Erhaltung (Sahlin-Andersson 1996; Sahlin/Wedlin 2008). Diese Art von Wandel verläuft häufig schrittweise, da einige Aspekte der Organisationsidentität einfach verändert werden können und andere in ihrem Zustand verharren. Eine vergleichbare Kombination von Erzeugung, Zerstörung und Erhalt kann beobachtet werden, wenn Wandel abgesichert wird, indem kreative Rekonstruktionen vergangener Eigenschaften als Basis für strategischen Wandel genutzt werden (Ravasi/Schultz 2006). In ähnlicher Weise lässt sich die Kombination verschiedener Formen bei der Erzeugung neuer Bedeutungen für existierende Labels verstehen, während die alten Bedeutungen zerstört werden müssen, um Platz für die neuen Ausdeutungen zu schaffen (Gioia et al. 2000; Corley/Gioia 2004).

2.2 Organisationsidentität und institutionalisierte Modelle

Durch die Beschreibung des Verhältnisses von Organisationsidentität, Image und Reputation lässt sich der Einfluss von externen Erwartungen auf die Organisation abbilden. Erwartungen aus der Umwelt umfassen auch institutionalisierte Erwartungen. Dafür ist es lediglich notwendig, dass eine Vielzahl von relevanten externen Bezugspunkten in einer Bezugsgruppe diese Erwartung als Grundlage der Beziehung mit der Organisation unterstellt. Versteht man die Umstände des Austausches mit der Umwelt als Funktion externer Erwartungen, so lässt sich das Problem institutionellen Drucks mit dem Problem der Reputation einer Organisation in einer Identitätsperspektive verknüpfen.

Die Reputation einer Organisation interagiert mit den externen Erwartungen der Verantwortlichkeit, der Zurechenbarkeit und der Konformität mit allgemeinen (normativen und kognitiven) Standards und strukturiert so die Austauschbedingungen einer Organisation. Im Einklang mit neo-institutionalistischen Ansätzen wird in dieser Perspektive behauptet, dass die Anpassung an externe Erwartungen wichtig für das Überleben der Organisation ist. Entsprechend lässt sich die These stützen, dass die Anpassung an institutionalisierte Erwartungen unter erheblichem Druck zu einem wesentlichen Faktor für den Prozess der Konstruktion und des Erhalts der Organisationsidentität wie auch anderer Organisationsstrukturen wird.

Der Einfluss von institutionalisierten Erwartungen soll hier im Hinblick auf institutionalisierte Organisationsmodelle betrachtet werden. Dabei wird im Folgenden nochmals auf den Unterschied zwischen Modellen der Organisation als Beschreibung der Organisation als Einheit und Modellen des Organisierens als Vorlagen für bestimmte Praktiken hingewiesen.

2.2.1 Untersuchung von Identitäten und Institutionen

Die Untersuchung der Einflüsse einer legitimierenden Umwelt ist ein zentrales Thema der Forschung zu Organisationsidentitäten (siehe Dutton/ Dukerich 1991; Glynn/Abzug 2002; Hatch/Schultz 2002; Glynn 2008). In der existierenden neo-institutionalistischen Literatur spielt die Auseinandersetzung mit Organisationsidentitäten bisher eher eine untergeordnete Rolle. Dagegen werden Identitäten allgemein als zentral für die untersuchten Formen von Institutionalisierung angesehen, da Institutionen nicht nur Handlungsmöglichkeiten eröffnen oder einschränken, sondern auf die Weltsicht und Selbstbeobachtung der Akteure durchschlagen (Berger/ Luckmann 1980; vgl. Walgenbach/Meyer 2008; Glynn 2008).

Bei der Verbindung von Akteuren und Institutionen wird der Herausbildung von Identitäten ein zentraler Stellenwert eingeräumt (Scott 1994b: 57). So beschreibt die Konstruktion von Identitäten eine wichtige Form institutioneller Arbeit, die für die Erzeugung von Institutionen verantwortlich ist, indem Identitäten Akteure und Felder miteinander verknüpfen (Lawrence/Suddaby 2006). Üblicherweise sind in diesem Zusammenhang vor allem persönliche Identitäten und überwiegend Identitätsmuster von Professionsgruppen gemeint. Organisationsidentitäten spielen hier kaum eine Rolle. Beispielsweise sind es die professionellen Identitäten, die bei einer Untersuchung von konkurrierenden institutionellen Logiken eine Handlungsfähigkeit der Akteure unter den Bedingungen von institutioneller Widersprüchlichkeit ermöglichen (vgl. Reay/Hinings 2009). Angesichts von Heterogenität und Unsicherheit beeinflusst die Identität der Akteure maßgeblich die tatsächlich gewählten Handlungsalternativen.

In anderen Studien konnte gezeigt werden, dass institutioneller Wandel auf einem Wandel professioneller Identitäten basiert (Rao et al. 2003). Die Rolle der Identität der Organisation als eigenständige Ebene spielt dabei keine Rolle. Genau in diesem Sinne lässt sich jedoch der Vorschlag des Translationsansatzes auf Ebene der Organisation verstehen (Røvik 1996; Sahlin/Wedlin 2008; Sevón 1996). Die Identität der Organisation ist hier ein zentraler Mechanismus der Umwelt- und Selbstbeobachtung und wird dadurch zu einem zentralen Bezugspunkt bei der Auseinandersetzung mit institutionalisierten Organisationsmodellen. Dabei sind institutionelle Erwartungen Bezugspunkt für die Erzeugung und Reproduktion von Organisationsidentitäten (Brown 2001; Foreman/Whetten 2002; Whetten 2006; siehe auch Haveman/Rao 1997; Fiol et al. 1998; Rodrigues/Child 2003).

Zentrale Annahme des soziologischen Neo-Institutionalismus ist die Unterstellung einer Verbindung zwischen Institution und Organisation. Eine Übernahme von legitimen Elementen hat nicht nur den Vorzug, dass bestimmte Strukturen nicht selbstständig entwickelt werden müssen, sondern auch, dass mit der Übernahme legitimer Strukturen eine gewisse Absicherung im Organisation-Umwelt-Verhältnis erreicht werden kann (vgl. Brown 2001). Die Organisation kann im Bezug auf legitime Strukturen unterstellen, was wahrscheinlich in der Umwelt von ihr erwartet wird, und sich mit ihren Strukturen daran anpassen. Damit wird auch das Risiko minimiert, durch eine Nichterfüllung von Erwartungen Koordinationsprobleme oder Konflikte und damit soziale Friktionen zu provozieren. Eine zentrale Funktion von institutionalisierten Modellen liegt hier in der erfolgreichen Reduktion von Komplexität. Eben dieser Zugewinn an Eindeutigkeit, besonders in einer unsicheren Situation, begründet den Kern mimetischer Isomorphie (DiMaggio/Powell 1983) und ist damit eine Leistung der Theoretisierung eines allgemeinen Organisationsmodells.

Alternative Elemente oder Deutungen der Organisationsidentität können durch den Verweis auf die Legitimität der Elemente abgewehrt werden.

Im Konzept der Organisationsidentität ist bei der Erstellung und Reproduktion der Organisationsidentität die Idee des Umweltbezuges zentral. Damit ergeben sich wichtige Anknüpfungspunkte zu den Formulierungen des soziologischen Neo-Institutionalismus, die letztlich einen substanziellen Umweltbezug durch eine Suche nach Legitimität beschreiben. Auch in der Organisationsidentitätsdebatte wird die Passung zwischen externen Anforderungen und internen Strukturen und Praktiken untersucht. Diese Passung kann ebenfalls als ein Grundproblem des neoinstitutionalistischen Ansatzes verstanden werden (Brown 2001: 116f.).

Ein wichtiger Unterschied zwischen den beiden Forschungsrichtungen besteht darin, dass der Identitätsansatz stärker mit dem Konzept der Reputation verbunden ist, während der Neo-Institutionalismus auf den Einfluss von Legitimität fokussiert ist. King und Whetten (2008) zeigen, dass es sich dabei nicht um Gegensätze, sondern um komplementäre Ansätze handelt. Dabei gilt folgende Annahme:

»[...] reputation and legitimacy are grounded in meaningful comparisons between organizations that are linked to standards that stakeholders use to assess the appropriateness and quality of an organization's behavior.« (King/Whetten 2008: 193)

Legitimität beschreibt in der Perspektive der Organisationsidentität die Übereinstimmung von allgemeinen Erwartungen mit einer bestimmten institutionalisierten Kategorie von Organisationen in einem Modell der Organisation – beispielsweise einer Bank oder Universität. Bei der Zuschreibung von Legitimität steht die Erfüllung oder Nicht-Erfüllung bestimmter Minimalstandards dieser allgemeinen Kategorie im Vordergrund, die aufgrund einer Ähnlichkeit eine Einordnung in eine allgemeine Gruppe von Organisationen oder in ein Feld ermöglicht (vgl. Hannan et al. 2007). Reputation dagegen lässt sich als positive (oder negative) Abgrenzung innerhalb dieser Kategorie oder Gruppe verstehen (King/Whetten 2008). Organisationen mit einer hohen Reputation beeinflussen dann unter Umständen die Mindestanforderungen der allgemeinen Kategorien. Reputation als Quelle der Unterschiedlichkeit und Legitimität als Quelle der Isomorphie können so miteinander verknüpft werden.

Im Zuge der adaptiven Instabilität der Organisationsidentität bzw. der Identität-Image-Interaktion wird ein mögliches Mismatch von Erwartungen beschrieben, aus dem sich Anpassungsprobleme ergeben (vgl. Gioia et al. 2000; Hatch/Schultz 2002; Cornelissen et al. 2007). Obwohl einerseits Reputation und andererseits Legitimität im Zentrum der Konzepte steht, sind die konzeptionellen Ableitungen vergleichbar. So verhalten sich beispielsweise die Motive für eine Anpassung der Organisationsstrukturen in einer bestimmten, allgemein legitimierten Form im Neo-Institutionalismus (DiMaggio/Powell 1983) ganz ähnlich zu den Annahmen der Organisationsidentitätsdebatte in Bezug auf Anpassungsprozesse der Identität (vgl. Gioia/Thomas 1996; Gioia et al. 2000; Glynn 2000; Glynn/Abzug 2002; Glynn 2008). Selbst die grundsätzliche Konstruktion des Verhältnisses von Identität und Image sowie die Beschreibung der strategischen Möglichkeiten (vgl. Gioia et al. 2000; Ravasi/Schultz 2006) weisen eine große Ähnlichkeit mit den Grundlagen und den strategischen Varianten angesichts institutionellen Drucks im soziologischen Neo-Institutionalismus auf (vgl. Meyer/Rowan 1977; Oliver 1991).[32] Während das Konzept der Organisationsidentitäten organisationsinterne Mechanismen auf den Punkt bringt, stellt der soziologische Neo-Institutionalismus eine umfassende Beschreibung der Interaktionsformen von Organisation und institutioneller Umwelt bereit.

2.2.2 Verbindung von Organisationsidentität und institutionalisierten Modellen

Weiter oben im Teil B wurden allgemeine Organisationsmodelle in zwei Kategorien unterteilt. Zum einen existieren Modelle der Organisation, die institutionalisierte Beschreibungen der Organisation als Ganzes leisten. Beispiele dafür sind Organisationsformen (Hannan/Freeman 1977, 1984, 1993) oder Archetypen (Hinings/Greenwood 1988; Greenwood/Hinings 1993, 1996) sowie Formen der Conception of Control (Fligstein 1996, 2001). Zum anderen gibt es Modelle des Organisierens als Vorlagen für Organisationspraktiken oder einzelne Strukturen. In Bezug auf eine Verbindung zwischen Institution und Organisation bestehen dabei entlang der vorgenommenen Abgrenzung unterschiedliche Bedingungen.

32 Gioia et al. (2000: 68ff.) identifizieren sechs Varianten strategischer Reaktionsmöglichkeiten im Zusammenspiel von Identität und Image, die auf einen gewissen Spielraum hinweisen: (a) Einflussnahme auf die Wahrnehmung von Außenstehenden, (b) Akzeptieren der Diskrepanz zwischen Identität und Image, (c) Verstärkung der Kommunikation der eigenen Deutung der Identität, (d) Hervorheben von sozial erwünschten Aspekten, (e) Darstellung eines falschen Bildes und schließlich (f) öffentliche Ankündigung einer Veränderung der Organisationsidentität.

Organisationsidentität fungiert einerseits als Rahmung und Beobachtungslinse für Praktiken und Entscheidungen, andererseits erzeugt sie Integration mit einer Beschreibung der Teile als Ganzes. Dieses Verhältnis von Identität und Praktiken entspricht dem Verhältnis von Modellen der Organisation und Modellen des Organisierens in Form institutionalisierter Vorlagen der jeweiligen Ebene innerhalb der Organisation. Praktiken und Entscheidungen vollziehen, symbolisieren und verkörpern, bestätigen und modifizieren Organisationsidentität oder stehen mit dieser im Konflikt (siehe Ashforth/Mael 1996; Seidl 2005; Ravasi/Schultz 2006).

In der Translationsperspektive ist bereits die Verbindung von Organisationsidentität und allgemeinen Organisationsmodellen thematisiert worden. Bei Bezug auf ein Organisationsmodell als Ergebnis einer Theoretisierung wird eine Translation, eine Übersetzung vor Ort, notwendig (vgl. Røvik 1996). Der Prozess der Übernahme eines Modells ist abhängig von dem jeweiligen sozialen Kontext, in dem die Organisation operiert (vgl. Hoffman 2001), und ist gleichzeitig Resultat der selektiven Aufmerksamkeit der Organisation (Sevón 1996; Røvik 1996). Unter dem Gesichtspunkt der Translation als Editing-Prozess zeigt sich, dass Modelle als Vorlagen nicht passiv aus der Umwelt übertragen werden, sondern vielmehr einen Bezugspunkt für eine eigene Konstruktion bieten (Røvik 1996).

»The edited presentation of an organization and its activities is not directed at an external audience only. The templates also function as mirrors of organizational activities, whereby the edited organization appears in an auto-communicative process in which activities are presented in external assessments, rankings, media, audits, etc., which in turn informs people in the organization about their own situation and operations [...] rather than serving as direct blueprints [...] to be imitated or adopted, these templates shape identities and identifications of organizations [...]« (Sahlin/Wedlin 2008: 235–236).

Als Ergebnis einer aktiven, eigenlogischen Auseinandersetzung der Organisation mit dem Modell wird dieses bei der Übernahme durch die Organisation im Imitationsprozess quasi lokal erneut erfunden (vgl. Seidl 2003, 2007). Dabei besteht jedoch ein Unterschied bei der Translation eines Modells der Organisation oder eines Modells des Organisierens. In diesem Sinne existiert eine signifikante Differenz bei der Imitation eines Identitätselements gegenüber der Imitation einer bestimmten Praktik.

Einerseits können Modell der Organisation als Element der Identität abgegrenzt werden Eine Kopplung von Institution und Organisation als Synchronisierung basiert hier auf einem dauerhaften Bezug der Organisationsidentität auf ein institutionalisiertes Organisationsmodell.[33] Organisationen können sich für eine kongruente Selbstbeschreibung auf in der Gesellschaft fest etablierten Formen, Typen und Erwartungen bzw. Rationalitätserwartungen beziehen (Luhmann 2000: 426ff.). Bestimmte allgemeine Kategorien, Erwartungen und Deutungen werden folglich aus der Umwelt übernommen und zur Beschreibung bzw. Bildung der Identität der Organisation eingesetzt. Der Bezug zu kulturellen Elementen versteht sich hierbei vor allem als Bezug zu institutionalisierten Erwartungen der Umwelt, zum Beispiel auf allgemeine Kategorien, Klassifikationen oder eben auch institutionalisierte Modelle (vgl. Whetten 2006; Haveman/Rao 1997; Fiol et al. 1998; vgl. Rodrigues/Child 2003): »Organizations define who they are by creating or invoking classification schemes and locating themselves within them.« (Albert/Whetten 1985: 267)

»Allgemein« und »institutionalisiert« bedeutet in diesem Zusammenhang, dass beispielsweise Klassifikationen sozial konstruiert sind und kollektiv geteilte Erwartungen in einer legitimierenden Bezugsgruppe darstellen. Externe Beobachter reduzieren dabei Komplexität, indem sie, ähnlich wie bei Individuen (vgl. Simmel 1992: 42ff.; Berger/Luckmann 1980), auch Organisationen in allgemeine Kategorien oder Typen einordnen und nicht bekannte Details ergänzen oder nicht berücksichtigen. Dabei handelt es sich gleichzeitig um eine Grundlage der Institutionalisierung als wechselseitige Typisierung wie auch um eine allgemeine Basis organisationaler Interaktion, bei der eine grobe Einteilung in bestimmte Organisationstypen Aktivitäten strukturiert und damit den Austausch zwischen Umwelt und Organisation ermöglicht und befördert. Die Einteilung von Organisationen in bestimmte Kategorien und Typen ist notwendig für die Interaktion von Organisationen mit deren Umwelt (vgl. King/Whetten 2008: 197f.).

Die Verbindung von Identität und allgemeiner institutionalisierter Erwartung einer sozialen Bezugsgruppe liegt dem abweichenden Verständnis von Organisationsidentität innerhalb der Organisationsökologiedebatte

---

33 Eine Verortung von institutionalisierten Elementen in der Organisationskultur (vgl. Hoffman 2001) unterschätzt die Rolle von Organisationsidentitäten als Vermittler zwischen Regeln und Verhalten durch die Erzeugung von Bedeutung (meaning generation) (Fiol 1991: 202, Hervorhebungen im Original): »[…] managing changes in a firm's culture requires incorporating new identities, rather than behaviors, into an existing cultural system.« Obwohl Identitäten in kulturelle Systeme eingebettet sind (bzw. sich auf diese beziehen), existiert eine grundlegende Differenz (Fiol et al. 1998). Organisationskultur und Organisationsidentität sind voneinander zu unterscheiden, sie sind an diesem Punkt in ihren Wechselwirkungen zu untersuchen und eben nicht identisch (vgl. Hatch/Schultz 2002: 996ff.).

zugrunde (Carroll/Swaminathan 2000; Polos et al. 2002; Baron 2004; Hsu/Hannan 2005: 481; Hannan et al. 2006; Haveman/David 2008). In organisationsökologischen Ansätzen umfasst der Begriff »Organisationsidentität« gleichzeitig den abstrakten Identitätscode als allgemeine Erwartung einer bestimmten Organisationsform in einer sozialen Bezugsgruppe und deren Realisierung in konkreten Organisationen einer Population (Carroll/Swaminathan 2000: 751ff.; Rao/Kenney 2008). Organisationsidentitäten verstehen sich hier als Möglichkeit, Organisationsformen und damit eine zentrale Ebene organisationaler Trägheit zu identifizieren und zu beschreiben (Hannan/Freeman 1993; Polos et al. 2002; Baron 2004).[34]

Eine Kopplung als Synchronisierung von Organisationsidentität und einem institutionalisierten Modell der Organisation findet statt, wenn das Modell ein funktionsfähiger Bestandteil der Organisationsidentität wird, das heißt wenn es als Element der Organisationsidentität eine integrative und operative Funktion erbringen kann. Der praktische Vollzug als Element der Organisationsidentität in der integrativen und operativen Funktion ergibt sich durch die Umsetzung in Praktiken und Entscheidungen der Organisation als ein »sozial verantwortliches« oder »modernes, innovatives Unternehmen« oder als eine »Investment-Bank«. So beinhalten bestimmte Typen auch bestimmte zentrale Praktiken, die eine Zugehörigkeit zu einer Kategorie anzeigen und diese verkörpern und vollziehen. In diesem Sinne werden die Elemente der institutionalisierten Erwartungen in ihrer Logik auf die lokalen Strukturen der Organisation bezogen und in diese übersetzt (vgl. Sahlin/Wedlin 2008). Eine stabile Synchronisation entspricht der Reproduktion dieser institutionellen Logik auf Ebene der Organisation.

An dieser Stelle lässt sich auch die Verbindung von Organisationsidentität zu organisationalen Archetypen aufzeigen (vgl. Hinings/Greenwood 1988; Greenwood/Hinings 1993, 1996). In den hier unterstellten Fällen einer Kopplung beschreiben Archetypen und Identitäten jeweils eine interne Kohärenz der Organisationsstrukturen entlang eines institutionell vermittelten Interpretationsschemas. In gleicher Art und Weise lässt sich der Ansatz der Conception of Control (Fligstein 1996, 2001) mit dem

---

34 In der organisationsökologischen Forschung nehmen Organisationsidentitäten als Konfiguration von Elementen komplexe Formen an, beispielsweise als sozial geteilte Kategorien mit bestimmten Codes von Organisationsformen wie Brauereien (Carroll/Swaminathan 2000; vgl. Hsu/Hannan 2005). Zudem gelten beispielsweise bestimmte Formen von Arbeits- und Beschäftigungssystemen als zentrales Element der Identität (Hannan et al. 2006; Baron 2004).

Konzept der Organisationsidentität verknüpfen. Zu einer Beschreibung der Kohärenz interner Strukturen anhand allgemein geteilter Deutungsmuster kommt hier die Konditionierung von Strategien und Umweltverarbeitungen hinzu. Es lässt sich feststellen, dass in dem geschilderten Zusammenhang, ähnlich wie bei persönlichen Identitäten (vgl. Berger/Luckmann 1980), bei Organisationsidentitäten eine normative und kognitive Überformung durch institutionalisierte Erwartungen greift, die Praktiken, Entscheidungen und Strukturen beeinflusst und die letztlich eine bestimmte Sicht der Organisation auf sich selbst und auf die Umwelt impliziert.

Ähnlich wie Individuen stellen sich auch Organisationen dar, sie beschreiben sich als allgemein geteilter Typ und werden von anderen als bestimmter Typ wahrgenommen. Somit ist Identität partiell in sozialen Kontext und damit im Organisationsfeld eingebettet (vgl. Whetten/Mackey 2002: 397–398; Baron 2004). Die Übernahme von institutionalisierten Modellen beschreibt eine Form der Anpassung der Organisationsidentität und ist so mit den entsprechenden Formen der Identitätsarbeit verbunden. Das beinhaltet Aktivitäten, die dazu dienen, einer bestimmten legitimierten Form zu entsprechen (Maguire/Hardy 2005), die durch erschaffende oder zerstörende Identitätsarbeit gekennzeichnet sind.

Der Fokus dieser Arbeit liegt auf Formen der Organisationsidentität und damit auf Modellen der Organisation. Dabei bleibt hervorgehoben, dass sich nicht alle Kopplungen von Organisationen und Institutionen auf der Ebene der Organisationsidentität vollziehen. So bestehen auch Möglichkeiten für Kopplungen und Synchronisationen beispielsweise auf den Ebenen von konkreten Praktiken.

Andererseits lässt sich von dem gerade geschilderten Fall eine allgemeine Praktik als Modell des Organisierens unterscheiden. Als institutionalisierte Praktik befindet sich ein Organisationsmodell unterhalb der Ebene der Organisationsidentität. Prinzipiell kann der Bezug einer Praktik zu einer institutionalisierten Vorlage unabhängig von den Einflüssen der Organisationsidentität ablaufen. Dennoch ist es möglich, dass es zu einem signifikanten Einfluss kommt. Zuerst einmal wirkt auch hier die Identität als Beobachtungslinse und beeinflusst so die Aufmerksamkeit und Bewertung von alternativen Praktiken. Entsprechend werden Praktiken (mit größerer Wahrscheinlichkeit) übernommen, wenn sie zur Organisationsidentität in Bezug gesetzt werden können bzw. mit den existierenden Elementen und etablierten Bedeutungen in Einklang stehen (Reger et al.

1994; ähnlich Love/Cebon 2008). Zudem wirkt die Organisationsidentität als Rahmung und unterscheidet zulässige von nicht zulässigen Praktiken. Letztlich stehen Praktiken im Zweifel immer unter Vorbehalt gegenüber der Identität. So ergibt sich ein erheblicher Widerstand gegen Wandel, wenn eine Praktik nicht zur Identität passt (Reger et al. 1994; Jacobs et al. 2008). Ein Mismatch führt unter Umständen zu einer aufwendigen Anpassung und Übersetzung der Vorlage entsprechend der etablierten Identität (vgl. Sahlin/Wedlin 2008) oder gar zu einem Ausschluss der Praktik für die Organisation.

Das Verhältnis von Identität und Praktik ist durch die Tatsache bestimmt, dass die Identitätselemente durch entsprechende Praktiken (und Entscheidungen) vollzogen und umgesetzt werden. Identität ist zuerst einmal nur simplifizierte Beschreibung und nicht die Aktivität selbst. Rigiditäten können sich auf beiden Seiten einstellen. Die immer gleichen hyperstabilen Praktiken lassen sich als Window Dressing mit immer neuen Labels beschreiben (Gioia et al. 2000), was eine Form des Impression Management darstellt und einer Beeinflussung externer Beobachtung entspricht. Normalerweise ist jedoch zu unterstellen, dass die konkreten Praktiken austauschbar sind, während sich die Elemente der Identität vergleichsweise stabil verhalten, um ihre Funktion für die Organisation zu erfüllen (vgl. Ashforth/Mael 1996). Nicht zuletzt, da ein Identitätselement meist gleichzeitig mit vielen Praktiken verknüpft ist.[35]

Für Praktiken wirkt die Organisationsidentität als relativ stabiles Aufmerksamkeitsraster und Rahmung. Hierdurch kann die Fokussierung auf Identitätsaspekte gegenüber Praktiken begründet werden. Identitätselemente scheinen gegenüber Praktiken weitaus weniger austauschbar und weniger anfällig für Veränderungen zu sein, da sie gleichsam zentrale, kontinuierliche Bestandteile der Organisation darstellen müssen, um ihre Funktion erbringen zu können.

---

35 Bei der Untersuchung von Managementmoden (vgl. Abrahamson 1996; Abrahamson/Fairchild 1999; Benders/Van Veen 2001) wird diese Verbindung von Identität und Praktiken deutlich. Das stabile Identitätselement »modernes Unternehmen« wird durch ständig wechselnde Praktiken und Entscheidungsregeln umgesetzt. Es ist dabei hyperstabil und zentral, während die tatsächlichen Praktiken diskontinuierlich und leicht veränderbar erscheinen.

2.2.3 Isomorphie versus Eigenlogik

In der Auseinandersetzung mit Institutionen und Organisationen lässt sich ein wichtiger Unterschied zwischen der Perspektive der Organisationsidentität und neo-institutionalistischen Ansätzen herausstellen. Die Unterstellung eines eigenlogischen und unterscheidenden Charakters der Organisationsidentität (Albert/Whetten 1985; Whetten 2006: 221ff.) steht hierbei in einem Widerspruch zu der Annahme einer allgemeinen Tendenz zur Isomorphie (Meyer/Rowan 1977; DiMaggio/Powell 1983).

In vielen Untersuchungen wird nicht nur unterstellt, dass Organisationen sich notwendigerweise von anderen unterscheiden müssen, sondern dass ein Unterschied zu anderen Organisationen das Überleben sichert. Organisationen versuchen beispielsweise, durch Differenzen einen komparativen Vorteil gegenüber anderen Organisationen zu erschließen und zu sichern (vgl. Barney/Stewart 2000; Kühl 2002; Teece et al. 1997: 518). Letztlich lässt sich behaupten, dass Identitätsmuster, die einen strategischen Vorteil ausmachen, oft gar nicht im Detail übernommen werden können (Fiol 1991, 2001; Stimpert et al. 1998). Der Ähnlichkeit sind Grenzen gesetzt, denn bei der Untersuchung von Managementmoden, aber auch in anderen Bereichen wird bei der Verbreitung von Organisationsmodellen immer wieder auf grundsätzliche Widersprüche hingewiesen, die sich bei Adoptionsprozessen einstellen. Bei der Verbreitung von Modellen sind normalerweise gleichzeitig Tendenzen von Konformität und von Abgrenzung zu beobachten (Abrahamson 1996; Abrahamson/Fairchild 1999; vgl. Whetten/Mackey 2002; Baron 2004; Hsu/Hannan 2005; Sahlin/Wedlin 2008). Es handelt sich hierbei nicht um einen Widerspruch im theoretischen Zugang zum Phänomen, vielmehr ist das empirische Phänomen in dieser Hinsicht selbst widersprüchlich.

Unterschiedlichkeit und Ähnlichkeit der Organisationsidentität stehen in den hier beschriebenen Prozessen in einem ständigen Spannungsverhältnis. So ist die Identität-Image-Interaktion ein maßgeblicher Treiber für Isomorphie, das heißt das Streben nach Übereinstimmung der Organisationsidentität mit externen, institutionalisierten Erwartungen (Sahlin-Andersson 1996; Brown 2001; Foreman/Whetten 2002; Wedlin 2006: 30f.). Es handelt sich aber nicht um eine passive Übernahme durch einen »Institutional Dope« (vgl. DiMaggio/Powell 1991), sondern um eine eigenlogische Imitation und Auslegung eines allgemeinen Modells in Bezug auf einen lokalen Kontext. Daraus folgt:

»[...] a coherent and distinctive [organizational Identity; SK] can act as a counterweight to competitive and institutional pressures to imitate successful and widely-accepted practises.« (Ashforth/Mael 1996: 33)

Identität ist damit auch ein Mechanismus, mit dem externe Erwartungen abgewehrt oder abgelenkt werden können. In diesem Sinne stehen die etablierten Organisationsstrukturen, der lokale Kontext und das allgemeine Organisationsmodell in einem Spannungsverhältnis, das erst durch die Identität verhandelt und bearbeitet werden kann. Eine scheinbar uniforme Diffusion beinhaltet damit immer eine Varianz in der Uniformität der imitierenden Organisationen. Genau in diesem Sinn kann der Begriff der Organisationsidentität helfen, die Spannung zwischen Ähnlichkeit und Unterschiedlichkeit von Organisationen zu erklären (vgl. Pedersen/Dobbin 2006; King/Whetten 2008), kurzum:

»Identity appears a promising concept to bridge different levels of analysis, and to analyze apparent paradoxes that arise when organizations confront simultaneous pressures for similarity and uniqueness, sameness and differentiation.« (Ravasi/van Rekom 2003: 118)

Unterstellt man eine Kopplung in Form einer Synchronisation zwischen Institution und Organisationsidentität, gilt, dass bestimmte institutionalisierte Erwartungen immer vor Ort in konkrete Elemente, Praktiken oder Strukturen übersetzt werden. Wird ein neues institutionalisiertes Element übernommen, trifft dieses die etablierten Elemente der Organisationsidentität und es bewirkt einen lokalen Interpretationsprozess des Konzeptes. Die Organisation kann hier als ein Medium verstanden werden, das institutionalisierte Erwartungen (zum Beispiel Organisationsmodelle) eigenlogisch in lokale Organisationsstrukturen umwandelt bzw. diese in konkrete Identitätsformulierungen, Praktiken oder Strategien umsetzt.

Die Organisation kann sich folglich nur in einem eigenlogischen, selbstbezüglichen Prozess mit den Vorgaben eines allgemeinen Modells auseinandersetzen, um dieses beispielsweise in die Organisationsidentität aufzunehmen. In diesem Prozess entsteht durch die Variation der eigenlogischen Auslegung und der selektiven Auseinandersetzung sowie durch die Variation der lokalen Bedingungen und Eigenschaften der konkreten Organisationen im Detail ein erhebliches Potenzial für Heterogenität. Damit ist in die homogenisierende Wirkung von Diffusionsdynamiken gleichzeitig ein differenzierender Effekt »eingebaut«, der durch die Anpassung an die individuelle Ausstattung vor Ort zu einer Heterogenität des Phänomens führt.

Eine Inkorporation einer Institution (vgl. Meyer/Rowan 1977) entspricht damit in der hier skizzierten Perspektive genau dem, was die Organisation als relevante institutionalisierte Erwartung wahrnimmt, und der Art und Weise, wie auf diese Wahrnehmung tatsächlich im Prozess der Imitation reagiert wird. Das allgemeine Organisationsmodell wird zum Gegenstand einer eigenlogischen Imitation, indem bei der Konstruktion der Organisationsidentität auf externe, institutionalisierte Erwartungen Bezug genommen wird. In diesem Sinne gilt: »[...] identity shapes imitation [...] The opposite is also true, however, in that imitation shapes identity.« (Sahlin/Wedlin 2008: 223).

Mit einer Übernahme von institutionalisierten Erwartungen schlägt die Institution auf die Identität der Organisation durch und wird zu einem konstituierenden Element der Identität. Als institutionalisierte Erwartungen werden externe Kategorien zu internen Rahmen, Beobachtungskategorien und Formen der Selbstbeschreibung der Organisation. Durch institutionalisierte Erwartungen kommt es damit zu einer substanziellen Konditionierung der Selbstbeobachtung der Organisation und deren Sicht auf die Umwelt, da die Beschreibung als bestimmter Typ gleichzeitig die Kategorien für Selbst- und Umweltbeobachtung prägt (Sahlin-Andersson 1996; Sevón 1996). Darüber hinaus bleibt erneut festzuhalten, dass nicht alle Kopplungen von Organisationen und Institutionen auf der Ebene der Identität einer Organisation stattfinden. Letztlich werden mögliche Verbindungen von Institution und Organisation jedoch durch die Organisationsidentität gerahmt.

2.3 Multiple Identitäten und entkoppelte Images

Mit dem Bezug der Organisationsidentität auf Erwartungen der Umwelt wird das Verhältnis von Identität und externen Erwartungen zu einem potenziellen Problem für die Organisation. Ein Mismatch zwischen tatsächlicher Selbstbeschreibung und externen Erwartungen ist mit erheblichen Konsequenzen für die Überlebensfähigkeit der Organisation verbunden. Dieses Mismatch ist eine Grundlage für die Dynamik der Organisationsidentität.

Maßnahmen von Organisationen, die darauf zielen, mit diesem Mismatch-Problem umzugehen, sind als Formen des Identitätsmanagements bezeichnet worden (vgl. Ashforth/Mael 1996: 34ff.; Scott/Lane 2000; Balmer/Greyser 2002; Whetten/Mackey 2002). Bei der zu Beginn dieser

Arbeit eingeführten Unterscheidung von Reaktionsmöglichkeiten auf Ebene der Organisationsidentität handelt es sich vor allem um Formen der Anpassung und Beeinflussung, die mit den entsprechenden Formen der Identitätsarbeit einhergehen. Für die Auseinandersetzung in dieser Arbeit sind Formen relevant, die (i) eine Anpassung an Heterogenität oder an eine Vielzahl unterschiedlicher Umwelten leisten oder die (ii) mit Hilfe von projizierten Images eine gezielte Beeinflussung der Darstellung nach außen ermöglichen.

Eine umfangreiche Literatur hat sich mit Mismatch-Problemen beispielsweise unter den Begriffen »Corporate Identity«, »Public Relations« oder »Marketing Research« auseinandergesetzt (vgl. Gioia et al. 2000; Balmer/Greyser 2002; Lerpold et al. 2007; Rometsch 2008). In der Unternehmenspraxis existieren hochgradig ausdifferenzierte und professionalisierte Bereiche, die die Verbindungen und Ausgestaltungen von Identität, Image und Reputation bearbeiten. Diese Aktivitäten, die sich vor allem auf die Außendarstellung der Organisation gegenüber diversen Anspruchsgruppen beziehen, sind in unterschiedlichen wissenschaftlichen Diskursen behandelt worden. Diese Begriffe und Konzepte, vor allem der Begriff der »Corporate Identity«, dürfen aber nicht naiv mit einer soziologischen Analyse von Organisationsidentitäten vermischt werden. Es handelt sich dabei größtenteils um normative Perspektiven, die eine Optimierung und Steuerung der Problemlagen anstreben.

2.3.1 Organisationsfelder, multiple Kontexte, multiple Identitäten

Eine besondere Form der Anpassung von Organisationsidentitäten an Erwartungen aus der Umwelt ist die Ausbildung multipler Identitäten. Das Anpassungsergebnis entsteht angesichts von heterogenen bis hin zu widersprüchlichen Umwelterwartungen.

Im Normalfall stehen Organisationen nicht einer einheitlichen, übersichtlichen Umwelt gegenüber (vgl. Hoffman 2001). Vielmehr müssen sie gleichzeitig eine Vielzahl unterschiedlicher, zum Teil auch widersprüchlicher Umweltanforderungen simultan verarbeiten und den damit verbundenen Erwartungen entsprechen. Für den Fall von institutionalisierten Erwartungen lässt sich das Problem wie folgt herleiten: Institutionen beschreiben legitime Erwartungen, die in einem bestimmten sozialen Kontext als gültig angesehen werden (Berger/Luckmann 1980). Institutionen entsprechen damit immer Institutionen für jemand. Somit stellt sich die

Frage nach der Bezugsgruppe bzw. dem spezifischen sozialen Kontext, in dem die institutionalisierten Erwartungen einen allgemeinen Anspruch auf Geltung haben.

Allgemeine Kategorien oder institutionalisierte Organisationsmodelle, die zur Konstruktion der Organisationsidentität herangezogen werden, sind daher eingebettet in einen spezifischen sozialen Kontext (vgl. Sevón 1996; Whetten/Mackey 2002; Hsu/Hannan 2005). Für die Beschreibung einer Institution ist die Bestimmung der relevanten Bezugspunkte einer Organisation notwendig, die allgemein mit der Abgrenzung eines bestimmten Organisationsfeldes vorgenommen wird. Aus der Perspektive der Organisation heraus konstituieren unterschiedliche Anspruchsgruppen das Feld genauso wie staatliche Stellen, Konkurrenten und Austauschpartner, also alle Einheiten in der Umwelt, die mit ihren jeweiligen Erwartungen die Austauschbeziehungen einer Organisation beeinflussen können und sich gegenseitig beobachten (vgl. DiMaggio/Powell 1983; Fligstein 1991, 2001; Sahlin-Andersson 1996). Organisationsidentitäten entsprechen in dieser Hinsicht einer Reflexion eines Organisationsfeldes mit entsprechenden institutionellen Logiken, indem sich die Organisation selbst einordnet bzw. von anderen eingeordnet wird (Sahlin-Andersson 1996; vgl. Wedlin 2006; Whetten 2006). Die allgemeine Kategorie und das Feld, in dem sich die Organisation einordnet bzw. eingeordnet wird, beeinflussen, was die Organisation überhaupt als relevant wahrnimmt, was legitimerweise umsetzbar erscheint und welche Zumutungen zurückgewiesen werden können. Erst mit einer Bezugsgruppe entstehen aus dem Vorrat allgemeiner Kulturformen konkrete institutionalisierte Erwartungen, mit denen eine Organisation konfrontiert wird.

Heterogenität oder Ambiguität von externen Erwartungen entsteht für die Organisation folglich, wenn die Erwartungen in der relevanten Umwelt nicht einheitlich sind. Das ist beispielsweise der Fall, wenn die Organisation gleichzeitig Teil unterschiedlicher Felder mit inkompatiblen institutionellen Logiken ist oder in einem gegebenen Feld mehrere widersprüchliche Logiken koexistieren. Die Organisation muss unter solchen Umständen gleichzeitig mehrere widersprüchliche Anforderungen erfüllen, um den an sie gestellten Erwartungen entsprechen zu können. Dieses Problem und die Reaktionen können unter dem Begriff der multiplen Identität von Organisationen gefasst werden (Albert/Whetten 1985; Ashforth/Mael 1996; Glynn 2000; Pratt/Foreman 2000; Gioia et al. 2000;

Balmer/Greyser 2002; Whetten 2006). Grundlegend lässt sich dazu Folgendes anmerken:

»Like individuals, organizations can be viewed as subsuming a multiplicity of identities, each of which is appropriate for a given context or audience. Actually, at the organization level, the notion of multiple identities is perhaps a key (if subtle) point of difference between individuals and organizations. One has a markedly easier time making the case for the simultaneous presentation of multiple ›personalities‹ because organizations are acknowledged to be complex entities with distinct components; they are expected to display different identities to different audiences. Thus, organizations can plausibly present a complicated, multifaceted identity, each component of which is relevant to specific domains or constituents, without appearing hopelessly fragmented or ludicrously schizophrenic, as an individual might.« (Gioia 1998: 21)

In dem Maße, in dem Organisationen unterschiedlichen Bezugsgruppen und deren Erwartungen gegenüberstehen, steigt auch die Wahrscheinlichkeit, dass eine Organisation multiple Identitäten ausbildet, um diesen Erwartungen gerecht zu werden und sich an sie anzupassen. Die Fähigkeit, mit unterschiedlichen Anforderungen gleichzeitig umzugehen, ist jedoch tatsächlich eine große Stärke der Organisation gegenüber individuellen Akteuren. Wie Wiesenthal (1990, 1993), ohne direkten Bezug zum hier eingeführten Ansatz der Organisationsidentität, klarstellt, sind individuelle Akteure in der Lage, Erwartungen lediglich seriell abzuarbeiten: erst die eine und dann die andere. Organisationen dagegen haben die Fähigkeit, unterschiedliche Prozesse parallel zu bewältigen. Multiple Identitäten sind damit eine Antwort auf die Zumutungen hoher Umweltkomplexität. Damit kommt es zu einer erheblichen Vergrößerung der Möglichkeiten, Erwartungen zu entsprechen. Gleichzeitig steigt aber auch die Gefahr von Konflikten. Der tatsächliche Erfolg dieser multiplen Struktur ist daher offen (Wiesenthal 1990: 60; vgl. Pratt/Foreman 2000). Vielfalt erhöht signifikant die Anschlussmöglichkeiten und vergrößert den Pool für Alternativen. Gleichzeitig erhöhen multiple Bezüge auch die Unsicherheit und vergrößern Uneindeutigkeit. Die Parallelität von stark abweichenden Operationen benötigt dann umso dringender die integrierende Konstruktion der Identität als Einheit der Organisation.

Albert und Whetten argumentieren, dass bei der alltäglichen Klassifizierung von Organisationen oft unterstellt wird, diese können immer genau einem Typ zugeordnet werden. Tatsächlich lassen sich in der Praxis Kategorisierungen oft nicht eindeutig anlegen:

»[...] many, if not most, organizations are hybrids composed of multiple types [...] it is not simply an organization with multiple components, but it considers itself (and others consider it) alternatively, or even simultaneously, to be two different types of organizations.« (Albert/Whetten 1985: 270)

Es entstehen so multiple oder hybride Identitäten als Kombination verschiedener Formen. Dabei unterscheiden die Autoren zwei Formen multipler Identitäten:

»[...] one in which each unit within the organization exhibits both identities of the organization and one in which each internal unit exhibits only one identity – the multiple identities of the organization being represented by different units.« (Albert/Whetten 1985: 271)

Zu einer vergleichbaren Unterscheidung kommt auch Helmut Wiesenthal bei der Analyse von »multiple Selfs« von Organisationen (Wiesenthal 1990, 1993, 2006).[36]

Wenn sich in jeder Untereinheit der Organisation, beispielsweise in Abteilungen oder Arbeitsgruppen, die einzelnen Aspekte der multiplen Identität widerspiegeln, handelt es sich nach Albert und Whetten um eine *holografische* Form (Albert/Whetten 1985). Sind die Untereinheiten dagegen durch jeweils unterschiedliche Identitätselemente geprägt, so lässt sich dieses als ideografische oder spezialisierte Form bestimmen (siehe Albert/Whetten 1985; vgl. Pratt/Foreman 2000). Im letzteren Fall begegnet die Organisation unterschiedlichen Umweltanforderungen mit einer klassischen funktionalen Differenzierung in Teilbereiche, die jeweils ein bestimmtes Identitätselement und damit ein bestimmtes Umweltsegment widerspiegeln. Die erste, holografische Form beschreibt dagegen eine tendenziell »schizophrene Einheitsfiktion« (vgl. Wiesenthal 1990).

Eine multiple Identität als Einheit funktionaler Differenzierung kennzeichnet eine Organisation, die mehrere unterschiedliche Operationen mit unterschiedlichen (institutionellen) Umweltbezügen parallel aufrechterhält. Das Problem der Herstellung und Absicherung der Organisations-

36 Wiesenthal führt dazu aus: »Die strategische Antwort auf Unsicherheit wird überwiegend in eine von zwei möglichen Richtungen gehen: Entweder dominiert die sequenzielle Bezugnahme auf wahrgenommene Multireferenzen. Vor dem Hintergrund eines stabilen Beobachtungsschemas wirkt dann die handelnde Einheit als ausgesprochen labil, launisch oder willensschwach. Oder die divergierenden Kognitionen und Entscheidungsprämissen koexistieren nebeneinander, die Organisation operiert als ›multiple self‹ und wirkt tendenziell schizophren. Sie ist dann für sich und für andere immer vieles zugleich – so wie ihre Umwelt für sie.« (Wiesenthal 1990: 51)

identität als Einheit angesichts von Heterogenität wird bewältigt, indem die multiplen Referenzen nebeneinander koexistieren und auf höherer Ebene als Ganzes integriert werden. Albert und Whetten (1985) führen als Beispiel dafür eine Bank an, die mit einer religiösen Orientierung geführt wird. Die unterschiedlichen institutionellen Logiken bzw. Umweltbezüge der Organisation – das Organisationsfeld Banksektor sowie das institutionelle Feld einer spezifischen Religion[37] – werden in der Organisationsstruktur getrennt voneinander bearbeitet. Die Führung wird durch Personal mit religiösem Hintergrund wahrgenommen und die technischen Aktivitäten der Bank durch professionell ausgebildetes Personal. Die Bezüge der einzelnen Abteilungen sind jeweils unterschiedlich, aber für sich eindeutig. Eine multiple Organisationsidentität als schizoide Einheitsfiktion oder holografische Form beschreibt dagegen die Tatsache, dass unterschiedliche Prinzipien in allen Einheiten der Organisation gleichzeitig präsent und bestimmend sind. Für das Beispiel einer Bank bedeutet dies, dass die Leistungen in vielen Organisationseinheiten gleichzeitig am Maßstab technischer Effizienz und der Konformität mit religiösen Prinzipien bewertet werden (vgl. Albert/Whetten 1985).

Verschiedene, miteinander im Konflikt stehende Bezüge werden als zentral und als Definitionskriterium für die Organisation als Ganzes verstanden, das für alle Teile der Organisation angewendet wird. Im Organisationsalltag führt eine solche Struktur unter Umständen zu erheblichen Inkonsistenzen. Die Organisationsidentität ist inkonsistent und widersprüchlich. Oft stellt sich dann die Frage, welche Entscheidungsrichtlinie gültig ist. Der Grund dafür liegt in der Tatsache, dass zwei oder mehrere Aspekte der multiplen Identität gleichzeitig eine operative Funktion als Orientierung und Rahmung der Aktivitäten leisten, was unter Umständen zu einer hohen Ambiguität in Entscheidungssituationen führen kann. Gleichzeitig ist es umso schwieriger, eine konsistente Integration vielfältiger Praktiken unter widersprüchlichen Identitätselementen zu erreichen, was zu starken Konflikten zwischen Identitätsbehauptungen und Aktivitäten führt. Eine solche Struktur ist beispielsweise fragil und systematisch anfällig für Bestrebungen von Gruppen in der Organisation, Konflikte zu

37 Albert/Whetten 1985: »The central decision makers are also church officials committed to advancing the interests of the church through the bank; as well as insuring that the bank operates according to the moral code of the church. But the peripheral functions of the banking operation (e.g., accountants and computer operators) are performed by personnel hired primarily on the basis of their technical expertise.«

provozieren, um Alternativen gegen die existierende Identität durchzusetzen (siehe Ashforth/Mael 1996; Glynn 2000; siehe das ähnliche Argument bei Greenwood/Hinings 1996).

Mit dem Begriff der »multiple Selfs« von Organisationen beschreibt Wiesenthal (1990, 1993, 2006: 164f.)[38] einen Extremfall, bei dem die Definition als Einheit vorrangig durch die Zuschreibung von externen Beobachtern geleistet wird. Die integrative Funktion der Organisationsidentität kann in diesen Fällen nicht mehr intern erzeugt werden. Die notwendige Vorstellung der Organisation als Ganzes wird jetzt lediglich durch Erwartungen von außen erzeugt, die wiederum die Grundlage sind, um die Einheit der Organisation als Ganzes zu signalisieren. Im Normalfall muss jedoch die Einheit der unterschiedlichen Teile hergestellt werden, um die konsistente Handlungsfähigkeit der Organisation gewährleisten zu können.

Multiple Identitäten implizieren also potenzielle Konflikte, aber auch Möglichkeitsräume. Zum einen bildet die Vielfalt der Anschlüsse, die durch sie erreicht wird, eine Quelle für strategische Flexibilität und Innovation der Organisationsstrukturen. Mit Hilfe multipler Identitäten können durch die parallelen Bezüge zu angrenzenden Feldern »ruhende Ressourcen« (dormant resources) vorgehalten werden (vgl. Crouch/Farrell 2004), die es ermöglichen, auch unter Bedingungen struktureller Trägheit einzelner Teile schnell auf Veränderungen zu reagieren, indem diese ruhenden Alternativen bei Bedarf aktiviert werden. Zum anderen bergen multiple Identitäten jedoch die Gefahr von Konflikten der integrativen und der operativen Funktion der Identität im Selbstbezug der Organisation. Ohne kohärente Identität entstehen beispielsweise Schwierigkeiten dabei, eine kohärente Strategie zu entwickeln (Ashforth/Mael 1996). Allgemein gilt dies für alle Entscheidungen und Praktiken der Organisation, die unter der Bedingung multipler Identität möglicherweise nicht mehr eindeutig als

38 »Sie sind nicht ›bloß‹ departmentalisierte Organisationen, deren Untereinheiten arbeitsteilig versuchen, Umweltunsicherheit zu absorbieren. Sie sind außerdem durch die unvermittelte – und in vielen Fällen unvermittelbare – Kopräsenz von mehreren Weltdeutungen, Zeithorizonten und Nutzendefinitionen geprägt. Weder findet der Deutungspluralismus eine sichere ›Aufhebung‹ an der Organisationsspitze, noch existiert eine operative Formel für die explizite Anerkennung der Deutungsdifferenz; sie lässt sich bloß aus den diversen Partikularperspektiven entwickeln, nicht jedoch für die Organisation als Ganze und verbindlich auf einen Begriff bringen. Trotz und dank der Differenz besitzt das Ganze eine ›Identität‹, die zwar nicht ausgehandelt, aber durch die Akzeptanz von externen Einheitszuschreibungen gewährleistet ist.« (Wiesenthal 1990: 54)

Teil des Ganzen integriert werden können. Auch wird die Orientierungs- und Rahmungsleistung der Identität geschwächt, wenn gleichzeitig verschiedene und widersprüchliche Deutungen der Organisation als Ganzes existieren:

»In such organizations, discussions about specific actions and practices become loaded with broader symbolic meaning vis-a-vis the multiple identities, and thus become sites for the ongoing negotiation of ›the‹ identity« (Ashforth/Mael 1996: 41; vgl. Glynn 2000).

Für eine Anpassung an die widersprüchliche Organisationsumwelt wird so unter Umständen ein hoher Preis gezahlt. Widersprüche in der Umwelt werden zu Widersprüchen in den Strukturen der Organisation. Sind Integration und Anpassung jedoch erfolgreich, können sich durchaus Synergien multipler Identitäten einstellen, beispielsweise mit der Fähigkeit, eine Vielfalt von Reaktionsmöglichkeiten gleichzeitig vorzuhalten (Pratt/Foreman 2000; vgl. Wiesenthal 1990). Letztlich handelt es sich bei der Ausbildung multipler Organisationsidentitäten um eine Anpassungsstrategie der Organisation, die dazu dient, in heterogenen Umwelten überleben zu können, handlungsfähig zu bleiben und den Anforderungen widersprüchlicher institutioneller Logiken zu begegnen.

2.3.2 Impression Management und Image Management

Eine zweite Möglichkeit, das Umwelt-Identität-Verhältnis zu bearbeiten, besteht darin, die Identität nicht den Erwartungen entsprechend substanziell zu verändern, sondern eine Anpassung lediglich zeremoniell darzustellen oder gar ausschließlich zu behaupten. Dieses entspricht einer Beeinflussung externer Beobachtung und wird in der Literatur als Form des Impression Management (Gioia et al. 2000; Hatch/Schultz 2002; vgl. Goffman 1969) oder als Image Management bezeichnet (Dutton/Dukerich 1991). Entsprechend finden sich Aktivitäten der Organisationsmitglieder, die als zeremonielle Identitätsarbeit bezeichnet werden können.

Die Organisation ist externen Beschreibungen nicht passiv ausgeliefert, sondern kann auf Zuschreibungen reagieren und bestimmte Attribute der Organisation pro-aktiv oder re-aktiv in die Umwelt projizieren und damit die eigene Reputation zu beeinflussen versuchen (vgl. Gioia et al. 2000; Hatch/Schultz 2002). Impression Management umfasst verschiedene Formen der Außendarstellung der Organisation (vgl. Luhmann 2000).

Dazu gehören beispielsweise die Kommunikation von Leitbildern (vgl. Giesel 2008) sowie andere klassische Formen wie

»[…] broadcasting corporate advertising, holding press conferences, providing information to business analysts, creating and using logos, building corporate facilities, or dressing in the corporate style« (Hatch/Schultz 2002: 1002–1003).

In diesem Sinn sind Maßnahmen der Corporate Identity als Formen der Außendarstellung zu verstehen (Cornelissen et al. 2007). Dieses kann am Beispiel der Reaktionen des Öl-Konzerns Shell in Bezug auf die Reputationsprobleme bei der Versenkung einer Öl-Plattform veranschaulicht werden:

»[…] an attempt at strategically altering images of the organization to better communicate the organization's sense of identity – a central function of an organization's corporate identity program – is aimed at influencing outsiders' perceptions to be better aligned with self definitions. Shell's initial response to the negative publicity, for instance, involved numerous corporate identity efforts aimed at helping outsiders see who the ›real Shell‹ was.« (Gioia et al. 2000: 70)

Maßnahmen des Impression Management beinhalten Erklärungen und Rechtfertigungen, die dazu dienen, externe Bewertungen von Aktivitäten und Strukturen der Organisation zu beeinflussen (Elsbach/Kramer 1996). Außendarstellung und Organisationsidentität beschreiben unterschiedliche Texte der Organisation:

»Mit der Außendarstellung sucht man Anerkennung und Unterstützung zu finden. Aber im Innenverkehr wäre es blamabel, diese Darstellung mit der Realität zu verwechseln. [… Es würde; SK] seltsam naiv erscheinen, wollte man die für die Umwelt bestimmte Selbstbeschreibung als Realität darstellen.« (Luhmann 2000: 432)

So wird mit der Außendarstellungen ein zweiter Text parallel zu dem Identitätstext angelegt und fortlaufend bearbeitet, der die selektive und positive Darstellung gegenüber der Umwelt sicherstellen soll. Identität und Außendarstellung können zusammenfallen, müssen es aber nicht. Als Form des Impression Management besteht hier ein starker Bezug zur Entkopplungsthese von Meyer und Rowan (1977). In der Tat können mit einer Außendarstellung die institutionellen Erwartungen von tatsächlichen Aktivitäten abgepuffert werden, um womöglich die Funktionsfähigkeit des Kerns der Organisation zu erhalten (Thompson 1967). Das ist der Fall, wenn die tatsächlichen, zentralen Ziele einer Organisation gegenüber institutionellen Erwartungen abgeschirmt werden müssen – wenn beispielsweise Ziele der Gewinnmaximierung mit Forderungen an die Unternehmensverantwortung kollidieren.

Eine tatsächliche Anpassung an institutionalisierte Erwartungen ist somit nicht notwendigerweise erforderlich. Die bloße Projektion von legitimen Identitätsattributen ist hier womöglich ausreichend (Brown 2001). Eine solche aktive Außendarstellung wird mit Hilfe eines projizierten Images vollzogen. Dabei wird versucht, Legitimität und eine positive Reputation der Organisation bei externen Beobachtern zu erzeugen:

»[...] top management members can project images aimed not at better communicating identity but at highlighting and emphasizing certain socially desirable aspects of their identity, thus attempting to manipulate outsider perceptions by engaging in organizational impression management. For example, Shell projected images aimed at highlighting its engineering identity and scientific prowess, as well as calling repeated attention to its core principles. Last, in the extreme, the organization can project patently false images in an attempt to misrepresent the organization to its publics.« (Gioia et al. 2000: 70; vgl. Hatch/Schultz 2002)

Eine Projektion als Beeinflussungsversuch steht hier im Gegensatz zu strukturierenden Formen, nämlich der substanziellen Anpassung der Identität, beispielsweise als Ergebnis einer Imitation oder der Ausbildung einer multiplen Identität.

Der in diesem Teil B unter 2.1 bereits beschriebene Feedbackkreislauf wird durch Impression Management, zum Beispiel als Projektion eines Images, manipuliert. Die externen Beobachter erhalten vorgefertigte Informationen über den vermeintlichen Zustand der Organisation und deren Praktiken und Entscheidungen. Damit wird die Reputation der Organisation beeinflusst und Feedbackeffekte lassen sich ablenken. In diesem Sinne hat die Organisation tatsächlich die Möglichkeit, äußerem Zwang auszuweichen oder den Druck externer Erwartungen abzupuffern. Der Eingriff in den Feedbackprozess mit Hilfe projizierter Images hat jedoch eine Kehrseite. Was als Ausweichstrategie gedacht sein mag, kann durchaus substanziell auf die Organisation zurückwirken. Das hat letztlich den Grund darin, dass auch eine gezielte Projektion wiederum Gegenstand der Bewertung externer Beobachter wird:

»The essence of this aspect of the process is that projected images are received, given their own interpretations by constituents and intermediaries, and fed back to the organization, often in modified form, which subsequently affects insider perceptions of their own identity [...]« (Gioia et al. 2000: 70)

In Einzelfällen reicht womöglich tatsächlich die bloße Projektion von bestimmten legitimen Identitätsaspekten aus, um als Teil eines manipulierten Images den Erwartungsdruck der Umwelt abzupuffern, während die tatsächliche Identität der Organisation weiter unberührt bleibt. Dieses Argument führt wiederum zurück zur Entkopplungsthese, die bereits ausführlich diskutiert wurde. Es stellt sich also die Frage, inwieweit Entkopplung auf Ebene der Identität wirkt. Mit Hilfe eines projizierten Images werden Labels, Kategorien und Praktiken nach außen dargestellt, die aber keinen Teil der tatsächlichen Organisationsidentität beschreiben.

Entkopplung bezeichnet auf der Identitätsebene damit das Auseinanderfallen der Selbstbeschreibung nach innen (Identität) und der Außendarstellung (projiziertes Image). Es handelt sich hierbei zwar auch um Aktivitäten, genauer um zeremonielle Identitätsarbeit der Organisation, jedoch basieren diese nicht auf substanziellen Effekten auf Ebene der zentralen, handlungsleitenden Organisationsstrukturen (vgl. Thompson 1967) und rechtfertigen aus diesem Grund im Anschluss an Meyer und Rowan (1977) die Behauptung einer Entkopplung. Wie die Bildung von multiplen Identitäten einer Organisation, so dient auch die Entkopplung dem Umgang mit heterogenen und widersprüchlichen Umweltanforderungen (vgl. Boxenbaum/Jonsson 2008: 86f.).

Mit der Betrachtung von Feedbackprozessen und projizierten Images gestaltet sich das Verhältnis von Institution und Organisation im Fall der Entkopplung als komplex. Die Umstände, aber vor allem die langfristige Stabilität von Entkopplungen bleiben weiter Frage der empirischen Forschung (Scott 2001: 172–174; vgl. Boxenbaum/Jonsson 2008).[39] Auch bei einer Entkopplung von Talk und Action (Brunsson 1989) sind beide Seiten von einem intensiven Wechselverhältnis gekennzeichnet. Wie oben argumentiert, wirkt das entkoppelte Image (Talk) auf die tatsächliche Selbstbeschreibung der Organisation zurück, wenn die Organisation gezwungen ist, sich in der Feedbackschleife mit ihrer Außendarstellung auseinanderzusetzen.

---

39 So gibt es notwendige Voraussetzungen, die für oder gegen einen Erfolg von Entkopplungsstrategien sprechen (siehe dazu auch Boxenbaum/Jonsson 2008: 87f.). In einer Situation, in der eine Einführung hohe symbolische Gewinne verspricht, jedoch mit hohen Kosten verbunden ist, ist eher eine Entkopplung zu erwarten als in anderen Situationen (vgl. Scott 2001: 173). Westphal und Zajac (2001) führen hierzu an, das eine Entkopplung das Ergebnis von Macht und Interessen von einflussreichen Personen bzw. Gruppen in der Organisation und deren Netzwerkbeziehungen sein kann.

Die Verwendung von projizierten Images als Form des Impression Managements kann als Strategie gelten, um den Kern der Organisation, die Identität, kurzfristig von Zumutungen durch externe Erwartungen zu entlasten. Auf der Ebene der Organisationsidentität lassen sich so die Argumente der Entkopplung einbinden und auf eine empirisch überprüfbare Basis stellen.

2.4 Zwischenfazit: Identitäten und Institutionen – Anpassung und Beeinflussung

Im vorangehenden Abschnitt wurde die Verbindung von Organisationsidentitäten und Institutionen diskutiert. Dabei standen vor allem die Anpassung, aber auch die Beeinflussung als Reaktionen auf der Ebene der Organisationsidentität im Zentrum der Ausführungen.

Das Verhältnis von Organisation und Umwelt wird durch die Organisationsidentität vermittelt. Eine substanzielle Anpassung der Organisationsidentität an externe Erwartungen entsteht durch eine Synchronisation von Identität mit diesen Erwartungen. Externe Elemente, die als Modelle der Organisation die Organisation als Ganzes beschreiben, können nur dauerhaft verankert werden, wenn sie zum Bestandteil der Identität werden. Im Fall von institutionalisierten Erwartungen bedeutet das, dass die Organisationsidentität eine lokale, eigenlogische Reproduktion der institutionalisierten Logik leistet.

In der Argumentation wurden neo-institutionalistische Ansätze, in denen sich erhebliche Hinweise auf die zentrale Rolle von Identitäten für Institutionalisierungsprozesse finden, mit dem Organisationsidentitätskonzept verknüpft. Beide Ansätze betonen die Abhängigkeit der Organisation von externen Erwartungen. Dabei besteht ein Unterschied darin, dieses Verhältnis als Problem der Reputation oder der Legitimität zu beschreiben. Beide Perspektiven lassen sich miteinander in Beziehung setzen, wenn unterstellt wird, dass Legitimität die Konvergenz mit einer allgemeinen Form beschreibt und Reputation einen Vergleichsmaßstab innerhalb dieser allgemeinen Form vorgibt (King/Whetten 2008).

Neben der Anpassung an externe Erwartungen hinsichtlich Image und Reputation wurden weitere Reaktionsmöglichkeiten auf der Ebene der Organisationsidentität aufgegriffen. Eine besondere Form der Anpassung an Erwartungen der Umwelt beschreibt die Ausbildung von multiplen Identitäten. Diese dienen vor allem dem Umgang mit heterogenen Erwartungen oder dazu, einer Vielzahl von institutionellen Logiken gleichzeitig Rechnung tragen zu können. Eine wichtige Form der Beeinflussung externer Beobachtungen ist die Erzeugung eines projizierten Images. Neben der Identität wird dabei ein zweiter Text angelegt, der eine Entkopplung von tatsächlicher und präsentierter Identität erzeugt.

C. Stabilität und Wandel als Problem von Pfadabhängigkeit

Nachdem die Verbindung von Institution und Organisation herausgearbeitet wurde, wendet sich die Arbeit nun der Frage nach Stabilität und Wandel von Organisationen in institutionellen Umwelten zu. Dazu wird die Pfadabhängigkeit der Organisation als Konzept eingeführt und auf Organisationsidentität angewendet.

Der Pfadansatz ist im Folgenden Ausgangspunkt für die Bestimmung von Stabilität und Wandel. Der Ansatz dient in der gesamten Arbeit als Grundlage für die Entwicklung einer integrierten Beschreibung der Stabilität und des Wandels von Organisationen in institutionellen Umwelten. Genauer stellt sich die Frage nach den eigenständigen Mechanismen der Organisationsidentität gegenüber der Vermutung einer einfachen Umweltabhängigkeit der Organisation von institutionellen Erwartungen. Sofern die Organisation keine eigenen Mechanismen für Stabilität besitzt, kann von einer trivialen Umweltabhängigkeit ausgegangen werden. Die Organisation wäre dann tatsächlich nur ein Reflex der Institution. Kann jedoch nachgewiesen werden, dass für die Organisationsidentität unabhängige Bedingungen für Stabilität und Wandel gelten, dann lässt sich diese auch als eigenständige Ebene bestimmen.

In der wissenschaftlichen Auseinandersetzung wurde der Pfadansatz zuerst auf Technologien und dann auf Institutionen angewendet. Vor allem durch Rückgriff auf Untersuchungen zu institutionellen Pfadabhängigkeiten werden im Folgenden Eckpunkte und Kategorien für die Beschreibung einer Pfadabhängigkeit von Organisationen vorbereitet. Darauf aufbauend wird die Organisation als Ebene der Pfadabhängigkeit bestimmt und eine Übertragung des Pfadkonzeptes auf Organisationsidentität vorgenommen.

1. Grundlagen des Pfadansatzes: Technologien und Institutionen

Das Konzept von Pfadabhängigkeit hat einen ökonomisch-technologischen Ursprung. Zu Beginn standen dabei die Untersuchung der Beständigkeit und Diffusionsbedingungen technischer Alternativen im Vordergrund. Darauf aufbauend sind Übertragungsversuche unternommen worden, die über die Zwischenstation der Anwendung auf ökonomische Institutionen einen Einsatz in politikwissenschaftlich-soziologischen Ansätzen ermöglicht haben. Bevor das Konzept institutioneller Pfadabhängigkeit umrissen wird, ist ein Rückgriff auf die Pfadabhängigkeit von technologischen Standards notwendig.

Im Übergang zu einer pfadabhängigen Reproduktion einer Lösung werden kontingente Entwicklungen durch Entscheidung auf eine Variante festgelegt. Tritt eine pfadabhängige Situation ein, so ist diese dadurch charakterisiert, dass ein Wechsel von der gewählten Variante hin zu anderen Alternativen erheblich blockiert ist und damit in der Praxis de facto ausgeschlossen wird. Die Reproduktion des Prozesses oder der Struktur befindet sich in einem sogenannten Lock-in. Als Folge wird die einmal gewählte Variante über einen längeren Zeitraum reproduziert. Dieser Zustand kann mit Hilfe der Beschreibung von Reproduktionsmechanismen erklärt werden, die sich entlang des Pfades immer wieder auf die eingeschlagene Entwicklungsrichtung auswirken (Beyer 2005, 2006a). Bei der Analyse von Pfadabhängigkeit müssen demnach die Identifikation und Beschreibung der relevanten Reproduktionsmechanismen im Zentrum stehen. Erst dieses Vorgehen rechtfertigt eine nicht-metaphorische Verwendung des Konzeptes.

1.1 Von technologischer zu institutioneller Pfadabhängigkeit

Die Basis der Diskussion von Pfadabhängigkeit in unterschiedlichen sozialwissenschaftlichen Fächern bildet die Übertragung des Pfadarguments von der Beschreibung technologischer Standards auf Institutionen bzw. auf institutionelle Arrangements durch Douglass C. North. Auch Paul A. David hat im Anschluss an North einen Übertragungsvorschlag ausgearbeitet. Besonders in der Politikwissenschaft und in der Soziologie wurden Konzepte und Anpassungen entwickelt, die eine Anwendung des Pfadansatzes unabhängig von Fokussierungen auf Technologie und Ökonomie ermöglichen. Im Zuge der Ausweitung des Ansatzes auf andere sozialwissenschaftliche Bereiche ergeben sich Erweiterungen, die im Folgenden dargestellt und diskutiert werden. Zuerst einmal wird jedoch der Ursprung des Pfadarguments in seiner Anwendung auf technologische Standards eingeführt.

Die Grundlagen des Pfadansatzes finden sich in den Arbeiten von W. Brian Arthur und Paul A. David. Klassische Beispiele für Pfadabhängigkeit sind technologische Standards, die sich in einem historischen Prozess gegen andere Alternativen durchgesetzt haben, wie die QWERTY-Schreibmaschinentastatur oder die Rivalität von Gleich- und Wechselspannung-Standards oder zwischen Fahrzeugantriebssystemen, Kernreaktortypen und Videoformaten (siehe Arthur 1989; Foray 1997: 737ff.; David 2005). Im ursprünglichen Ansatz werden Reproduktionsmechanismen für technologische Pfadabhängigkeiten benannt, die die Grundlage für die allgemeine Debatte darstellen.

1.1.1 Pfadabhängigkeit technischer Standards I: W. Brian Arthur

Ausgangspunkt für die Bestimmung von Pfadabhängigkeit ist nach Arthur die Existenz von »Increasing Returns« (Arthur 1989; Arthur 1996). An anderer Stelle ist analog dazu auch von »positivem Feedback« die Rede (Arthur 1990). Arthur argumentiert, dass im Fall von Increasing Returns nicht nur die bloße Einführung einer Technologie eine Nutzensteigerung hervorruft. Das Ergebnis der Entscheidung für eine Technologie wirkt sich wiederum positiv auf die Bewertungskriterien (zum Beispiel Ertrag, Nutzen, Preis, Effizienz) aus, die für einen Vergleich mit anderen möglichen Varianten herangezogen werden. Je häufiger also eine bestimmte Technologie zum Beispiel für die Herstellung eines bestimmten Produktes eingesetzt wird oder je weiter diese verbreitet ist, desto höher wird der Nutzen dieser Technologie insgesamt bewertet. Die Einführung, der Einsatz oder die Verbreitung einer bestimmten Technologie wirkt sich demnach unter der Bedingung von Increasing Returns positiv auf sich selbst aus. Solange Increasing Returns zu erreichen sind, wirkt die Technologie selbstverstärkend, denn es besteht ein kontinuierlicher Anreiz, den Einsatz oder den Verbreitungsgrad der Technologie auszuweiten.

W. Brian Arthur benennt vier Kriterien, die Ursache für Increasing Returns sein können (Arthur 1989, 1994; Arthur 1996: 112; vgl. Beyer 2006a: 15ff.): (i) Hohe Startkosten: Bei vielen Technologien fallen für

Entwicklung, Verbreitung bzw. Nutzung hohe Investitionskosten an, die auch als Fix- oder Rüstkosten bezeichnet werden. Es besteht demnach ein Anreiz, die einmal etablierte Technologie immer wieder einzusetzen. (ii) Lern- und Erfahrungseffekte: Mit zunehmender Dauer der kontinuierlichen Anwendung einer bestimmten Technologie ergeben sich Verbesserungs- bzw. Optimierungspotenziale (Learning by Using). (iii) Koordinations- und Netzwerkeffekte: Netzwerk- bzw. Koordinationseffekte ergeben sich in einer Situation, in der der Ertrag des Einzelnen von den Entscheidungen anderer abhängt. Besonders bei der Verbreitung von technischen Standards wird der eigene Nutzen einer Technologie davon beeinflusst, wie viele andere Nutzer sich ebenfalls für den gleichen Standard entscheiden. Je mehr Nutzer sich für einen Standard entscheiden, desto größer ist die Wahrscheinlichkeit, dass sich andere Nutzer ebenso verhalten. (iv) Adaptive Erwartungen (über den zukünftigen Nutzen): Hier wird unterstellt, dass die aktuelle (starke) Verbreitung eines kompatiblen Standards auf einem Markt auf eine zukünftige (noch stärkere) Verbreitung schließen lässt. Anders als bei Netzwerkeffekten basiert hier eine Entscheidung aber nicht auf der tatsächlichen Verteilung in einer Population, sondern fußt auf der Erwartung des/der Agenten über zukünftige Entwicklungen und Verteilungen.

Unter diesen Bedingungen von Increasing Returns kann es in der Folge der angeführten Zusammenhänge zu einer Lock-in-Situation kommen. Durch hohe Startkosten, Lern- und Koordinationseffekte sowie durch adaptive Erwartungen verfügen in einer solchen Situation alle Alternativen im Vergleich zur etablierten Technologie über ein schlechteres Verhältnis von Kosten und Nutzen. Ein Ausstieg ist nur unter hohen Kosten oder großen Verlusten möglich: »We can say that the particular equilibrium is locked in to a degree measurable by the minimum cost to effect changeover to an alternative equilibrium« (Arthur 1994: 115). An diesem Lock-in-Punkt kann sich herausstellen, dass eine alternative Technologie effizienter ist als die etablierte Variante. Das bedeutet, dass eine suboptimale Lösung reproduziert wird, die unter den gegebenen Umständen nicht ausgetauscht wird.

1.1.2 Pfadabhängigkeit technischer Standards II: Paul A. David

Paul A. David (1985) leitet seine grundlegenden Annahmen aus der Beschreibung der historischen Durchsetzungsbedingungen des QWERTY-

Tastatur-Standards ab. Ende des 19. Jahrhunderts existierte eine Vielzahl von konkurrierenden Schreibmaschinentypen und Tastaturlayouts. Unternehmen (Käufer), Schreibmaschinenbediener (Nutzer) und Hersteller trafen Entscheidungen, eine bestimmte Schreibmaschinentechnologie zu kaufen, zu erlernen oder herzustellen. Durch eine Verkettung verschiedener Ereignisse ging das QWERTY-Tastaturlayout als allgemeiner Standard hervor. Dabei kann festgestellt werden, dass es sich dabei nicht um die effizienteste Tastaturanordnung handelt. Die Anordnung der einzelnen Tasten des QWERTY-Standards unterlag vielmehr der Anforderung, die mechanischen Probleme einer möglichen Blockierung der Typen zu beheben. Außerdem diente die Verteilung der Tasten auf der oberen Zeile vor allem dem Zweck, das Wort »Typewriter« schnell schreiben zu können. Ergonomische Anforderungen bei der Bedienung oder die Berücksichtigung der am häufigsten verwendeten Buchstaben für ein effizientes – das heißt schnelles – Schreiben spielten bei dem Originallayout keine vordergründige Rolle.

David argumentiert, dass die Entwicklungsdynamik, an deren Ende das Lock-in des QWERTY-Standards steht, maßgeblich durch das Ineinandergreifen und die wechselseitig stabilisierenden Wirkungen verschiedener Mechanismen bestimmt wurde. Damit unterstreicht er die Idee, dass eine Vielzahl von unterschiedlichen Reproduktionsmechanismen an der Entstehung und Veränderungsresistenz einer pfadabhängigen Lösung beteiligt sein kann. Er unterscheidet drei Bereiche, die in seiner Darstellung ursächlich für eine pfadabhängige Reproduktion des QWERTY-Standards gewesen sind:

(i) Technical Interrelatedness (wechselseitige technische Abhängigkeit): Wenn die Anordnung des Keyboards mit der Erfahrung bzw. der Qualifikation des Schreibmaschinenbenutzers übereinstimmt, steigt der Nutzen der Technologie für den Anwender. Die gelernten und einstudierten Bewegungsabläufe können, sofern die Technologie mit diesen übereinstimmt, unmittelbar in eine effiziente Verwendung umgesetzt werden. Letztlich geht es hier um Kompatibilität (David 1985) bzw. um Komplementarität (vgl. Höpner 2005; Beyer 2006a) der »Hardware« (Tastaturbelegung) und der »Software« (Qualifikation des Benutzers) innerhalb eines Systems. Die Anwendung zueinanderpassender Elemente führt zu einer Steigerung des Nutzens für beide Komponenten. Der Nutzen der Tastaturbelegung steigt bei einer passenden Verwendung für den Schreibmaschinenbenutzer genauso wie der Nutzen seiner Qualifikation.

(ii) System Scale Economies (Skalenökonomie des Systems): Diese Kategorie ist eng mit der vorhergehenden verbunden. Bei der Verbreitung der QWERTY-Tastatur spielen Investitionen auf zwei Seiten eine Rolle. In dem Beispiel von David kaufen Unternehmen Schreibmaschinen mit einem bestimmten Tastaturlayout. Auf der anderen Seite investieren die Schreibmaschinenbediener Zeit und lernen mit einer bestimmten Tastatur effizient umzugehen. Die ökonomische Kapazität, Schreibmaschinen zu kaufen, sowie die zeitliche und technische Kapazität, die Bedienung von Schreibmaschinen zu erlernen, sind gleichermaßen begrenzt. Der positive Effekt der Kompatibilität von Benutzer und Tastatur wirkt als Signal an weitere Benutzer und Käufer. In dieser Situation steigt mit jeder Entscheidung für den QWERTY-Standard die Wahrscheinlichkeit, dass sich weitere Benutzer entsprechend verhalten. Mit einer steigenden Wahrscheinlichkeit, dass sich nachfolgende Schreibmaschinenbenutzer ebenfalls für den QWERTY-Standard qualifizieren, sinken die allgemeinen Produktionskosten im Vergleich zu alternativen Systemen. Analog gilt dies übrigens auch für Kaufentscheidungen: Weil durch einen steigenden Marktanteil bzw. ein hohes Produktionsvolumen die Produktionskosten gesenkt werden können, kann der Standard von den Herstellern billiger angeboten werden als andere Alternativen. Durch die weite Verbreitung werden zunehmend Mismatch-Kosten zwischen Keyboard und Qualifikation vermieden. Ähnlich wie bei den von Arthur angeführten Netzwerkeffekten und den adaptiven Erwartungen breitet sich der Standard somit selbstverstärkend aus.

(iii) Quasi-Irreversibility of Investment (Quasi-Unumkehrbarkeit von Investitionen): In der Durchsetzung des QWERTY-Standards spielten die hohen Kosten für einen Wechsel der Schreibmaschinennutzer zu einem alternativen Standard eine entscheidende Rolle. Die anfallenden Wechselkosten, vor allem der kognitive und zeitliche Aufwand, einen neuen Standard zu verinnerlichen, führten zu einer Quasi-Unumkehrbarkeit der Investition. Genauer argumentiert David in dem QWERTY-Beispiel mit einer Asymmetrie zwischen »Software« und »Hardware« des Systems. Während durch technische Veränderungen die Kosten für eine Umwandlung des Schreibmaschinenstandards für Hersteller sanken, stiegen die Kosten für einen Wechsel der Benutzer zu einem anderen Standard. Folge dieser drei ineinandergreifenden Prozesse ist eine Lock-in-Situation, in der ein einziger Standard stabil reproduziert wird.

1.1.3 Diskussion der Grundlagen technologischer Pfadabhängigkeit

Als Ergebnis der Darstellung der Ansätze von Arthur und David lassen sich auf Basis des ursprünglichen Ansatzes vier Reproduktionsmechanismen für eine Systematisierung zusammenfassen. Dabei handelt es sich um: (1) Investitionseffekte durch irreversible Investitionen bzw. hohe versunkene Kosten, (2) Lern- und Erfahrungseffekte, (3) Komplementarität bzw. Kompatibilität und (4) Entscheidungen, die auf adaptiver Erwartung zukünftiger Komplementarität beruhen. Pfadabhängigkeit lässt sich dabei als eine Aussage über den relativen und systematischen Aufwand beschreiben, der für eine Veränderung notwendig wäre (vgl. Arthur 1994). Wandel ist demnach in Abhängigkeit von der konkreten Wirkung der Reproduktionsmechanismen grundsätzlich möglich (vgl. Beyer 2006a). Es handelt sich um die Frage, ob ein Zustand aufgrund von Reproduktionsmechanismen systematisch aufrechterhalten wird oder nicht.

Der Pfadansatz ist ein Gegenargument zu klassischen ökonomischen Theorien. Bei diesen wird unterstellt, dass es genau ein Gleichgewicht gibt, das bei gegebenen Bedingungen erreicht wird. Das Pfadargument widerspricht dieser Vorstellung, da unterstellt wird, dass potenziell eine Mehrzahl von lokalen Gleichgewichten existiert. Dabei kann vorab nicht vorhergesagt werden, welches Gleichgewicht tatsächlich erreicht wird. Eine Folge dieser Perspektive ist jedoch, dass das einmal erreichte lokale Gleichgewicht nicht das global effizienteste Gleichgewicht beschreibt und durch die Reproduktion in einer Lock-in-Situation dennoch nicht verlassen werden kann.

Der Unterschied der Perspektiven lässt sich mit dem Begriff der Fitness-Landschaften (»Fitness Landscapes«, vgl. Lewin et al. 1999: 539) veranschaulichen. In Abbildung 4 sind zwei unterschiedliche Fitness-Landschaften in einer dreidimensionalen Darstellung abgebildet (Castaldi/Dosi 2003). Ausgehend von einer gegebenen Kombination der beiden verbleibenden Dimensionen gilt: Je höher die Position auf der X-Achse (Fitness), desto höher ist die erreichte Effizienz oder der erzielte Nutzen. Das Bild (a) beschreibt eine Situation in einer Landschaft, in der ein optimales Gleichgewicht erreicht wird. Bild (b) zeigt dagegen eine Landschaft, in der ebenfalls ein optimales Gleichgewicht existiert, daneben gibt es jedoch viele andere lokale Gleichgewichte. Sobald die realistischen Annahmen einer begrenzten Rationalität gelten (vgl. Simon 1959), ist das eine globale Optimum nicht vorab bekannt und muss erst aufwendig gesucht werden. Würde man die Darstellungen umdrehen und einen Ball in die unterschiedlichen Landschaften rollen lassen, würde der Ball bei (a) immer auf demselben Gleichgewichtspunkt zum Liegen kommen. Gravitation entspricht in dieser Analogie dem Streben der Agenten, ihren Nutzen lokal zu verbessern. Bei (b) dagegen ist das letztlich erreichte Gleichgewicht von dem Punkt abhängig, an dem man den Ball in die Landschaft einsetzt.

Abbildung 4: »Fitness Landscapes«

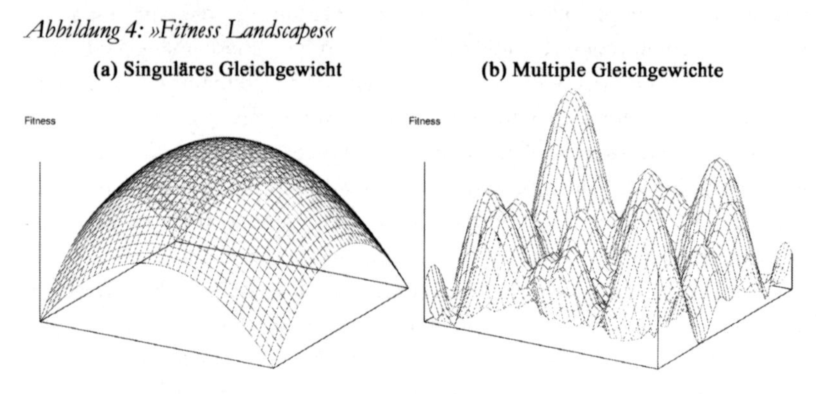

Quelle: angepasste Darstellung auf Basis von Castaldi/Dosi (2003: 8 u. 9)

In den gegebenen Landschaften bewegen sich nun Einheiten, solange sie sich in ihrer Fitness verbessern können. Dabei ergeben sich systematisch zwei sehr unterschiedliche Situationen. Bei (a) wird unabhängig von der Ausgangssituation bei einer Verbesserung immer derselbe Gleichgewichtspunkt erreicht. In der Landschaft (b) mit multiplen lokalen Gleichgewichten entscheidet bei einer Verbesserung der Fitness die Ausgangssituation über das tatsächlich erreichte Gleichgewicht. Nur im Fall (b) ist tatsächlich die Ausbildung einer Pfadabhängigkeit möglich. Ein Lock-in entsteht, wenn die Optimierung einen Punkt erreicht hat, an dem eine Veränderung zuerst einmal zu einer erheblichen lokalen Verschlechterung der Fitness führen würde, auch wenn es sich nicht um das globale Optimum handelt. Der Wechsel von dem erreichten lokalen Gleichgewicht zu einem anderen ist durch die Landschaft eingeschränkt und zwingt bei Verbesserungsversuchen eine Route auf, die durch erheblichen Aufwand und eine signifikante Verschlechterung der Fitness gekennzeichnet ist.

Grundlegend für Pfadabhängigkeit ist, dass sich Einheiten zur Optimierung der Fitness nicht beliebig durch die Fitness-Landschaft bewegen können, da die Dynamiken im Pfadansatz durch die systematischen Dynamik von Irreversibilität bestimmt werden (David 2007; vgl. Castaldi/Dosi 2003). Wenn bei einer graduellen Verbesserung der Fitness Irreversibilitäten anfallen, kann dieses letztlich zu einer pfadabhängigen Reproduktion eines ineffizienten lokalen Gleichgewichts führen. Die grundlegende Ursache von Pfadabhängigkeit beruht demnach auf Effekten von Irreversibilität. Arrow (2000, 2003: 28) argumentiert wie folgt:

»[…] even under all conditions that characterize competitive equilibrium, including constant returns to scale, path dependence is possible when there is an irreversible element to capital formation.«

David spricht an anderer Stelle von den Effekten der Micro-Level-Irreversibilities als Grundlage für Pfade. Dieser Begriff beschreibt die folgende Situation: »[…] a finite, and possible substantial cost must be incurred to undo the effects of the resource allocation decision in question.« (David 2007: 101) In diese Kategorie fallen Investitionen in Gebäude, Ausrüstung, Fähigkeiten der Mitarbeiter, durch Forschung und Entwicklung akkumuliertes Wissen und auch die eigene Reputation (vgl. Teece et al. 1997). David geht so weit, Folgendes zu behaupten: »[…] the existence of micro-level irreversibilities alone is sufficient to give rise to path dependent dynamics […]« (David 2007: 102).

In einer Welt, in der Transaktionskosten und versunkene Kosten anfallen (vgl. Williamson 1981; Lambson 1991; Antonelli 1997) und die durch unvollständige Informationen gekennzeichnet ist, begleitet Irreversibilität Entscheidungen und Aktivitäten. Gerade die begrenzte Rationalität der Akteure und die permanente Entscheidungsfindung unter hoher Komplexität und erheblicher Unsicherheit (Simon 1959; 1965) oder widersprüchliche Optimierungsinteressen (Castaldi/Dosi 2003) bedingen, dass in vielen ökonomischen, aber auch allgemeinen sozialen Optimierungssituationen gleichzeitig mehrere lokale Gleichgewichte existieren. Bassanini und Dosi (2001: 59) resümieren daher: »[…] we believe that path dependence is a rather common property at different level of observation […]«

1.1.4 Weiterführende Grundlagen bei North und David

Aufbauend auf den Untersuchungen zu technologischen Standards haben Douglass C. North und Paul David Vorschläge für eine Beschreibung institutioneller Pfadabhängigkeit gemacht. Das grundlegende Problem, das North mit der vorgenommenen Übertragung behandelt, ist die Klärung der historischen Beständigkeit von sozialen, vor allem ökonomischen Strukturen:

»One of the most fundamental of historical regularities is the persistence through time of patterns of human interaction that appear to be the deep underlying source of performance. Historians have, for the most part, taken this persistence for granted rather than made it the subject of research.« (North 1993: 5)

Der Autor entwickelt sein Argument aus einer wirtschaftshistorischen Perspektive anhand der wirtschaftlicher Entwicklunger, wie zum Beispiel am Niedergang Spaniens im 18. Jahrhundert im Vergleich zu ökonomischen Erfolgen in den Niederlanden und in England (North 1990, 1991).

Hauptursache für die unterschiedlichen Entwicklungsmuster und wirtschaftlichen Ergebnisse ist nach North der Einfluss von Institutionen.[40] Für ihn erscheint die Wirtschaftsgeschichte nicht als eine Geschichte von effizienten Lösungen, sondern sie ist vielmehr von Ineffizienz und vom Versagen bei der Errichtung und dem Erhalt nachhaltigen Wachstums bestimmt. An diesem Punkt der Erklärung der Reproduktion und Beständigkeit von Ineffizienz bezieht sich North auf das Pfadargument technologischer Standards und überträgt es auf Institutionen. Ähnlich wie auch Arthur und David richtet sich seine Perspektive gegen die Selbstoptimierungsannahmen der klassischen ökonomischen Theorie.

In seinen Analysen betrachtet North ganze Wirtschaftssysteme bzw. Volkswirtschaften. In dieser Perspektive treten Institutionen immer in einer Vielzahl und in einer Matrix miteinander verbunden auf. Eine Ursache der enormen Stabilität eines Institutionengefüges liegt in der Verknüpfung der Institutionen untereinander. Innerhalb einer institutionellen Matrix werden durch die komplementären, wechselseitigen Abhängigkeiten

40 North definiert die Eigenschaften und die Rolle von Institutionen wie folgt: »Institutions are the rules of the game [...] Institutions are the constraints that human beings impose on human interaction. They consist of formal rules (constitutions, statute law, common law, regulations) and informal constraints (conventions, norms and self enforced codes of conduct) and their enforcement characteristics. Those constraints define (together with the standard constraints of economics) the opportunity set in the economy.« (North 1993: 1) Zum einen reduzieren Institutionen Unsicherheit bei einem Austausch von Akteuren. Sie geben die Regeln einer Wirtschaft vor, bei Nichtbefolgung drohen Sanktionen. Institutionen limitieren die zulässigen Handlungsmöglichkeiten und bestimmen gleichzeitig die Transaktionskosten sowie die Produktionskosten (North 1991: 97). Das konkrete ökonomische Potenzial sowie die Entwicklungsmöglichkeiten jeder wirtschaftlichen Entwicklungsstufe, vom Basar bis zum Finanzmarkt, leitet sich von der realisierten Reduzierung der Transaktionskosten durch die existierenden Institutionen ab (North 1991).

der einzelnen Institutionen Increasing Returns in erheblichen Umfang ausgelöst, die ein Lock-in der gesamten institutionellen Konfiguration und damit eine pfadabhängige Entwicklung erzeugen (North 1991). Darüber hinaus identifiziert North Investitionseffekte, da bei der Einrichtung von Institutionen sehr hohe Anfangskosten zu verzeichnen sind. Lerneffekte ergeben sich aus den Erfahrungen und Anpassungen innerhalb des Handlungsspielraumes, der durch Institutionen gesetzt wird. Auch sind Koordinationseffekte und die Wirkung von adaptiven Erwartungen zu beobachten. Zusätzlich zu diesen bereits aus der Diskussion um technologische Standards bekannten Mechanismen hebt North (1993: 5) den Einfluss von Wahrnehmung, Erfahrung und Kultur als Faktoren für Pfadabhängigkeit hervor:

»I believe that the informal constraints of norms, conventions, and codes of conduct that have deep seated cultural antecedents are particularly important as sources of path dependence.«

Auch North unterstellt den Akteuren in seinen Analysen begrenzt rationales Verhalten (vgl. Simon 1959). Besonders in Situationen, die komplex, unsicher und damit unübersichtlich sind, verhalten sich die Akteure nicht entsprechend den Erwartungen der klassischen ökonomischen Theorie. Es ist oft nicht möglich, die unterschiedlichen wirtschaftlichen Entwicklungen aus einem objektivierbaren Eigennutzen und der darauf aufbauenden Nutzenmaximierung von Individuen abzuleiten: »[...] people act in part upon the basis of myths, dogmas, ideologies and ›half-baked‹ theories.« (Denzau/North 1993: 1) Alltägliche Entscheidungen basieren danach häufig nicht auf gesicherten Informationen, sondern beziehen sich auf sogenannte mentale Modelle, die aus individuellen oder kollektiven Erfahrungen gewonnen wurden.[41] Unterschiedliche Individuen können sich mit Hilfe von geteilten mentalen Modellen einfacher miteinander austauschen

41 Die Art und Weise, wie man die Welt und ihre Eigenschaften wahrnimmt, bestimmt die Art und Weise, wie man Entscheidungen trifft, um sich in dieser Welt zu bewegen und zu handeln: »The mental models are the internal representations that individual cognitive systems create to interpret the environment and the institutions are the external (to the mind) mechanisms individuals create to structure and order the environment. Some types of mental models are shared intersubjectively.« (Denzau/North 1993: 2) Dabei sind geteilte mentale Modelle zu großen Teilen das Ergebnis von kulturellen Einflüssen. Die Wahrnehmung von materieller und sozialer Umwelt und damit auch die Wahrnehmung von Institutionen werden durch soziale Erfahrungen der Individuen, oft in Form von Sozialisation, beeinflusst. Hier verbirgt sich ein Lerneffekt, bei dem ideologische oder mytische Entscheidungsgrundlagen das Handeln und damit die weitere Entwicklung beeinflussen können (Denzau/North 1993).

und koordinieren.[42] Wie stark sich die mentalen Modelle auswirken, hängt von der Qualität und Frequenz der verfügbaren Informationen (Feedback) sowie von den Transaktionskosten ab.

Auch Paul A. David hat sich, ebenfalls aus einer ökonomischen Perspektive, mit dem Einfluss und den Eigenschaften institutioneller Pfadabhängigkeit auseinandergesetzt. David (1994) bezeichnet Institutionen als »Träger der Geschichte« (carriers of history). Im Vergleich zu Erklärungsversuchen, die sich vorrangig auf die (komplexitätsreduzierende) Funktion und den erreichbaren Endzustand der Stabilität von Institutionalisierung beziehen, erscheint ihm eine Hinwendung zu den Ursprüngen institutioneller Ordnungen zielführender. Im Kontrast zu North lautet seine Grundfrage daher: Warum sind Institutionen in ihrer Entwicklung abhängig von der Vergangenheit?

Wie bereits erwähnt, nähert sich North (1993; Denzau/North 1993) diesem Problem unter dem Stichwort geteilter mentaler Modelle. David greift diesen Punkt auf und geht von einem Koordinationsproblem aus, das in der gesellschaftlichen Praxis durch Konventionen gelöst wird. Er fragt jedoch genauer nach dem Ursprung dieser Konventionen. Konventionen stellen für David aufeinander abgestimmte Erwartungen von Individuen dar. Im Zentrum der Erklärung institutioneller Stabilität steht folglich der Prozess, bei dem kollektive Erwartungen wechselseitig durch individuelle Erfahrungen ausgebildet und stabilisiert werden. David (1994) argumentiert,[43] dass die Basis für die hohe Stabilität von institutionellen Arrangements vor allem die Wechselwirkung von individuellen und kollektiven Erfahrungen bildet. Jede erneute Handlung, die konform mit einer bestimmten Regel ausgeführt wird, verstärkt die Wahrnehmung einer allgemeinen Konformität dieser Regel. Die Erfahrung der allgemeinen Konformität in der Vergangenheit verleitet zu einer relativ stabilen Annahme, dass auch in Zukunft eine ähnliche Konformität beobachtet werden kann. Je häufiger die Erwartung in der Vergangenheit erfüllt wird,

---

42 Institutionen können so als Reflexion geteilter mentaler Modelle angesehen werden, die die Verarbeitung von Erfahrung vor allem in Lernprozessen beeinflussen (Denzau/North 1993): »The complex interaction between institutions and the mental constructs of the players together shape downstream developments.« (North 1993: 7) North (1990: 95f.) unterstellt, wenn Informationen unvollständig sind, also von schlechter Qualität und nur sporadisch verfügbar, und noch dazu signifikante Transaktionskosten anfallen, dann bestimmen die mentalen Modelle den Pfad. Obwohl effizientere Varianten existieren, ist der Wandel dorthin systematisch blockiert, weil Alternativen einfach nicht (kollektiv) vorstellbar sind.

43 Das Argument basiert auf den Ausführungen von Lewis (1969) zu Konventionen.

desto sicherer wird auch deren erneute Erfüllung in der Zukunft erwartet. Letztlich handelt es sich in den von David angeführten Argumenten um die reziproke Stabilisierung von Erwartungserwartungen.

David führt an, dass auch komplett zufällige Ereignisse diese aufeinander bezogenen Erwartungsschleifen anstoßen und sich im Zuge der allgemeinen (Selbst-)Verstärkung stabilisieren. Auch in Bezug auf die Stabilität von institutionellen Elementen steht die Stabilisierung bzw. die Verfestigung einer in der Vergangenheit gewählten Alternative bei David (1994: 216) im Zentrum der Erklärung:

»[...] the scope for reversing previous choices tends to narrow sequentially as the development proceeds. Part of the self-reinforcing dynamic is attributable to the consequences of the accumulation of experience, the crystallization of expectations, the widening circle of their diffusion, the diffusion of the knowledge thereof and of the actions predicated upon that knowledge.«

Erfahrungen schlagen sich vor allem in Form von Lern- und Sozialisationseffekten nieder. Zusätzlich zeigt David (1994) die Wirkungen von Komplementarität und Netzwerkeffekten, die zu einer pfadabhängigen Reproduktion einer Institution führen können. Er unterstreicht zwar die grundsätzliche Ähnlichkeit der Veränderungsdynamiken zwischen technologischen und institutionellen Standards, dennoch betont er die Grenzen. Denn letztlich sei eine direkte Übertragung der Prinzipien von »technischen Standards« auf »Standards menschlichen Verhaltens« (gemeint sind damit vor allem Institutionen) problematisch, da sich die zugrunde liegenden Eigenschaften nur ähnlich sind, aber nicht gleichen.

North und David entwickeln ihre Übertragungsangebote für institutionelle Pfadabhängigkeit aus einer wirtschaftswissenschaftlichen Perspektive. Vor allem mit der Einbindung von Konzepten wie Sozialisation, Kultur, Wahrnehmung und Erwartungen entstehen intensive Bezüge zu soziologischen Analysen. Obwohl mit der Übertragung des Pfadansatzes von Technologien auf (ökonomische) Institutionen ein erheblicher Schritt in Richtung anderer sozialwissenschaftlicher Disziplinen vollzogen wurde, bleiben die Konzepte der beiden Autoren stark in ihrer ökonomischen Anlage verankert.

1.1.5 Weiterentwicklungen des Pfadansatzes: Pierson, Mahoney und Thelen

Das Anwendungsspektrum des Pfadansatzes ist, wie bereits erwähnt, vor allem durch die Übertragung von ökonomisch-technischen auf politikwissenschaftliche und soziologische Untersuchungen erheblich erweitert worden. Schlüsselbegriff in der Pfaddebatte in Politikwissenschaft und Soziologie ist im Anschluss an North und David die Pfadabhängigkeit von Institutionen. So ist die Debatte um die Spielarten des Kapitalismus (Hall/Soskice 2001; Beyer 2006b; Jackson/Deeg 2006) maßgeblich von der Anwendung des Pfadkonzeptes auf Institutionen zur Beschreibung institutioneller Kontinuität bestimmt. Durch die Ablösung von einem technologisch-ökonomischen Fokus gelingt zunehmend die Formulierung und Anwendung in anderen sozialwissenschaftlichen Bereichen. Dabei haben insbesondere die drei Autoren Paul Pierson, James Mahoney und Kathleen Thelen die Diskussion und die Ausgestaltung der Übertragung mit ihren Ausführungen beeinflusst.

Paul Pierson (2000), einer der Schlüsselautoren der politikwissenschaftlichen Diskussion des Pfadansatzes, bezieht sich in seinem Übertragungsansatz stark auf die Ausführung von W. Brian Arthur. Folglich steht vor allem die Identifikation von Increasing Returns im Vordergrund. Analog zu technischen Standards und der Analyse von North lassen sich auch bei Institutionen die pfadstabilisierenden Auswirkungen von hohen Startkosten, Lerneffekten, Koordinationseffekten und adaptiven Erwartungen herleiten. Die Übertragung des Pfadansatzes von Technologie und Wirtschaft auf Politik gelingt Pierson jedoch vor allem durch das Aufzeigen der involvierten sozialen Aktivitäten. Dabei weist er auf die Ähnlichkeit, aber auch auf die grundsätzlichen Unterschiede zwischen Ökonomie und Politik in Bezug auf Increasing Returns und Pfadabhängigkeiten hin. Er (2000: 257) führt unterschiedliche Gründe an, warum Increasing Returns im Bereich der Politik auftreten und einen erheblichen Einfluss ausüben.[44] Dazu zählt beispielsweise Macht.

44 Pierson (2000) führt dazu aus, dass erstens die kollektive Dimension der Aktivitäten bei jeglicher Form politischen Handelns auf die starke, wechselseitige Abhängigkeit einer Vielzahl von Akteuren verweist. Daraus ergeben sich Koordinationsprobleme und eine hohe Anfälligkeit für adaptive Erwartungen. Zweitens verhindern die hohe Dichte sowie die komplementären Verbindungen von Institutionen spontane Veränderung und das Eintreten neuer Institutionen. Drittens existieren politische Einflüsse, die zu einer Verstärkung von Machtasymmetrien eingesetzt werden können. Zum Beispiel kann der Staat durch rechtlich bindende Einschränkungen individuellem Verhalten Grenzen auferlegen. Hierbei kann es zu einer Selbst-

James Mahoney (2000) hat die Diskussion zu Pfadabhängigkeit mit einer klaren soziologischen Interpretation und Erweiterung der zugrunde liegenden Mechanismen beeinflusst. Mahoney (2000: 517ff.) nennt insgesamt vier Gründe für eine Pfadabhängigkeit von Institutionen: utilitaristische, funktionale, macht- und legitimitätsbasierte (vgl. Beyer 2006a: 23f.). Er verweist in seinen Analysen auf die Selbstverstärkungseffekte der einzelnen Gründe und illustriert gleichzeitig die entsprechenden Bedingungen für einen Pfadbruch.

Kathleen Thelen (1999, 2003) stellt mit ihrer Argumentation eine chronologische und inhaltliche Klammer der Übertragungsversuche des Pfadansatzes vor. Sie verbindet in ihren Ausführungen zu Pfadabhängigkeit politische Dimensionen institutionellen Wandels mit Analysen institutioneller Stabilität und ergänzt diese mit soziologischen Perspektiven. Auch Thelen (1999) steht einer direkten Übertragung technischer in politische Reproduktionsmechanismen skeptisch gegenüber. Die »mechanistische« Reproduktion von Technologien sei keine passende Analogie für die Politik, da zum Beispiel Machtkämpfe eine grundsätzlich andere Dynamik entfalten.[45] Die Beschreibung institutioneller Evolution ist für die Autorin gleichermaßen eine Frage der institutionellen Innovation als auch der institutionellen Reproduktion (siehe Thelen 1999, 2003). Erklärungen, die konstante Ursachen unterstellen, stehen in diesem Sinne dem Pfadargument entgegen. Es besteht demnach ein wichtiger Unterschied zwischen der Ursache der Reproduktion einer institutionellen Lösung einerseits und der Ursache von institutioneller Innovation, also der Erzeugung und allgemeinen Verbreitung einer neuen Lösung, andererseits. Dieser Umstand lenkt die Aufmerksamkeit auf die Sequenz der Ereignisse, die Entwicklungsdynamik und die Verzweigungen der Entwicklung, die sogenannten Critical Junctures (vgl. Mahoney 2000).

---

verstärkung bzw. zu einer Selbststabilisierung der Ungleichheit kommen, wenn Macht eingesetzt wird, um immer mehr Macht zu akkumulieren. Viertens geht Politik letztlich systematisch mit Komplexität und Undurchsichtigkeit einher. Die Effektivität von Lernprozessen wird damit unter Umständen erheblich eingeschränkt. Nach North (1993; Denzau/North 1993) greifen in solchen Situationen, wie bereits erwähnt, mentale Modelle, die einen Ausgangspunkt für einen ineffizienten Pfad darstellen können.

45 Alternative politische Ansätze bzw. unterlegene Gruppierungen verschwinden nicht so einfach wie nicht verfolgte Technologien: »[…] the losers do not necessarily disappear, and their adaptation can mean something very different from embracing and reproducing the institution. [… It; SK] may mean working within the existing framework in pursuit of goals different from even subversive to those of the institution's designers.« (Thelen 1999: 385–386)

1.2 Logik und Mechanismen institutioneller Pfadabhängigkeiten

Eine Übertragung des Pfadansatzes auf eine soziologische Perspektive ist mit den Eigenschaften und dem Einfluss von Selbstverstärkungseffekten und Reproduktionsmechanismen eng verbunden. Allem voran stellt sich jedoch die Frage: Was genau kann an einer Institution pfadabhängig sein?

1.2.1 Zur Rolle der Mechanismen institutioneller Pfadabhängigkeit

Institution wurden weiter oben als normative und kognitive Erwartungen mit dem Anspruch auf allgemeine Gültigkeit in einer bestimmten sozialen Bezugsgruppe bestimmt (vgl. Berger/Luckmann 1980) und die sinnhafte Ordnung der institutionalisierten Erwartungen als institutionelle Logik. Eine pfadabhängige Reproduktion institutionalisierter Erwartungen wird hier als die pfadabhängige Reproduktion der diesen Erwartungen zugrunde liegenden institutionellen Logik behandelt. Damit folgt diese Arbeit dem Vorschlag von Richard Deeg, der schreibt:

»[...] I define an institutional path by its logic, that is, a distinct pattern of institutionally rooted constraints and incentives that create typical strategies, routine approaches to problems, and shared decision rules that produce predictable patterns of behaviour.« (Deeg 2005: 29; vgl. Streeck/Thelen 2005)[46]

Um eine bloße metaphorische Verwendung des Konzeptes zu vermeiden, wurde weiter oben angeführt, dass die Bestimmung von Pfadabhängigkeit mit der Identifikation von Reproduktionsmechanismen einhergeht (vgl. Beyer 2006a; Djelic/Quack 2007). Für diesen Zweck soll definiert werden, was als Mechanismus verstanden werden kann. »Mechanisms [...] ›are‹ sequences of causally linked events that occur repeatedly in reality if certain

46 Institutionelle Logik wie auch institutionelle Pfadabhängigkeiten existieren auf zwei unterschiedlichen Ebenen. Zum einen finden sich Pfadabhängigkeit und institutionelle Logik auf der Institutionenebene, also für genau eine Institution. Zum anderen kann aber diese erste Verwendung einer Pfadabhängigkeit institutioneller Logiken auf Ebene eines Feldes eingegrenzt werden – wobei verschiedene Institutionen innerhalb einer institutionellen Matrix miteinander verwoben sind (siehe North 1990). Mit dem Fokus auf unterschiedliche Ebenen institutioneller Reproduktion, einmal der einer konkreten Institution (vgl. Thelen 1999, 2003) und zum anderen die Verflechtung innerhalb einer institutionellen Matrix (vgl. North 1990; Hall/Soskice 2001), besteht ein wichtiger Unterschied zwischen den einzelnen Ansätzen institutioneller Pfadabhängigkeit. Da die institutionellen Logiken jeweils auf unterschiedlichen Ebenen bestimmt werden, unterscheiden sich auch die konkreten Reproduktionsbedingungen. Der Fokus dieser Ausführungen liegt auf einer einzelnen Institution, wie beispielsweise einem allgemeinen Organisationsmodell.

conditions are given.« (Mayntz 2004: 241) Hervorzuheben ist, dass Mechanismen eine dauerhafte Verknüpfung von Ursachen und Wirkungen darstellen, wiederholt Effekte erzeugen und damit eine systematische Reproduktion ermöglichen. Dabei wirken Mechanismen auf unterschiedlichen Ebenen. Um Pfadabhängigkeit bestimmen zu können, sind die zentralen empirischen Aufgaben die Aufdeckung der Existenz und der Wirkung solcher Mechanismen. Für einen theoretischen Aufriss des Pfadansatzes bleibt hier erst einmal zu fragen: Welches sind nun die Mechanismen und Effekte einer pfadabhängigen Reproduktion von Institutionen?

Institutionen erscheinen durch den von wechselseitig konformem Verhalten ausgelösten Koordinations- bzw. Komplementaritätseffekt hochgradig anfällig für einen Selbstverstärkungseffekt (North 1990; Pierson 2000). Es ist hierbei anzumerken, dass der Begriff der Increasing Returns durch den des positiven Feedbacks ersetzt wird, um eine Ablösung von einer Kosten-Nutzen-Perspektive zu ermöglichen (siehe Mahoney 2000). Es kann festgehalten werden, dass es sich bei Increasing Returns um eine Form unter vielen anderen handelt, die zusammen als positive Feedbackmechanismen bezeichnet werden können (vgl. auch Dobusch/Schüßler 2007). Arthur (1994: 112) gibt verschiedene Labels an, die sich analog zu Increasing Returns verwenden lassen. Gleichzeitig ist eine Abkehr von Effizienz als Bewertungsmaßstab bedeutend, da diese bei einer Vielzahl nicht-ökonomischer Aktivitäten keine adäquate Beschreibung leisten kann (Pierson 2000; Mahoney 2000; Beyer 2006a). Die Wirksamkeit einer Maßnahme kann normalerweise nicht eindeutig gemessen werden. Auch gibt es ohne (echte) Wettbewerbsbedingungen wenig Anreiz für eine systematische Suche nach Verbesserungsmöglichkeiten (vgl. Pierson 2000).

Bei Thelen (1999, 2003) wie auch bei Pierson und Mahoney beruht der Ansatz für die Beschreibung institutioneller Reproduktion auf der Identifikation von Selbstverstärkungseffekten. Thelen verweist dabei auf die Existenz unterschiedlicher Institutionenkonzepte. Analog zur Argumentation von Mahoney (2000) unterscheidet sie dabei utilitaristischfunktionalistische, politisch-machtbasierte und soziologisch-kulturalistische Konzeptionen von Institutionen bzw. Gründe der institutionellen Pfadabhängigkeit (Thelen 1999, 2003: 214). Jedes dieser drei Konzepte rekonstruiert Institutionen aus einer anderen Perspektive und bevorzugt bei der Erklärung von Stabilität und Wandel entsprechend unterschiedliche Mechanismen (Koordinationseffekte, Machteffekte, Isomorphie). Im Anschluss an diese Unterteilung identifiziert die Autorin (1999: 392ff.) im Bereich der

Politik zwei unterschiedliche Feedbackeffekte, die für sie die Grundlage institutioneller Reproduktion bilden. Zum einen existiert ein funktionales Feedback in Folge von Koordinationseffekten, zum anderen sind Feedbackeffekte zu beobachten, die sich auf die Machtverteilung durch Institutionen beziehen (ähnlich Pierson 2000; Mahoney 2000). Aus dem ursprünglichen Ansatz bzw. einer wirtschaftswissenschaftlichen Perspektive folgt der Feedbackeffekt aus den Kosten-Nutzen-Aspekten von Increasing Returns (vgl. Arthur 1989; North 1990; Mahoney 2000; Pierson 2000). Dieser kann hier entsprechend ergänzt werden. Diese Aufzählung lässt sich aus einem soziologischen Blickwinkel jedoch erweitern. Entscheidend ist hier die Einführung eines Feedbackmechanismus von Legitimität. David (1994) (siehe oben) und Mahoney (2000) weisen auf diesen Mechanismus hin.

1.2.2 Eigenschaften von Mechanismen institutioneller Pfadabhängigkeit

Ein Teil der Mechanismen und deren Wirkung ist bereits mit der Vorstellung des ursprünglichen Ansatzes zur Pfadabhängigkeit von Technologien einführend vorgestellt worden. Aus der Übertragung auf soziologische Fragestellungen und den vorgebrachten Erweiterungen ergeben sich jedoch einige Veränderung und Ergänzungen zu den Reproduktionsmechanismen des ursprünglichen Pfad-Konzeptes. Für einen Überblick siehe Tabelle 2. Die Wirkung und Bedeutung der Mechanismen für institutionelle Reproduktion lässt sich hier kurz darstellen:

(a) Investitionseffekte (irreversibler Aufwand und Transformationskosten): Bei der Etablierung von Institutionen als kollektive Struktur fallen »hohe Startkosten« an (North 1990). Pierson (2000: 258) formuliert diesen Zusammenhang wie folgt: »[…] many types of collective action involve high start-up costs, which reflects the fact that considerable resources (material or cultural) need to be expended on organizing […]« Anders ausgedrückt, muss für die Verbreitung und Durchsetzung einer Institution ein erheblicher Aufwand betrieben werden muss, um zum Beispiel einen allgemeinen Standard des Verhaltens zu etablieren. Unabhängig von rein wirtschaftlichen Ressourcen sind auch andere aufgewendete Kapazitäten knapp – das gilt vor allem für Wahrnehmung, Verhalten und Kultur. Einmal aufgebracht, stehen diese Kapazitäten für andere Alternativen nicht mehr im gleichen Umfang zur Verfügung. Damit ergeben sich gleichzeitig ein signifikanter Transformationsaufwand sowie versunkene Kosten, die bei einem möglichen Wandel erbracht werden müssen bzw. verloren wären. Eine Selbstverstärkung entsteht, wenn Investitionsentscheidungen der Vergangenheit weitere Investitionsentscheidungen in die gleiche Richtung anregen.

Tabelle 2: Reproduktionsmechanismen bei der Pfadabhängigkeit von Institutionen

Mechanismen	*Pfadabhängigkeit von Technologien*	*Pfadabhängigkeit von Institutionen*
Investitionseffekte	x	x
Komplementarität	x	x
Lerneffekte (mentale Modelle)	x (–)	x (x)
Legitimität	-	x
Macht	-	x
Adaptive Erwartungen	x	x

Quelle: eigene Darstellung; Legende: x = gegeben; – = nicht gegeben

(b) Komplementarität (Koordination und Netzwerkeffekt): Zum einen existieren bei Institutionen Netzwerkeffekte durch die Koordination der Aktivitäten der Individuen (Pierson 2000). Ein Koordinationseffekt entsteht durch die Abstimmung (Matching) von Verhalten, Kommunikation oder Transaktionsangeboten. Die Produktion von Konsens, also der Übereinstimmung mit den institutionalisierten Erwartungen, beschreibt einen allgemeinen, jedoch zentralen Aspekt von Institutionen:

»Die Funktion von Institutionen liegt daher weniger in der Beschaffung als in der Ökonomie des Konsenses, und die Ersparnis wird hauptsächlich dadurch erreicht, daß der Konsens im Erwarten von Erwartungen vorweggenommen wird, kraft Unterstellung fungiert und dann normalerweise gar nicht mehr konkret abgefragt werden muss. Kraft solcher Institutionalisierungen wird eine rasche, präzise, selektive Kommunikation zwischen Menschen überhaupt erst möglich. Man kann

Situationen und Partner zügiger wechseln, ohne die Verständigungsbasis zu verlieren und jeweils wiederherstellen zu müssen.« (Luhmann 1983: 67–68)

Nicht konformes, von den institutionalisierten Erwartungen abweichendes Verhalten (Mismatch), erzeugt eine Enttäuschung der Erwartungen und damit Reibung und Widerstand bis hin zu Sanktionen. Die durch Institutionen implizierten gleichgerichteten Annahmen bzw. vielmehr das auf diesen Annahmen basierende Verhalten wirkt positiv auf die Entscheidung zur Konformität. Gleichgerichtetes, aufeinander abgestimmtes Verhalten bzw. Kommunizieren funktioniert besser, das heißt mit weniger Aufwand, egal worin dieser auch immer konkret liegt. Unter dem Einfluss von Institutionen steigt die Erwartungssicherheit (David 1994) bzw. wird Unsicherheit reduziert (North 1990). In einer ökonomischen Perspektive wird dieser Umstand als die Senkung von Transaktionskosten analysiert (vgl. North 1990). Der Aufwand einer permanenten Neu-Abstimmung kann durch eine Institutionalisierung eingespart werden. Letztlich wird damit eine Minimierung der Friktionen von sozialem Austausch durch die Koordination der Interaktionspartner bzw. durch die Erzeugung von Anschlussfähigkeiten erreicht.[47]

Zum anderen entstehen Netzwerkeffekte durch die Wechselbeziehung von institutionellen Strukturen. Diese Eigenschaft wird auch als Komplementarität bestimmt (vgl. North 1990; siehe Pierson 2000: 255; Jackson et al. 2004; Höpner 2005 und Beyer 2006a: 17f.) oder als kohärente Abstimmung der Elemente bezeichnet (David 1994). Komplementarität bezeichnet die Passung bzw. wechselseitige Verschränkung der beobachteten Elemente (Mahoney 2000). Durch die Abstimmung der unterschiedlichen institutionellen Elemente wird eine Eintrittsbarriere errichtet (Pierson 2000), die eine Veränderung behindert, da mit einem Wandel die Effekte der Passung verloren wären. Selbstverstärkung bei Netzwerkeffekten tritt ein, wenn ein bestimmtes Verhalten weitere Akteure dazu anregt, sich ebenfalls gleichgerichtet zu verhalten.

(c) Lerneffekte (Erfahrung und mentale Modelle): Im ursprünglichen Pfadansatz zu Technologien entsprechen Lerneffekte vor allem den Auswirkungen der durch Lernerfolge realisierbaren Optimierungschancen der Kosten-Nutzen-Relation (vgl. Arthur 1994). In diesem Sinne lassen sich Anpassungen an den institutionellen Rahmen sowie die Optimierung der

47 Zur Illustration kann hier die Vorfahrtregel als Koordinationsproblem herangezogen werden (vgl. Schäcke 2006: 55 und Ackermann 2003: 236ff.). Die Institutionalisierung einer allgemeinen Vorfahrtsregel ist mit entsprechenden Koordinationsvorteilen verbunden.

institutionellen Matrix verstehen (North 1990). In Bezug auf Institutionen erhält der Lernaspekt durch die Rolle von mentalen Modellen eine weiterreichende Bedeutung. Lernen und Erfahrungen spielen bei institutionellen Pfadabhängigkeiten eine Rolle, insofern diese die Spielräume der strategischen Anpassung der Individuen in institutionellen Kontexten widerspiegeln. Dabei geht es weniger um die kumulative Optimierung von Produktivität, sondern eher um die (An-)Passung von Verhalten oder Strategien an die institutionellen Umwelt. Die möglichen Lerneffekte werden zum großen Teil von der Institution mitbestimmt. Dieses geschieht, indem die Institution die Kontexte vorgibt, in denen das Lernen, die Sozialisation und die Interaktion der Individuen stattfinden. Institutionen beeinflussen so die Entwicklungsmöglichkeiten und die Selektionsbedingungen (vgl. fitness landscapes) möglicher Verhaltensstrategien oder sozialer Strukturelemente.[48]

Bereits gemachte Erfahrungen bzw. realisierte Lernerfolge in der Vergangenheit bestimmen die gegenwärtigen und zukünftigen Lernfortschritte (vgl. Arthur 1989). Gelernt wird in der Regel vor einem bestimmten Hintergrund bereits vorhandener Erfahrungen. Diese können individueller, aber vor allem auch kollektiver Natur sein:

»The mental constructs individuals form to explain and interpret the world around them are partly a result of their cultural heritage, partly a result of the ›local‹ everyday problems they confront and must solve, and partly a result of non-local learning.« (North 1993: 2)

Mentale Modelle als Beobachtungskategorien und Entscheidungsgrundlagen entstehen demnach durch eine individuelle Mischung aus Sozialisation (David 1994; vgl. Berger/Luckmann 1980), individuellen Erfahrungen und kollektivem Lernen. In einer Situation, in der individuelle mentale Modelle mit allgemein geteilten mentalen Modellen verknüpft sind, wird das Lernen und Entscheiden stark durch kulturell-soziale Einflüsse geprägt:

»These social features are modeled […] as necessitating communication that allows an individual's experiential learning to be based on a culturally provided set of categories and priors so that each person does not need to begin as a tabula rasa.« (Denzau/North 1993: 2)

48 Vgl. auch Bassanini/Dosi 1999. North (1993 : 4) führt in Bezug auf Organisationen Folgendes aus: »[…] the institutional framework not only dictates the opportunity set that defines the kind of organizations that will come into existence but also creates the incentives that will shape the kind of knowledge and skills that the organizations will invest in.«

Letztlich kommt es unter dem Einfluss der kulturell vermittelten Basis für Lernprozesse zu einer Selektion dessen, was überhaupt wahrgenommen und gelernt wird. Mentale Modelle sind als Ergebnis sowie als Grundlage von Erfahrung und Lernen einerseits Ausdruck der institutionellen Rahmung und Bedingung für die Evolution und damit Bedingung der Pfadabhängigkeit der konkreten institutionellen Konfiguration (vgl. Denzau/ North 1993: 12). Zur Selbstverstärkung von Lernprozessen kommt es, wenn die Ergebnisse vergangener Lernprozesse die Möglichkeiten für aktuelles Lernen in eine bestimmte Richtung lenken und systematisch beeinflussen.

(d) Legitimität: Eine deutliche Erweiterung stellt die Einführung von Legitimität als Faktor für institutionelle Pfadabhängigkeit dar (Mahoney 2000: 517 u. 523ff.; vgl. Thelen 1999, 2003). Der Beschreibung von institutioneller Reproduktion aufgrund von Legitimität liegt die Beachtung subjektiver Überzeugungen und Orientierungen von Akteuren zugrunde. Institutionelle Reproduktion vollzieht sich demnach auf Basis des allgemeinen Glaubens, dass eine Institution als legitim, angemessen bzw. als moralisch korrekt angesehen werden kann. Dabei existiert eine Selbstverstärkung in der Erwartung der allgemeinen Gültigkeit, sprich Legitimität. Mahoney (2000: 523) bringt diesen Zusammenhang wie folgt auf den Punkt:

»Increasing legitimation processes are marked by a positive feedback cycle in which an initial precedent about what is appropriate forms a basis for making future decisions about what is appropriate.«

Die Selbstverstärkung der Erwartung der Legitimität entsteht durch eine Erfüllung der Erwartung (vgl. David 1994). Mahoney identifiziert einen Selbstverstärkungseffekt, bei dem eine anfängliche Zuschreibung zu einer Vergrößerung der Legitimität und so zu einer Diffusion der Institution führt:

»[…] the institution that is initially favored sets a standard for legitimacy; this institution is reproduced because it is seen as legitimate; and the reproduction of the institution reinforces its legitimacy.« (Mahoney 2000: 524)

Die Konformität mit legitimen institutionalisierten Erwartungen erzeugt wiederum einen Netzwerkeffekt als Ergebnis der erfolgreichen Koordination der Individuen. Wenn konkretes Verhalten und allgemeine Erwartungen zusammenpassen, kann der Abstimmungsaufwand vermieden werden. Durch den Bezug von Legitimität zu Überzeugungen und Selbstverständnissen der Individuen besteht hier eine Nähe zu den bereits angeführten Lerneffekten und dem Einfluss mentaler Modelle. Nicht zuletzt ist die allgemeine Verbreitung und Übereinstimmung kultureller Modelle und Kategorien eine Frage der Legitimität (Berger/Luckmann 1980). Geteilte mentale Modelle sind legitime Modelle.

(e) Macht: Die Analyse machtbasierter Gründe von institutionellen Pfadabhängigkeiten beruht bei Mahoney (2000) auf einer Kosten-Nutzen-Perspektive der Akteure. Die unterschiedliche Verteilung von Ressourcen, die von bestimmten Gruppen kontrolliert werden können, ist grundlegend und Ausgangspunkt für eine pfadabhängige Reproduktion von Institutionen. Der als Ergebnis von Machtkämpfen zugrunde liegende Status quo erzeugt eine Trägheit der etablierten institutionellen Elemente und kann als Ursache für Pfadabhängigkeit bestimmt werden (vgl. Bebchuk/Roe 1999; Knapp 2007). Macht wirkt durch den möglichen Widerstand gegen Veränderung, aber auch durch die Aktivierung und die Öffnung von Handlungsspielräumen (vgl. Foucault 1977). Macht erzeugt dabei unter Umständen soziale Differenzen, die sich in Irreversibilität oder Koordinationsergebnisse übersetzen. Insbesondere wenn Macht eine kulturelle Wirkung entfaltet, ergeben sich in Form einer Definitions- oder Deutungsmacht massive Effekte auf Lernprozesse und Legitimität, die nicht unmittelbar in einer ökonomischen Perspektive formuliert werden können. Auch in Bezug auf Macht wird die Übertragung des Arguments anhand einer selbstverstärkenden Umverteilung von Machtressourcen diskutiert:

»[...] the institution initially empowers a certain group at the expense of other groups; the advantaged group uses its additional power to expand the institution further [...]« (Mahoney 2000: 521).

Pierson (2000) schlussfolgert in ähnlicher Weise, dass anfänglich kleine Machtunterschiede in einem Selbstverstärkungsprozess zu einer erheblichen Abweichung der Machtpotenziale von verschiedenen Gruppen führen können. Dieses kann dazu führen, dass eine institutionelle Struktur durch den Einfluss einer kleinen Elite auch gegen den Widerstand der Mehrheit aufrechterhalten wird.

(f) Adaptive Erwartungen: Im ursprünglichen Ansatz verstehen sich adaptive Erwartungen als Erwartungen bezüglich der zukünftigen Kompatibilität bzw. Komplementarität (siehe Arthur 1989). Pierson (2000) macht deutlich, dass in Folge der Vielfalt und einer großen Anzahl an involvierten Akteuren ein hoher Abstimmungsaufwand notwendig ist. Damit erhalten Erwartungen über (zukünftiges) Verhalten anderer Akteure eine zentrale

Bedeutung. Ein großer Teil der weiter oben geschilderten Beispiele zu technologischen Pfadabhängigkeiten bezieht sich auf Bewertungen zukünftiger Ereignisse – zum Beispiel die zukünftigen Erträge und Entwicklungschancen einer Technologie, der zukünftige Verlauf der Diffusionsdynamik oder das Verhalten anderer Akteure (vgl. Arthur 1989). Oft sind in Entscheidungssituationen keine exakten Informationen verfügbar, wie sich eine soziale Struktur in der Zukunft auswirkt bzw. wie sich andere Akteure in diesem Zusammenhang verhalten werden (vgl. Pierson 2000). Da Akteure meist kein Wissen und auch keine exakten Informationen besitzen, müssen sie ihre Entscheidungen auf Grund von Erwartungen über zukünftige Ereignisse treffen (vgl. Simon 1959: 267). In solchen Situationen greifen mentale Modelle. Erfahrungen führen zu Erwartungen bezüglich der Umwelt und bei positiven Rückmeldungen oder dem Ausbleiben von negativen Rückmeldungen zu einer Stabilisierung dieser Erwartungen (vgl. David 1994). Der Einfluss von Lerneffekten ist maßgeblich von der Qualität und der Frequenz der Information aus der Umwelt bestimmt:

»[...] mental models will evolve to reflect the feedback derived from new experiences – feedback that may strengthen and confirm our initial categories and models or that may lead to modifications – in short, learning.« (Denzau/North 1993: 7)

Die Erwartungen entfalten in Bezug auf die Pfadabhängigkeit von Institutionen jedoch immer nur bezogen auf andere Reproduktionsmechanismen eine strukturierende Wirkung. Im Fall von institutioneller Reproduktion durch Legitimität lässt sich dieses Verhältnis auf den Punkt bringen: »[...] actors stick to particular institutions because they expect others to adopt or support them as well [...]« (Djelic/Quack 2007: 164) Die Zuschreibung von Legitimität führt dazu, dass die Richtigkeit und die Anwendung der Modelle und der institutionalisierten Praktiken im Alltag als gegeben angesehen werden – kurz formuliert bedeutet das: »Wer gegen die Institution erwarten will, hat das Schwergewicht einer vermuteten Selbstverständlichkeit gegen sich.« (Luhmann 1983: 69; vgl. Luhmann 1970)

Aus diesem Grund können adaptive Erwartungen nicht als eigenständiger Mechanismus behandelt werden (ähnlich Ackermann 2003; Dobusch/Schüßler 2007). Wechselseitig verstärkte Erwartungen können durchaus am Zustandekommen institutioneller Pfadabhängigkeiten beteiligt sein, sind aber keine eigenständige Ursache für eine dauerhafte Reproduktion. Wichtig ist – und hierin liegt die Eigenheit von adaptiven Erwartungen –, dass aufgrund der Erwartung Entscheidungen getroffen werden, die mit einem systematisch strukturierenden Effekt anderer Reproduktionsmechanismen (Legitimität, Macht, Lernen, usw.) einhergehen, andernfalls bleiben Erwartungen für eine institutionelle Reproduktion bedeutungslos.

1.3 Zwischenfazit: Logik, Reproduktionsmechanismen und Pfad

Ziel dieses Abschnittes der Arbeit war es, die Grundlagen des Pfadansatzes vorzustellen und zu diskutieren. Dazu wurden zuerst die Aussagen zu Pfadabhängigkeit von Technologien eingeführt und durch eine Diskussion der Reproduktionsmechanismen sowie vorgebrachte Erweiterungen ergänzt. Anschließend ist die Übertragung des Pfadarguments auf Institutionen aufgegriffen worden. Auch hier wurden die involvierten Reproduktionsmechanismen dargestellt und diskutiert.

Pfadabhängigkeit beschreibt eine Entwicklungsdynamik, in der eine bestimmte Lösung – unter anderen möglichen Alternativen – ausgewählt und über einen längeren Zeitraum reproduziert wird. Dabei ist ein Wandel hin zu Alternativen systematisch blockiert. Pfadabhängigkeit, gleich ob bei Institutionen oder bei Technologien, beruht auf der Wirkung von Reproduktionsmechanismen.

In der Analyse von Technologien und ökonomischen Institutionen stehen Kosten-Nutzen-Aspekte im Mittelpunkt der Erklärung. Zusammenfassend betrachtet, liegt eine zentrale Weiterentwicklung für den Pfadansatz von Institutionen in der Einführung von Macht und Legitimität als Mechanismen für Pfadabhängigkeit sowie in dem Bezug zu Kultur als Einflussfaktor. Pfadabhängige Reproduktion von Institutionen wird hier als pfadabhängige Reproduktion der zugrunde liegenden institutionellen Logik verstanden. Pfadabhängigkeit ist dabei gleichermaßen ein Theoriekonzept der Beschreibung institutioneller Stabilität wie auch der Analyse institutioneller Evolution (vgl. auch Bassanini/Dosi 1999; Thelen 1999, 2003). In dieser erweiterten Perspektive rücken zunehmend sozio-kulturelle Einflüsse auf die Wahrnehmung und Beurteilung in den Fokus der Auseinandersetzung. Gleichzeitig werden in den Analysen zwei unterschiedliche Aspekte von Pfadabhängigkeit differenziert. Das sind zum einen Ursachen der Diffusion und Bedingungen von Innovation einer Institution als Ergebnis historischer Ereignisse und zum anderen Ursachen der pfadabhängigen Reproduktion einer bestimmten institutionellen Lösung (Thelen 1999, 2003; vgl. Mahoney 2000).

2. Pfadansatz und Organisation

Im Anschluss an die vorangestellten Ausführungen zu technologischen und institutionellen Pfadabhängigkeitskonzepten wird nun die Pfadabhängigkeit von Organisationen umrissen. Dabei geht es um die Ausformulierung der theoretischen Grundlagen des Konzeptes auf Basis der vorhandenen Untersuchungen im Forschungsfeld.

Im Zentrum der folgenden Ausführungen steht das Konzept der Pfadabhängigkeit von Organisationen, das deren Widerstandsfähigkeit in institutionellen Umwelten als Ausgangspunkt der Untersuchung von Stabilität und Wandel behandelt. Damit versteht sich diese Position als Gegenthese zu der Annahme, dass Organisationswandel weitestgehend einen Reflex institutionellen Wandels darstellt.

2.1 Persistenz und Pfadabhängigkeit bei Organisationen

Bereits in den Untersuchungen von institutionellen und technischen Pfadabhängigkeiten spielen Organisationen eine entscheidende Rolle. So sind vor allem Organisationen als Hersteller oder Anwender an der Verbreitung und Stabilisierung von technischen Standards beteiligt. In den Analysen von institutionellen Pfadabhängigkeiten durch Douglass C. North (1990) sind Organisationen als »Spieler des Spiels« zentrale Figuren. Die Dynamiken innerhalb eines institutionellen Rahmens, die »Regeln des Spiels«, ergeben sich in erster Linie durch den Einfluss der Organisationen.[49] Zwischen Organisation und Institution bestehen in dieser Perspektive erhebliche Wechselwirkungen, die an der Erzeugung pfadabhängiger Entwicklungen Anteil haben.

Organisationen passen sich an ihre technische und institutionelle Umwelt an, sind Grundlage für die Pfadabhängigkeit auf diesen Ebenen und beeinflussen ihre Umwelt durch ihre Entscheidungen (vgl. Arthur 1989; David 1985; North 1990). Gleichzeitig erscheinen sie nicht nur als Randbedingung institutioneller oder technischer Pfadabhängigkeiten. Vielmehr soll hier unterstellt werden, dass Organisationen mit ihren Strukturen

49 Individuelle Akteure sind zum Teil nur insoweit für die Beschreibung der Pfadabhängigkeit von Institutionen relevant, als sie in Organisationen eingebettet handeln (North 1993: 3): »While individuals are the actors it is typically individuals in their capacities as part of organizations that make the decisions that alter the rules of the game or gradually evolve new informal constraints in the process of human interaction.«

und Prozessen selbst anfällig für Pfade sind. So sind Institutionen und eben auch Organisationen potenziell pfadabhängige »Träger der Geschichte« (David 1994).

2.1.1 Widerstandsfähigkeit: Vorläufer und verwandte Konzepte

In der Auseinandersetzung mit Stabilität und Wandel von Organisationen in institutionellen Umwelten existieren unterschiedliche Positionen. Im Kontrast zu neo-institutionalistischen Ansätzen gibt es eine umfangreiche Literatur, die Organisationen eine hohe Widerstandsfähigkeit unterstellt. Selbst in dramatisch veränderten Umwelten bleiben Organisationen danach stabil und erhalten ihre Strukturen gegen institutionellen Druck aufrecht. Dabei wird das Ausmaß von Stabilität und Wandel auf die Struktureigenschaften der Organisationen zurückgeführt. In dieser Reihe unterschiedlicher Konzepte, die sich mit der Persistenz von Organisationen beschäftigen, steht auch das Pfadabhängigkeitsargument.

Bevor der Pfadansatz von Organisationen eingeführt wurde, sind andere Konzepte entwickelt worden, um die Beständigkeit von Organisationen beschreiben zu können. Mit Hilfe unterschiedlicher, empirisch gewonnener Ergebnisse, die eine überraschende Stabilität verschiedener Organisationstypen zeigen, hat Stinchcombe (1965) argumentiert, dass Organisationsformen von einer erheblichen Widerstandskraft bestimmt sind. Dabei schreiben sich Ereignisse und Umstände früherer Entwicklungsphasen in zentrale Organisationsstrukturen ein (imprinting) und werden kontinuierlich reproduziert. Im Fokus des Konzeptes steht ferner die Annahme, dass sich Eigenschaften, die in den Gründungsjahren einer Organisation entstanden sind, in späteren Zeiträumen gleichbleiben oder nur unter erheblichem Aufwand verändert werden können (vgl. Hannan et al. 1996; Johnson 2007).

In der Perspektive der Organisationsökologie haben Hannan und Freeman (1977, 1984, 1993) die Persistenz von Organisationen mit dem Konzept der strukturellen Trägheit (structural inertia) beschrieben. Strukturelle Trägheit wird durch Kräfte hervorgerufen, die einen Wandel von solchen Strategien und Strukturen verhindern, die eine bestimmte Organisationsform definieren. Eine strukturelle Trägheit bestimmter Eigenschaften ist damit eine Quelle der Kontinuität von Organisationsformen. Diese Kontinuität ist eine notwendige Grundlage, um überhaupt unterschiedliche Populationen unterscheiden zu können und einzelne Organisationen in eine solche Population einzugruppieren. In dieser Perspektive wird, ganz anders als im soziologischen Neo-Institutionalismus, Stabilität als Ergebnis der strukturellen Trägheit der Organisation als zentrale Eigenschaft angesehen, die die Leistungsfähigkeit und damit die Überlebensfähigkeit der Organisation bestimmt. Trägheit versetzt die Organisation überhaupt erst in die Lage, interne Kontinuität herzustellen und darauf aufbauend eine notwendige Reputation von Zuverlässigkeit und Verantwortlichkeit der Organisation bei Interaktionspartnern zu erzeugen. Unter den Bedingungen struktureller Trägheit der Organisation ist Wandel dennoch möglich. Diese Möglichkeit für Wandel ist jedoch begrenzt, da Veränderungen durch die existierenden Strukturen in bestimmte Bahnen gelenkt werden.

Weitere Ansätze, die vergleichbare Phänomene der Veränderungsresistenz von Organisationen beschreiben, sind Analysen von Escalating Commitment oder Betriebsblindheit sowie Analysen der Effekte stabilisierter Wahrnehmungsroutinen und -schemata und emotionaler, habitueller Verfestigung (siehe Schreyögg et al. 2003: 273f.; vgl. Sydow et al. 2005, 2009). Alle diese Konzepte und Erklärungen der Widerstandsfähigkeit von Organisationen bleiben jedoch begrifflich und konzeptionell oft diffus (vgl. Schreyögg et al. 2003). Eine Rekonstruktion der Veränderungsresistenz von Organisationen als Pfadabhängigkeit erscheint daher nur aussichtsreich, sofern mit dem Pfadansatz die Hintergründe des Beharrungsvermögens genauer herausgearbeitet werden können.

2.1.2 Studien zu Pfadabhängigkeit: Kompetenzen, Strategie und Wissen

Pfadabhängigkeit von Organisationen ist zu Beginn in Bezug zu Ressourcen, Kompetenzen, Strategien und Wissen in Organisationen thematisiert worden. Ohne den Pfadansatz explizit zu verwenden, argumentiert Leonard-Barton (1992; vgl. Schreyögg/Kliesch 2006) vor dem Hintergrund von Innovationen, Wissen und Kompetenzen in Organisationen, dass Kernkompetenzen (core capabilities) sich immer auch als Kernrigiditäten herausstellen können:

> »Because core capabilities are a collection of knowledge sets, they are distributed and are being constantly enhanced from multiple sources. However, at the same time that they enable innovation, they hinder it.« (Leonard-Barton 1992: 123)

Die Autorin macht vier Dimensionen aus, in denen Wissen erworben und angewendet wird, das in die (Rigidität der) Kernkompetenzen einfließt:

Wissen und Fähigkeiten der Mitarbeiter, technische Systeme, Managementsysteme und allgemeine Werte und Überzeugungen, die die der Unternehmenskultur bestimmen. Die getätigten Investitionen in die Ausstattung und Prozesse führen zu strategischen Möglichkeitsräumen, die andere Optionen ausschließen. Alternativen werden nicht in Betracht gezogen oder nicht umgesetzt, da der (erwartete) Aufwand als sehr hoch eingeschätzt wird.

Constance E. Helfat (1994) untersucht die pfadabhängige Entwicklung von Forschungs- und Entwicklungsaktivitäten (F&E). Ihre Analysen beruhen auf der Annahme, dass Organisationslernen eine kumulative und lokale Aktivität darstellt, die in ihren Entwicklungsmöglichkeiten durch begrenzte Rationalität der Mitarbeiter und durch die bereits existierende Wissensbasis (knowledge base) beeinflusst wird. Als Ergebnis lässt sich ihre folgende Einschätzung festhalten: »Firms tend to concentrate their R&D efforts in areas related to pre-existing knowledge bases, and tend to produce new knowledge closely related to the old.« (Helfat 1994: 1722) Die Aktivitäten im Bereich F&E erscheinen damit als eine pfadabhängige Funktion der Wissensbasis. Die Konditionierung der Entwicklungsrichtung entsteht neben anderen Mechanismen vor allem durch die Pfadabhängigkeit des Lernens in Organisationen sowie als Resultat der Unternehmensführung. Von einer ganz ähnlichen Perspektive aus untersuchen Coombs und Hull (1998) die Pfadabhängigkeit von Innovationen und die sich daraus ergebenden Interventionsmöglichkeiten durch Wissensmanagementpraktiken. Dabei versuchen die Autoren, den Ort der Pfadabhängigkeit zu bestimmen, indem sie analytisch drei Bereiche abgrenzen, in denen Feedbackeffekte zu Pfaden führen können. Es handelt sich um Technologie als Hardware, die Wissensbasis einschließlich der Unternehmenskultur sowie die Routinen der alltäglichen Anwendung von Wissen (Coombs/Hull 1998: 242ff.). Im Anschluss daran kann herausgearbeitet werden, dass unterschiedliche Bereiche existieren, in denen Wissen angesammelt und angewendet wird. Für die Pfadabhängigkeit von Innovationsaktivitäten ist demnach Wissen über Technologien, über Marktgegeben-heiten sowie über technische, administrative und managerielle Prozesse von Bedeutung. In einer Untersuchung von Schulen konnte dagegen gezeigt werden, dass selbst bestimmte Organisationspraktiken – genauer: Versetzungsrichtlinien für Schüler – eine pfadabhängige Entwicklung nehmen können, wenn diese Praktiken zum Gegenstand der allgemeinen Erwartung in der Organisation werden (Robinson/Meier 2006).

Die Autoren Teece et al. (1997) analysieren mit dem Pfadansatz die Eigenschaften von Wettbewerbsvorteilen auf der Unternehmensebene. Die Realisierung eines Wettbewerbsvorteils hängt in dieser Darstellung von der Ausschöpfung existierender interner und externer Kompetenzen sowie von der Entwicklung neuer Kompetenzen ab. In diesem Zusammenhang kommt es zu einer pfadabhängigen Entwicklung. Die Kompetenzen, also die Fähigkeiten und strategischen Möglichkeiten, sind von unterschiedlichen Bereichen beeinflusst.[50] Es handelt sich um Prozesse, die von der Position des Unternehmens und den jeweils eingeschlagenen Pfaden abhängig sind (Teece et al. 1997: 518). Die Position bzw. die konkrete Situation des Unternehmens bestimmt die Möglichkeiten sowie die Art und Weise, wie sich Prozesse anpassen und ausrichten lassen. Aus dieser Abstimmung entsteht eine Pfadabhängigkeit, die sich aus irreversiblen Investitionsentscheidungen auf vielen unterschiedlichen Ebenen ergibt. Die realisierten Wettbewerbsvorteile leiten sich aus Kompetenzen ab, die wiederum aus den bereits getätigten Investitionen und den damit eingeschlagenen Entwicklungspfaden resultieren.

»At any given point in time, firms must follow a certain trajectory or path of competence development. This path not only defines what choices are open to the firm today, but it also puts bounds around what its internal repertoire is likely to be in the future. Thus, firms, at various points in time, make long-term, quasi-irreversible commitments to certain domains of competence.« (Teece et al. 1997: 515, vgl. Nooteboom 1997; David 2007).

Als Folge bestimmter Entscheidungen und Strukturen, die in der Vergangenheit getroffen bzw. aufgebaut wurden, entwickeln Organisationen spezifische Konfigurationen von Kompetenzen. Die existierenden Konfigurationen verhindern systematisch bestimmte Entscheidungen und Strukturen in der Gegenwart und der Zukunft. Als Folge des Pfades entstehen strategische »Blindspots« und spezialisierte Konfigurationen der Organisations-

50 In der Diskussion lassen sich einfache Kompetenzen von dynamischen Kompetenzen (dynamic capabilities) unterscheiden (Leonard-Barton 1992). Dynamische Kompetenzen bezeichnen »[...] the firm's ability to integrate, build, and reconfigure internal and external competences to address rapidly changing environments« (Teece et al. 1997: 516). Dynamische Kompetenzen bezeichnen somit die Fähigkeiten einer Organisation zur Selbststeuerung, das heißt zu lernen, und zur Rekonfiguration (Schreyögg/Kliesch 2006). In diesem Sinne ist eine dynamische Kompetenz die Kompetenz einer Organisation, andere Kompetenzen zu verändern oder anzupassen, und sie ist damit eine Kompetenz zweiter Ordnung.

struktur, die zu einer rigiden Reproduktion der etablierten Prozesse und Beobachtungskategorien führen (Teece et al. 1997: 526).

In der Vergangenheit entwickelte Kompetenzen werden im Pfadansatz zu einem entscheidenden strategischen Element, da diese die Handlungsspielräume und Entwicklungsmöglichkeiten der Gegenwart maßgeblich beeinflussen (vgl. Ortmann/Salzman 2002; Schreyögg/Kliesch 2007). Strategie als Kombination oder Bündelung von Ressourcen bzw. Kompetenzen beschreibt eine übergeordnete Perspektive, mit der Pfadabhängigkeit in Organisationen untersucht wird. Die Beobachtung von strategischen Lock-ins, also der Trägheit und Starrheit von Strategien, die sich auch bei sich wandelnden internen und externen Bedingungen nur schwer verändern lassen, ist ein weiter Ausgangspunkt der Beschreibung von organisatorischen Pfadabhängigkeiten. In einer Untersuchung des Chip-Herstellers Intel werden von Burgelman (2002, 2008) die Umstände eines strategischen Lock-ins herausgearbeitet. Die strategischen Entscheidungen über die Produktentwicklung, Marktpositionierung sowie über die Finanz- und Kapitalstrategie begründen einen Entwicklungspfad, der allmählich mit einer massiven Einschränkung der Handlungsspielräume einhergeht. Dabei führt vor allem der Feedbackeffekt einer kurzfristig-erfolgreichen, enggeführten Strategie zu einer Schwächung der langfristigen Anpassungsfähigkeit des Unternehmens. Die Fokussierung auf die Kernaktivitäten (Zeit der Manager, Investitionen) begrenzt den Spielraum für die Entwicklung von Alternativen. Auch der Versuch, bei alternativen Entwicklungen vor allem Komplementaritäten mit den Kernaktivitäten zu nutzen sowie die Konzentration auf eine kurzfristige Optimierung bergen die Gefahr eines strategischen Lock-ins.

Im Zusammenhang einer Beschreibung von Unternehmensaufkäufen im Medizinsektor verdeutlichen Karim und Mitchell (2000) die Verbindung von verschiedenen Ressourcen, vor allem als Wissen und Routinen in der Produktion und Unternehmensstrategie. Unternehmen werden hier als Bündel von Routinen bestimmt, die als Ressourcenbasis die strategischen Handlungsmöglichkeiten beeinflussen. In ihren Routinen sind die Unternehmen an bestimmte Verfahren, Kompetenzen und Produkte gebunden und können diese nicht einfach verändern. Dem aufkaufenden Unternehmen ist es damit möglich, bestimmte Fähigkeiten und Ressourcen zu nutzen, die es selbst aufgrund von Pfadabhängigkeit nicht oder nur schwer durch inkrementellen, pfadabhängigen Organisationswandel hätte entwickeln können. Ein solcher Schritt wird als Pfadbruch gedeutet.[51] Tatsächlich verbleiben Firmen überwiegend auch bei Aufkäufen im Bereich von bekannten Ressourcen, die sie bereits entwickelt haben und beherrschen. Dieser Befund wird als Bestätigung der Pfadabhängigkeit von Unternehmensstrategien angesehen.

Nicht zuletzt werden mit dem Pfadansatz auch Interaktionen der Organisation mit technischen und institutionellen Umwelten beschrieben. Die Autoren Carney und Gedajlovic (2002) zeichnen den historischen Entwicklungspfad eines Unternehmertyps – der ASEAN Family Business Groups – in Abhängigkeit zu ihrer Umwelt nach. Sie unterstreichen den hohen Grad der strategischen Rigidität von Organisation auch angesichts eines erheblichen Wandels der ökonomischen und institutionellen Umwelt. Die Analyse verdeutlicht, dass aufgrund von Pfadabhängigkeit strategische Ausrichtungen und Praktiken in den Gründungsjahren festgelegt werden, die später nur schwer angepasst werden können. Koch (2008) zeigt mit seiner Untersuchung des Zeitungsmarktes, dass eine strategische Option die gesamte Branche dominiert und eine Abweichung erheblich erschwert ist. Die Verbindung der Elemente der globalen strategischen Ausrichtung (Qualitätsjournalismus) sowie die Konstruktion von Abhängigkeiten zwischen verschiedenen Elementen erschweren einen Wandel. Eine Veränderung von einzelnen Elementen wird in den untersuchten Unternehmen als eine Bedrohung für die gesamte Strategie angesehen.

Dobusch (2008) untersucht im Organisationsfeld deutscher Stadtverwaltungen die Möglichkeiten und Begrenzungen für einen Wechsel von Windows-Betriebssystemen hin zu Linux. Dabei wird deutlich, dass der Wandel technischer Infrastruktur und organisationale Routinen eng miteinander verbunden sind und Organisationen sehr wohl in der Lage sind, Veränderungen gegen dominierende Standards durchzuführen. Gleichwohl bleiben diese pfadbrechenden Migrationsversuche bei anderen Organisationen im Feld aus. Mit einer Langzeituntersuchung der Textilbranche zeigt Schüßler (2009) die Existenz und Wirkung von Adoptionsspiralen im Organisationsfeld und Investitionsspiralen in den untersuchten Unternehmen. Aus dieser Studie mit umfassendem empirischen Material wird deutlich, dass Pfadabhängigkeiten auf mehreren Ebenen existieren und

51 Die Beobachtungen entsprechen jedoch weniger einem Pfadbruch als vielmehr einer strategischen Pfaderweiterung, die besser als »parallel-path« (siehe Helfat 1994: 1723) bezeichnet werden kann. In Bezug auf die Anmerkungen von Crouch und Farrell (2004) kann dieses auch als Ankauf von schlafenden, alternativen Ressourcen gelten.

ineinandergreifen können. Ein bestimmtes Branchenmodell als dominantes Paradigma führte in der Textilbranche zu einem Lock-in, das es einigen Unternehmen unmöglich gemacht hat, langfristig erfolgreiche Strategien zu implementieren.

2.1.3 Dimensionen von Pfadabhängigkeit in Organisationen

Aus den gerade angeführten Studien wird deutlich, dass die Effekte und Entwicklungen in unterschiedlichen Dimensionen der Organisation thematisiert werden. Dabei spielt sowohl der Bezug zur Umwelt (zum Beispiel Markt, Institutionen, Technologie) und der Selbstbezug der Organisation (Routinen, Verfahren) eine Rolle als auch die strategische Auseinandersetzung mit beiden. Organisationsidentität als Ebene der Pfadabhängigkeit wurde bisher nicht berücksichtigt. In den gerade angeführten Untersuchungen wurden mehrere Dimensionen abgegrenzt und diskutiert, die für sich selbst und in Verbindung mit anderen Dimensionen zu einer pfadabhängigen Reproduktion führen können.

Im Anschluss an die aufgeführten Ansätze lassen sich entlang unterschiedlicher Abstimmungsanforderungen zwei grundlegende Dimensionen von Pfadabhängigkeit in Organisationen analytisch grob abgrenzen (siehe Tabelle 3): Erstens handelt es sich dabei um die Koordinierung interner Anforderungen. Dazu zählen formale und informelle Strukturen. Die Bandbreite reicht in diesem Bereich von formellen Kommunikations-, Informationsverarbeitungs- und Entscheidungsroutinen bis hin zu informellen Formen der Organisationskultur (vgl. Coombs/Hull 1998). Letztlich fallen hierunter auch geteilte mentale Modelle (vgl. Denzau/North 1993), die eine Grundlage für die Koordination der Mitarbeiter und Einheiten darstellen. Eingebettet in diese Strukturen können hier noch einmal die kollektiven Lernprozesse hervorgehoben werden, bei denen Wissen verarbeitet und erweitert wird, wobei die Prozesse selbst Teil der informellen und formellen Organisationsstrukturen sind.

Zweitens beinhaltet die Aufzählung die Koordinierung externer Anforderungen mit internen Anforderungen: Hierbei geht es gleichzeitig um den Bezug zur Umwelt und den Selbstbezug der Organisation. Versteht man Strategien als spezifische Kombinationen aus Routinen und Ressourcen (vgl. Koch 2008), so handelt es sich hier um eine übergeordnete Kategorie, die die andere Dimensionen als strategische Perspektive umschließt. Es geht dabei um die Verarbeitung von internen Gegebenheiten der Organisation wie Routinen, Anwendung von Technologien, Wissen und Organisationskultur (vgl. Coombs/Hull 1998) im Zusammenspiel mit externen Anforderungen wie zum Beispiel der institutionellen, technischen oder ökonomischen Umwelt (Teece et al. 1997).

Tabelle 3: Dimensionen der Pfadabhängigkeit in Organisationen

Dimensionen	*Teilbereiche in der Organisation*	*Autoren, die Ebenen als Dimension der Pfadabhängigkeit behandeln*
(1) Koordinierung interner Anforderungen	Formale (Hierarchie) und informelle Organisationsstrukturen (Organisationskultur); Codes, das heißt Administration, Managementpraktiken und Kommunikationsstrukturen	Leonard-Barton 1992; Coombs/Hull 1998; Teece et al. 1997; Robinson/Meier 2006
	Organisationslernen; kollektive Lernprozesse; allgemeine Wissensbasis, (Such-)Routinen	Helfat 1994; Coombs/Hull 1998; Teece et al. 1997
(2) Koordinierung externer, einschließlich technischer, Anforderungen mit internen Anforderungen	Technologie; Kopplung von Organisationsstruktur und Technologien	Arthur 1989; David 1985; Leonard-Barton 1992; Coombs/Hull 1998; Dobusch 2008
	Umwelt-Strategie; Anpassung/Abstimmung der Struktur mit ökonomischer, institutioneller, materieller Umwelt	Leonard-Barton 1992; Teece et al. 1997; Burgelman 2002; Karim/Mitchell 2000; Koch 2008; Schüßler 2009

Quelle: eigene Aufstellung

In der Auflistung ist unmittelbar zu erkennen, dass die einzelnen Dimensionen im alltäglichen Ablauf stark aufeinander bezogen und miteinander verwoben sind. So kommt es beispielsweise bei der Anwendung von Technologien zu einer Kopplung zwischen formeller und informeller Organisationsstruktur mit den technischen Anlagen oder Geräten. Die Formalstruktur und die Lernprozesse in einer Organisation sind gleichermaßen Grundlage und Bezugspunkt für die Formulierung strategischer

Leitlinien. Die firmenspezifischen Konfigurationen von Kompetenzen und Routinen sind in vielen Fällen von Abstimmungsversuchen zwischen den Dimensionen bestimmt, da mutmaßlich nur bestimmte Konfigurationen (optimal) funktionieren (vgl. Teece et al. 1997).

Letztlich bleibt bei Betrachtung der Aufstellung festzuhalten, dass sich anhand der existierenden Literatur Pfadabhängigkeit in Organisationen nicht einheitlich verorten lässt. Viele verschiedene Dimensionen und Konzepte wie Ressourcen, Wissen, Routinen und Kompetenzen existieren nebeneinander, ohne dass eine schlüssige Integration in eine gemeinsame Perspektive der Pfadabhängigkeit der Organisation auf Anhieb möglich ist. Auch wird oft nicht explizit ausgeführt, welche Interpretation des Pfadarguments den Untersuchungen zugrunde gelegt wird und welche Prozesse oder Mechanismen einen Lock-in-Zustand verursachen.

2.2 Pfadabhängige Reproduktion bei Organisationen

Die offensichtlich gewordenen Defizite der Debatte um Pfadabhängigkeit erfordern eine Konkretisierung des Ansatzes. Eine allgemeine Definition der existierenden Ansätze zu Pfadabhängigkeiten von Organisationen lautet, dass gegenwärtige und zukünftige Optionen einer Organisation durch vergangene Entscheidungen beeinflusst werden, denn es gilt:

»Where a firm can go is a function of its current position and the paths ahead. Its current position is often shaped by the path it has traveled […] Thus a firm's previous investments and its repertoire of routines (its ›history‹) constrain its future behavior.« (Teece et al. 1997: 520–1; vgl. Nooteboom 1997)

Um jedoch einen relevanten Beitrag leisten zu können, muss Pfadabhängigkeit mehr beschreiben als die Tatsache, dass die Vergangenheit die Gegenwart beeinflusst. Im Folgenden können in Reaktion auf das Defizit, dass oft kein explizites Modell von Pfadabhängigkeit unterstellt wird, die Effekte in ihrer Wirkung in unterschiedlichen Phasen verdeutlicht werden. Dabei lassen sich Reproduktionsmechanismen als notwendige Bestandteile des Pfadansatzes herausstellen.

In Anbetracht der Vielfalt der Auslegungen des Pfadansatzes für Organisationen ist von Schreyögg et al. eine Konkretisierung des Konzeptes vorgeschlagen worden, die die zugrunde liegenden Abläufe und Mechanismen in einem Phasenmodell systematisiert und veranschaulicht (siehe

Schreyögg et al. 2003; Sydow et al. 2005, 2009). Tabelle 4 stellt diesen Ansatz zusammenfassend dar.

Tabelle 4: Phasen und Eigenschaften von Pfadabhängigkeit

	Phasen der Pfadabhängigkeit		
Bezeichnung (in Anlehnung an Sydow et al. 2005, 2009)	(1) Vorphase (Preformation)	(2) Pfadausbildung (Formation)	(3) Pfadabhängigkeit (Lock-in)
Art der Mechanismen	Critical Juncture (Innovation)	Self-Reinforcing (Selbstverstär-kung)	Self-Maintaining (Erhalt)
Dominanter Feedbackeffekt (vgl. Foray 1997; Knapp 2007)	Konstantes oder lediglich schwa-ches positives Feedback	Positives Feedback	Konstantes Feedback*

*Quelle: eigene Zusammenstellung; Anmerkungen: *(bei Abweichungen negatives Feedback, da lokales Gleichgewicht)*

In einer 1. Phase, der Vorphase, existiert eine freie Variation der möglichen Lösungen. Vor einem gegebenen historischen Hintergrund sind viele unterschiedliche Lösungen, das heißt lokale Gleichgewichte, möglich und die endgültige Lösung ist nicht durch die Situation vorherbestimmt. »Small Events« beeinflussen die freie Variation und es entsteht eine Verzweigung (critical juncture), die zur nächsten Phase überleitet.

Die 2. Phase, die Pfadausbildung, ist von einer zunehmenden Verengung des Entscheidungsspielraums gekennzeichnet. Hier wirken positive Feedbackeffekte, was zu einer zunehmenden Verstärkung der gewählten Lösung führt. Diese Verstärkung geht einher mit einer zunehmenden Irreversibilität der gewählten Lösung, da sich die gewählte Variante immer weiter von anderen Alternativen entfernt. Es kommt zu einer graduellen

Herausbildung eines spezifischen Organisationspfades und damit zum Übergang in die nächste Phase.

Im Verlauf der 3. Phase, der Pfadabhängigkeit, entsteht eine Lock-in-Situation. Der Prozess hat damit einen der vielen vorab möglichen lokalen Gleichgewichtspunkte bereits erreicht. In dieser Situation lassen sich andere Alternativen nicht mehr oder nur gegen erheblichen Widerstand umsetzten. Damit ist die Reproduktion der gewählten Lösung im Extremfall nahezu deterministisch vorgegeben, im Normalfall aber auf einen Korridor begrenzter Variation eingeschränkt.

Ergänzend zu Schreyögg et al. lässt sich in Bezug auf die Tabelle auf die evolutionären Effekte der Phasen hinweisen. Dabei wird die Einbettung in eine erweiterte Logik sozialer Evolution deutlich, die in den Schritten Variation, Selektion und Retention verläuft. In diesem Sinn lassen sich auch die Verwendungen von Pfadabhängigkeit in evolutionsökologischen Ansätzen verstehen (vgl. Hannan/Freeman 1993; Hannan et al. 1996). Letztlich bilden Vielfalt und Widerstandsfähigkeit die Grundlage für evolutionären Wandel und Selektion.

Wie bei Institutionen (vgl. Thelen 1999, 2003; Mahoney 2000), so gibt es auch bei der Pfadabhängigkeit von Organisationen eine Differenz zwischen Innovations-, Diffusions- und Reproduktionsbedingungen. Pfadabhängigkeit von Organisationen beschreibt einen Zustand, bei dem eine bestimmte historische Entwicklungsdynamik einen bestimmten Ausgang genommen hat, die Reproduktion jedoch nicht mehr durch diese ursprünglichen Prozesse stabilisiert wird. Analog zu institutioneller Diffusion existiert auch bei einer Pfadabhängigkeit von Organisationen ein Unterschied zu einer bloßen Eskalation (beispielsweise dem Commitment), da sich bei Letzterem der Selbstverstärkung keine kontinuierliche Reproduktion anschließt. Eine bloße kontinuierliche Selbstverstärkung führt nicht zu einer Pfadabhängigkeit (vgl. Schüßler 2009). Der Entwurf des Pfadansatzes von Schreyögg et al. orientiert sich vor allem an den Ansätzen technologischer Pfadabhängigkeiten und stellt die Existenz der Selbstverstärkungseffekte in der 2. Phase in den Vordergrund des Konzeptes. Es wird aber auch deutlich von den Autoren hervorgehoben, dass bestimmte Mechanismen nur in bestimmten Phasen des Modells aktiviert sind. Pfadabhängigkeit ist erst dann zu unterstellen, wenn tatsächlich ein Lock-in-Zustand erreicht worden ist.

In dieser Arbeit wird nun ergänzend argumentiert, dass in der Pfadausbildungsphase Selbstverstärkungsprozesse greifen, jedoch ein Lock-in durch konstantes Feedback gekennzeichnet ist (vgl. Foray 1997; Knapp 2007). Letztlich ist in einem Lock-in kein Selbstverstärkungseffekt mehr notwendig, da sich die erreichte Lösung im lokalen Gleichgewicht befindet und sich so selbst stabilisiert. Das Lock-in ist (relativ) stabil, da es sich im lokalen Umfeld selbst erhält, das heißt dass eine lokale Abweichung von einem Lock-in negatives Feedback auslöst.

Um eine Veränderung eines Lock-in zu erreichen, müssen nicht die positiven Selbstverstärkungseffekte überwunden werden. Im Gegenteil. In dem Moment, in dem Entscheidungen mit systematischer Irreversibilität verbunden sind (David 2007), fallen bei einer Veränderung aus einem Lock-in-Zustand heraus erhebliche systematische, negative Effekte an. Eine Abweichung aus einem lokalen Optimum ist mit hohem Aufwand verbunden, der sich bei einer weiteren Veränderung systematisch erhöht. Eine gegebene Organisation hat dabei wenig Anreiz, ein einmal erreichtes lokales Optimum zu verlassen. Dabei wird der Grad, in dem sich eine bestimmte Lösung in einem Lock-in befindet, durch den Aufwand bestimmt, der mindestens getätigt werden muss, um eine alternative Lösung zu erreichen (vgl. Arthur 1994: 115). In der Praxis wird der aufwendige Weg aus einem lokalen Gleichgewicht zu einer (besseren) Alternative aus diesem Grund nicht gewählt. Ist das der Fall, konstituiert dieses ein Lock-in der Organisation.

Organisationen befinden sich in einer Fitness-Landschaft, in der mehrere lokale Optima existieren (Castaldi/Dosi 2003). Eine Vielfalt von möglichen Kombinationen, beispielsweise von Ressourcen oder Kompetenzen, beschreibt dabei einen strategischen Spielraum, in dem mehrere lokal optimale Lösungen erreichbar sind. Gerade Entscheidungssituationen, die durch widersprüchliche Optimierungsbedingungen bestimmt sind, führen zu mehreren möglichen Kompromisslösungen, die dann jeweils lediglich ein lokales Optimum beschreiben (Castaldi/Dosi 2003). Beispielsweise sind in komplexen Lernprozessen gleichzeitig unterschiedliche (lokal optimale) Lösungen möglich (vgl. Levitt/March 1988; March 1991). Die Grundlage für Pfadabhängigkeit ist ein Lock-in, das für die Stabilisierung eines lokalen Gleichgewichts sorgt. Um eine stabile Reproduktion zu ermöglichen, ist es notwendig, dass sich die Lösung mit Hilfe von Reproduktionsmechanismen in Organisationsstrukturen systematisch einschreibt. Analog zur den Reproduktionsmechanismen von Institutionen und Technologien können diese auch für die Pfadabhängigkeit von Organisationen bestimmt werden. Dazu zählen Investitionseffekte, Lerneffekte sowie Effekte von Macht, Komplementarität und Legitimität (vgl. Thelen 1999, 2003; Pierson 2000; Mahoney 2000; Schreyögg et al. 2003; Sydow et al. 2005; 2009; Beyer 2005, 2006a; Djelic/Quack 2007; Kirchner 2008).

Pfadabhängigkeit steht hier im Kontrast zu anderen Beschreibungen organisationaler Veränderungsresistenz als »Vergangenheitsabhängigkeit« (past dependence, siehe Antonelli 1997), wie beispielsweise bei struktureller Trägheit, oder Imprinting. Bei diesen letzten beiden Formen wirken sich aktuelle Entscheidungen und Strukturen aus der Vergangenheit ganz allgemein auf spätere Entscheidungen und Strukturen aus. Der Zustand der Pfadabhängigkeit umfasst demgegenüber einen systematischen Effekt, der Organisationen entsprechend daran hindert, Alternativen zu etablierten Kompetenzen umzusetzen. Dieser systematische Effekt entsteht durch die Wirkung von Reproduktionsmechanismen. Pfadabhängigkeit erscheint so als eine mögliche Eigenschaft von Organisationsstrukturen und stellt eine Form struktureller Trägheit dar. Analog zu institutioneller Trägheit beschreiben aber nicht alle Formen struktureller Trägheit auch Pfadabhängigkeiten. Dieser Zusammenhang gilt entsprechend auch für das Phänomen des Imprinting. Selbst in einer dramatisch veränderten institutionellen Umwelt bleiben die Organisationen in einem solchen Fall in ihrer Konfiguration stabil. Gleichzeitig ist es für Organisationen unter diesen Umständen auch nicht möglich, sich erfolgreich an die aktuelle institutionelle Umwelt anzupassen. Diese Unfähigkeit zur Anpassung von Kerneigenschaften einer Organisation ist dann das Resultat einer Pfadabhängigkeit der Organisation (zum Beispiel Carney/Gedajlovic 2002; Burgelman 2002, 2008).

2.3 Zwischenfazit: Pfadabhängigkeit und Organisation

Die Bedingungen und Eigenschaften der Pfadabhängigkeit von Organisationen lassen sich aufbauend auf den Ausführungen zu technologischen Standards und Institutionen entwickeln. Der Vielfalt der existierenden Ansätze zu organisationalen Pfadabhängigkeiten wurde eine Konkretisierung des Pfadkonzeptes gegenübergestellt. Dabei wurde betont, dass Pfadabhängigkeit durch ein Lock-in gekennzeichnet ist, das immer mit der Wirkung von bestimmten Reproduktionsmechanismen zusammenfällt. Pfadabhängigkeit erfordert damit das Aufdecken der reproduzierten Strukturen genauso wie die Wirkung der involvierten Reproduktionsmechanismen.

3. Organisationsidentität und Pfadabhängigkeit

Der Pfadansatz wird in dieser Arbeit als Konzept eingesetzt, das einen Beitrag für die Erklärung von Stabilität und Wandel von Organisationen leisten soll. Dabei geht es weiterhin um das Problem, wie Stabilität von Organisationen möglich ist. Die Diskussion zu Organisationsidentitäten ist bisher nicht mit dem Pfadansatz verknüpft worden. Zwar finden sich allgemeine Hinweise für eine Trägheit von Organisationsidentitäten und deren Ursachen, aber eine systematische Verknüpfung mit Reproduktionsmechanismen und eine umfassende Beschreibung der Dynamiken und Effekte von Pfadabhängigkeit auf dieser Ebene existiert nicht. Die Literatur zu Organisationsidentität verfügt daher bisher nicht über einen umfassend ausgearbeiteten Begriff der Pfadabhängigkeit als Eigenschaft von Organisationsidentitäten. Gleichzeitig finden sich in vielen Texten Anknüpfungspunkte und Teilaspekte, die im Folgenden als eine Grundlage für die hier zu entwickelnde Verbindung dienen können.

In Erweiterung der vorangehenden Ausführungen in dieser Arbeit können Pfadabhängigkeit und Organisationsidentität verknüpft werden. Im Anschluss daran wird die Wirkung der Reproduktionsmechanismen auf die (Dis-)Kontinuität der Organisationsidentität ausgeführt. Gleichzeitig berührt die Frage nach Stabilität der Organisationsidentität die Paradoxie von Stabilität und kontinuierlichem Wandel in der Identitätsdiskussion. Dort steht die Definition der Identität als zeitlich stabil dem Konzept der adaptiven Instabilität und den Befunden der Trägheit der Organisationsidentität gegenüber. Um einen Lösungsansatz vorzubereiten, wurden weiter oben bereits Funktion und Feedback der Organisationsidentität erläutert. Ziel dieses Abschnittes ist damit auch die Auflösung der Paradoxie im Identitätsansatz. Dabei beschreibt der Pfadansatz eine erweiterte Prozessperspektive, die die Bedingungen für Stabilität und den Wandel von Organisationsidentitäten abbilden kann.

3.1 Selbstbezug der Organisationsidentität: Sicherung der Kontinuität

Um zu verstehen, wie sich Pfadabhängigkeiten von Organisationsidentitäten entfalten, wird an dieser Stelle auf die vorangestellten Ausführungen zurückgegriffen. Ausgangspunkt für die Bestimmung der Möglichkeiten von Pfadabhängigkeit ist die Analyse des primären Feedbackkreislaufs von integrativer und operativer Funktion der Organisationsidentität, der am Anfang dieser Arbeit in Teil A entwickelt wurde.

3.1.1 Pfadabhängige Reproduktion durch Selbstbezug

Allgemein lässt sich für Organisationen unterstellen, dass sie sich reproduzieren, indem aktuelle an vergangene Aktivitäten anschließen. Damit sind Organisationen zu einem bestimmten Grad »vergangenheitsabhängig« (siehe Luhmann 2000; vgl. Ortmann/Salzman 2002). Dieses gilt gerade auch für die Identität der Organisation. Mit Hilfe eines Identitätstextes verortet sich die Organisation in ihrer eigenen Geschichte und ist in der Lage, vergangene Zustände abzuspeichern.

Die Vergangenheitsabhängigkeit der Identität ist bereits aus den zu Beginn der Arbeit vorgestellten Analysen zur Trägheit und Persistenz von Organisationsidentitäten deutlich geworden. Demgegenüber wurde jedoch auch angeführt, dass Organisationsidentität zuweilen als fragil und eher dynamisch als statisch angesehen werden kann. Die Perspektive einer adaptiv instabilen Organisationsidentität bedarf einer anders gelagerten Perspektive auf Trägheit und die dazugehörigen Mechanismen zur systematischen Absicherung von Kontinuität. Schließlich sind Identitäten ebenfalls einer permanenten Bedrohung durch Alternativen ausgesetzt, das umfasst nicht nur Umwelteinflüsse (vgl. Gioia et al. 2000), sondern beispielsweise auch interne Deutungskämpfe (vgl. Ashforth/Mael 1996) oder wiederholte Destabilisierungen durch Neuinterpretationen:

»[...] the texts that constitute [an organizational identity; SK] remain open to multiple readings and interpretations, and to subsequent re-writing, which continually destabilize it [...]« (Chreim 2005 : 588; vgl. Ashforth/Mael 1996).

Die Reproduktion der Organisationsidentität ist ein umkämpfter Prozess. Es stellt sich also die Frage, welche Mechanismen der Stabilität dieser latenten Instabilität entgegengesetzt werden, um eine gleichsam permanente Selbstauflösung der Organisationsidentität zu verhindern.

Um dem angerissenen Problemzusammenhang zu begegnen, wird die folgende These zugrunde gelegt: Die beständige Kontinuität einer adaptiv instabilen Organisationsidentität wird unter den Bedingungen von Irreversibilität durch eine pfadabhängige Reproduktion der Elemente und Interpretationen erzeugt. Analog zu institutioneller Pfadabhängigkeit umfasst diese pfadabhängige Reproduktion die Logik der Identität als Ordnung der Elemente. Die Kontinuität entspricht dem kontinuierlichen Einsatz einer bestimmten Logik der Elemente einer Organisationsidentität und deren Interpretation im Wechselspiel mit entsprechenden integrativen und operativen Funktionen für die Organisation.

Irreversibilität ist Grundlage der pfadabhängigen Reproduktion und entsteht, wenn beispielsweise Entscheidungen oder Praktiken Investitionen und Lernprozesse beinhalten (vgl. David 2007). Für Organisationsidentitäten entstehen Effekte von Irreversibilität im Zuge der integrativen und operativen Funktion. Die Organisation entwickelt sich entlang der Organisationsidentität, da deren Elemente als Entscheidungsprämissen, Beobachtungskriterien und zur Kontrolle von Abweichungen eingesetzt werden. In kritischen Situationen, in den sich verschiedene Entwicklungswege außerhalb der etablierten Routinen auftun, wird die Organisationsidentität als Basis für Entscheidungen genutzt: »Organizational identity is [...] a blunt decision aid – it is of little value in making routine or incremental decisions, but it is indispensable for most fork-in-the-road choices [...]« (Whetten 2006: 226) Dieses entspricht der operativen Funktion. Mit der Orientierung und Rahmung der Aktivitäten der Organisation entstehen aus der Selbstbeschreibung Struktureffekte und damit potenziell Irreversibilität.

Die integrative Funktion basiert demgegenüber auf einer Kontinuität und Konsistenz der Identitätselemente (Gioia et al. 2000; vgl. Albert/Whetten 1985). Hierbei ist es jedoch notwendig, dass die Organisationsidentität eine *viable* Beschreibung der Organisation als Ganzes bereitstellt. Um die stabilisierende, komplexitätsreduzierende Funktion der Organisationsidentität zu gewährleisten, muss immer wieder eine mehr oder weniger konsistente, kontinuierliche Verknüpfung von Vergangenheit und Gegenwart hergestellt werden. Identität kann nur soweit Integration und Orientierung bieten, wie diese ein Mindestmaß an Konsistenz und Kontinuität aufweist. Denn wenn sich die Antworten auf die Frage »Wer sind Wir?« ständig ändern, kann weder eine plausible Einheit beschrieben werden, noch können Entscheidung mit Bezug auf eine solche Einheit effektiv koordiniert werden. Kontinuität bedeutet Vergangenheitsabhängigkeit. Diese Abhängigkeit von der Vergangenheit führt zu einer erheblichen Einschränkung von Entscheidungsspielräumen und damit zu Trägheit. Das ist der Fall, wenn die Wechselwirkungen zwischen Selbstbeschreibungen und Aktivitäten Irreversibilität beinhalten.

Mit dem Vergangenheitsbezug als Mechanismus der Komplexitätsreduktion und Integration entsteht ein starkes Motiv zur Selbsterhaltung der Konsistenz der Organisationsidentität. Bei Abweichungen, Inkonsistenzen oder Anpassungsversuchen kann dieses Motiv umfangreiche Abwehr- und Wiederherstellungsaktivitäten nach sich ziehen (Ashforth/ Mael 1996: 49f.). Veränderungen führen unter Umständen zum Verlust von Integration und Orientierung, da diese die etablierte Realisierung der Identität durch entsprechende Praktiken und Entscheidungen in Frage stellen und destabilisieren. Die Organisation legt sich folglich mit einer bestimmten Logik der Selbstbeschreibung fest und entwickelt sich auf dieser aufbauend weiter. Dieses ist als Problem irreversiblen Commitments behandelt worden: »[…] an organization's commitments are made ›irreversible‹ by the degree to which they are made central to an organization's policies, procedures, and practices.« (Whetten 2006: 225) Diese Ausgangssituation im Wechselspiel von Irreversibilität und Selbsterhaltung ist die Grundlage für Zustände, in denen die Reproduktion der Identität hyperstabil verlaufen kann. Eine solche Situation findet sich in der folgenden allgemeinen Argumentation:

»[…] rigidity may be exacerbated by identity concerns in that a stressor is more likely to be perceived as a threat if it implicates an important identity […] Thus, it is precisely when one values the identity implicated in a role that one is most likely to respond to severe threat by rigidly following past practices. Much like an obsessive-compulsive person who is reassured by repetitive behaviors, organizational members can become collectively locked into outmoded strategies and behaviors.« (Ashforth/Mael 1996: 51)

Organisationsidentitäten basieren auf einem Feedbackprozess. Aus der Diskussion der allgemeinen Grundlagen lässt sich nun Folgendes ableiten. Im Fall, dass die Entwicklung von Identitäten Irreversibilität beinhaltet, dann sind die notwendigen Zutaten für die Herstellung von Pfadabhängigkeit der Organisationsidentität beieinander. An dieser Stelle fehlt nur noch die genaue Zusammensetzung.

3.1.2 Primäres Feedback: Selbstverstärkung der Identität

Wie entsteht eine pfadabhängige Reproduktion der Organisationsidentität? Die zugrunde liegende Dynamik basiert auf den beschriebenen Feedbackprozessen. Indem Identität Aktivitäten beeinflusst und Aktivitäten wiederum die Organisationsidentität prägen, existiert ein Potenzial für Selbstverstärkung und Lock-in. Diese rekursive Grundlage der Organisationsidentität wurde als Kreislauf von integrativer und operativer Funktion beschrieben. Dieser primäre Feedbackkreislauf beinhaltet erhebliche Möglichkeiten für eine substanzielle Verstärkung einer etablierten Identität.

Das positive Feedback, das durch die Fähigkeit der Identität, Orientierung zu bieten und die Organisation als Ganzes zu beschreiben, ausgelöst wird, führt zu einer selbstverstärkenden Bestätigung der Organisationsidentität. Da Entscheidungen und Praktiken nachfolgende Entscheidungen und Praktiken beeinflussen, führt dieses zu einer spezifischen Logik der Organisationsidentität und der Entwicklung entsprechender Organisationsstrukturen. Die allgemeine Einschätzung als Erfolg ist für diesen Selbstverstärkungsprozess zentral – dazu kann folgende allgemeine Beobachtung aus der Identitätsliteratur angeführt werden:

»To the extent that the firm is successful in developing these processes and skills, it further reinforces its identity as a distinct consumer products company.« (Stimpert et al. 1998: 88)

Die Entscheidungen und Praktiken einer Organisation verstärken sich in eine Richtung, da die Maßnahmen als erfolgreich bewertet werden (vgl. Leonard-Barton 1992; Burgelman 2002; Ortmann/Salzman 2002; Schreyögg et al. 2003). Potenzielle Rigidität erscheint hierbei auch als Kompetenzfalle (Levitt/March 1988; March 1991; Schreyögg/Kliesch 2006). Im Einklang mit den Untersuchungen zu organisationalen Pfaden ist es gerade der (kurzfristige) Erfolg der Organisationsidentität, der (langfristig) zu Anpassungsschwierigkeiten führt. Auch diese Annahme wird durch die Literatur zur Organisationsidentität allgemein bestätigt:

»[…] the very success of an organization's self-definition may constrain other potentially critical possibilities. The upshot is that a strongly held and insular […] [organization identity; SK] can foster inertia.« (Ashforth/Mael 1996: 51)

Formulierungen der Organisationsidentität, die sich zu einem frühen Zeitpunkt entwickeln, lassen spezifische Organisationsstrukturen entstehen, die wiederum die Organisationsidentität bestätigen und festigen. Die Entwicklung wird so unter dem Einfluss von Selbstverstärkungsprozessen in eine von vielen Richtungen abgelenkt.

Selbstverstärkung ist jedoch nur eine Voraussetzung für Pfadabhängigkeit. Positives Feedback allein kann gleichwohl auch eine nicht-pfadabhängige Eskalation der Organisationsidentität in eine bestimmte Entwicklungsrichtung auslösen, die sich ebenso schnell wieder ändern kann. Für Pfadabhängigkeit ist daher die Erzeugung von systematischen Struktureffekten notwendig, die bereits als Irreversibilität bezeichnet worden sind (David

2007). Dabei ist entscheidend, dass diese Struktureffekte durch Reproduktionsmechanismen erzeugt werden, die systematisch Wandel blockieren, da diese sich wiederholt auf die Entwicklungsrichtung auswirken (siehe Beyer 2005, 2006a; vgl. Mayntz 2004). Feedbackprozesse und Irreversibilität verbinden sich erst zu Pfadabhängigkeit, wenn ein Lock-in-Zustand erreicht wird, der auf systematischen Effekten von Mechanismen beruht.

3.1.3 Reproduktionsmechanismen und Organisationsidentität

Bisher existieren lediglich eher allgemeine Bezüge innerhalb des Organisationsidentitätsansatzes zum Pfadkonzept (siehe King/Whetten 2008; King et al. 2009). Wie oben aufgezeigt finden sich jedoch eine Reihe konzeptioneller Versatzstücke, die sich sehr gut mit dem ausgeführten Pfadkonzept verknüpfen lassen. Entsprechende lassen sich im Folgenden konzeptionelle Grundlagen entfalten, indem allgemeine Aussagen der Identitätsliteratur mit den konkreten konzeptionellen Vorgaben des weiter oben entwickelten Pfadansatzes zusammengeführt werden.

Der allgemeinen Diskussion organisatorischer Pfadabhängigkeit[52] folgend, soll nun eine konkrete Bestimmung der Reproduktionsmechanismen auf der Ebene der Organisationsidentität vorgenommen werden. Dabei wird der Selbstverstärkungsprozess von dem tatsächlich erreichten Lock-in-Zustand unterschieden. Hierbei gilt die Unterscheidung der Effekte der Mechanismen in Phasen der Selbstverstärkung und Perioden der pfadabhängigen Selbsterhaltung bzw. dem Lock-in der Organisationsidentität. Eine pfadabhängige Reproduktion der Organisation ergibt sich damit aus der pfadabhängigen Reproduktion der Organisationsidentität in Abhängigkeit von Reproduktionsmechanismen. Im Ablauf des primären Feedbackkreislaufs der integrativen und operativen Funktion werden unterschiedliche Schichten und Dimensionen der Organisation beeinflusst, wobei entsprechende Reproduktionsmechanismen in Selbstverstärkungsprozessen die für Pfadabhängigkeit notwendigen Struktureffekte erzeugen.

Die Wirkungsweise und Effekte der Mechanismen werden nun in ihren Auswirkungen für die Organisationsidentität nacheinander ausgeführt, das sind: Investitionseffekte, Lerneffekte sowie Effekte durch Komplementarität, Legitimität und Macht. Diese Mechanismen lassen sich jedoch nur analytisch trennen, da sie in der Praxis eng miteinander verbunden auf-

52 Für einen Überblick zu Mechanismen und Organisationen siehe Ackermann 2003: 25; Dobusch 2008: 262; Schreyögg et al. 2003.

treten. Dabei können die allgemeinen Aussagen in der Organisationsidentitätsliteratur mit dem Pfadkonzept verknüpft werden:

(a) Investitionseffekte: Entscheidungen und die Ausführung von bestimmten Praktiken gehen oft mit erheblichen Kosten einher. Eine allgemeine Trägheit von Organisationen entsteht aus den Effekten versunkener Kosten (vgl. Lambson 1991; Antonelli 1997). Für Organisationen entwickeln sich Investitionen in Technologien, in Gebäude, aber auch in Qualifikationen der Mitarbeiter oder in die Umgestaltung der Organisationsstrukturen schnell zur Irreversibilität (David 2007). Das ist der Fall, wenn substanzielle Investitionsentscheidungen zwischen Alternativen vor dem Hintergrund begrenzter Mittel fallen. Eine solche Entscheidung für das eine, die etwas anderes ausschließt, da die investierten Mittel nicht einfach wieder abgezogen werden können, bedeutet eine Verzweigung innerhalb möglicher Entwicklungsverläufe. Allgemein gilt dann: Je umfangreicher die Investitionsentscheidung, desto höher die Wahrscheinlichkeit der Kontinuität der Nutzung dieser Investition (vgl. Karim/Mitchell 2000). Investitionen fallen aber nicht nur organisationsintern an, sondern entstehen auch durch Suchkosten oder den Aufwand der Informationsbeschaffung und -verarbeitung sowie beispielsweise durch die Auswirkung von Imperfektionen auf Kapital- oder Arbeitsmärkten (vgl. Helfat 1994: 1724ff.). In unsicheren Situationen bzw. bei unsicherer Informationslage verstärken sich der Investitionseffekt und die Wirkung von Transformationskosten, da die korrekte Einschätzung möglicher Alternativen erschwert ist.

Da die Organisationsidentität Praktiken und Entscheidungen beeinflusst, ist es wahrscheinlich, dass mit einer bestimmten Identität entsprechende irreversible Investitionsentscheidungen einhergehen. Dieses führt beispielsweise leicht zu einem bestimmten Pfad der Kompetenzentwicklung einer Organisation (Teece et al. 1997). Das ist der Fall, wenn nur diejenigen Kompetenzen entwickelt werden, die zur etablierten Organisationsidentität passen (Stimpert et al. 1998). Dieses Vorgehen entwickelt sich dann durch irreversible Investitionseffekte schnell zu einer Kompetenzfalle (Schreyögg/Kliesch 2006; vgl. Burgelman 2002; Schüßler 2009). Im Ergebnis kommt es durch Investitionsentscheidungen entlang der Organisationsidentität zu einem ökonomischen Lock-in (Ortmann/Salzman 2002), sodass faktisch kaum noch Bewegungsfreiheit existiert, da der Aufwand für eine Veränderung als zu umfangreich oder zu aufwendig erscheint (vgl. Leonard-Barton 1992). Letztlich erfordert die Etablierung und Durchsetzung einer bestimmten Identität Aufwand und Ressourcen in erheblichem Umfang. Dementsprechend hoch sind die materiellen und kognitiven Kosten, die für eine Veränderung notwendig sind (Whetten 2006; Stimpert et al. 1998). Wandel wird durch diese Effekte erheblich und systematisch blockiert.

Ein Selbstverstärkungsprozess aufgrund von Investitionseffekten entsteht, wenn Identität bestimmte Investitionsentscheidungen auslöst, die wiederum die Identität bestätigen, was entsprechend zu weiteren Investitionen in der gleichen Entwicklungsrichtung führt und damit die Organisationsidentität in eine bestimmte Richtung ablenkt.

(b) Lerneffekte: In Organisationen werden Lernprozesse von den bereits existierenden Lernergebnissen beeinflusst. Lösungen für Probleme werden in der Regel in bereits bekannten Bereichen und mit Hilfe etablierter Routinen gesucht (March/Simon 1976; Helfat 1994; Teece et al. 1997; Coombs/Hull 1998; Agyris 1976; vgl. Schreyögg et al. 2003: 269). Wie allgemein in der Literatur zu dynamischen Kompetenzen hervorgehoben wird, sind gleichzeitig die Möglichkeiten für Lernen eingeschränkt:

»This is because learning is often a process of trial, feedback, and evaluation. If too many parameters are changed simultaneously, the ability of firms to conduct meaningful natural quasi experiments is attenuated. If many aspects of a firm's learning environment change simultaneously, the ability to ascertain cause-effect relationships is confounded [...]« (Teece et al. 1997: 523)

Kurz, eine hohe Komplexität von Prozessen und Umwelt führt zu problematischen Lernaktivitäten. Als Folge von Suchkosten im Organisationslernprozess werden oft nicht-optimale, sondern zufriedenstellende Lösungen des Lernprozesses akzeptiert (March/Simon 1976; vgl. Simon 1959).

Indem geteilte Rahmen eine Grundlage für Lernprozesse in Organisationen darstellen (vgl. Helfat 1994; Coombs/Hull 1998; Teece et al. 1997), ist auch die Organisationsidentität eine Quelle für pfadabhängige Lernprozesse. Für die Pfadabhängigkeit der Organisationsidentität sind die Effekte der Imperfektionen lokalen Lernens grundlegend (siehe Kogut/Zander 1992; Coombs/Hull 1998). Als Rahmen und Beobachtungslinse beeinflusst die Organisationsidentität die Beobachtung und Bewertung bestimmter Prozesse und möglicher Alternativen. Entsprechend werden aus einer Vielfalt von möglichen Entwicklungswegen einige bereits als grundsätzlich nicht mit der Identität der Organisation vereinbar beurteilt. Es entsteht zunächst einmal mindestens eine Vergangenheitsabhängigkeit, die die Entwicklungsdynamiken beeinflusst (vgl. Levitt/March 1988). Basis des

Lernens sind dabei nicht nur Routinen, sondern auch geteilte mentale Modelle (vgl. Denzau/North 1993; siehe auch Weick 1995b; Fiol/Huff 1992) der Organisationsmitglieder unterschiedlicher Ebenen als Formen der kognitiven Sinnzuschreibung, der Rahmungen und der routinemäßigen Verarbeitung der Komplexität von Umwelt und Organisation (vgl. Sydow et al. 2005: 12). Es kommt zu einer Konditionierung der Wahrnehmung und der Sinnzuschreibung, die sich systematisch auf Entscheidungen für oder gegen eine Reproduktion bestehender Strukturen und Strategien der Organisation auswirkt (Karim/Mitchell 2000: 1068; Koch 2008; vgl. Nijssen et al. 2005).

In der Funktion als Orientierungsrahmen entspricht die Organisationsidentität einem mentalen Modell. Dieses ist Grundlage für die Koordinierung der Lernaktivitäten, indem die Identität eine bestimmte Selbst- und Umweltwahrnehmung beinhaltet. So impliziert die Organisationsidentität eine Konzentration und damit eine Einschränkung der Wahrnehmung im Umgang mit sich selbst und mit der Umwelt (Ashforth/Mael 1996: 49; Stimpert et al. 1998; Fiol 2001). Die Selbstbeschreibung beinhaltet Aussagen darüber, was die Organisation ist, welche Fähigkeiten sie besitzt und in welchem Umfang diese beherrscht werden (Ashforth/Mael 1996; Glynn 2000; Nag et al. 2007: 824). Damit werden bestimmte Lernpfade und Alternativen bereits von vornherein erheblich behindert. Eine Konzentration auf die Abschöpfung existierender Kompetenzen und den Ausbau bestehender Lernfortschritte kann leicht einen Entwicklungspfad ohne Ausweg beschreiben (March 1991; vgl. He/Wong 2004). Auf diese Weise enden Lernprozesse in Organisationen in einer Kompetenzfalle. Das gilt vor allem, wenn Lernen zu einer selbstverstärkenden Spezialisierung führt (Levitt/March 1988; vgl. March 1991; Schreyögg/Kliesch 2006).

Ein kognitives Lock-in (Ortmann/Salzman 2002) entsteht, wenn die Identität der Organisation spätere Lernprozesse systematisch begrenzt. Organisationsidentitäten erzeugen dann eine systematische kognitive Trägheit, die eine Umsetzung von Alternativen behindert. Das kann bis zu einer systematischen Unfähigkeit führen, bestimmte Eigenschaften und Alternativen überhaupt als solche wahrzunehmen (Reger et al. 1994; Stimpert et al. 1998; Fiol 2001, 2002). In der Pfaddebatte ist dieser Effekt als »Wirkung blinder Flecken der Strategie« oder als »Betriebsblindheit« behandelt worden (vgl. Leonard-Barton 1992; Teece et al. 1997; Schreyögg et al. 2003). Die Vorstellung, was die Organisation ist und welche Fähigkeiten sie besitzt, beeinflusst beispielsweise strategische Entscheidungen (Ashforth/

Mael 1996). Das führt wiederum dazu, dass die Erhaltung bestimmter Kernkompetenzen systematisch auf Kosten der Entwicklung von Alternativen verfolgt wird (siehe Burgelman 2002; vgl. March 1991). Strategie bestätigt Identität gerade auch durch Lerneffekte. So werden Kompetenzen immer weiter verbessert, gleichzeitig wird mit der Zeit der strategische Spielraum jedoch erheblich verengt, da die notwendigen Lernfortschritte für die Implementierung von Alternativen nicht erbracht werden und deren Anwendung nur unter großem Aufwand möglich wäre.

Ein Selbstverstärkungseffekt bei Lernprozessen entsteht in Bezug auf Identitäten auch durch klassische kumulative Lernerfolge (vgl. Arthur 1994; March 1991) als Verbesserungslernen. Beispielsweise können

»[...] die existierenden Kompetenzen immer weiter verbessert werden, während gleichzeitig das Experimentieren mit Ressourcen zur Entwicklung alternativer Lösungsansätze kontinuierlich an Attraktivität verliert« (Schreyögg/Kliesch 2006: 461).

Eine Selbstverstärkung auf Ebene der Organisationsidentität setzt ein, wenn Lernprozesse die Organisationsidentität als Rahmung bestätigen und diese zum Ausgangspunkt für anschließende Lernprozesse wird, die wiederum die Organisationsidentität bestätigen.

(c) Effekte durch Komplementarität: Eine Organisationsidentität beinhaltet Komplementaritäten, wenn sie aus einer dicht verflochtenen Matrix aufeinander bezogener Identitätselemente besteht. In einem solchen Fall sind Elemente ineinander verschachtelt und miteinander verknüpft: Weniger zentrale Elemente spezifizieren und konkretisieren andere zentralere Elemente (Whetten 2006; King/Whetten 2008; vgl. Ashforth/Mael 1996). Einige Elemente der Identität dienen als Entscheidungsprämisse für andere Elemente. Auch hier findet sich wiederum ein allgemeines konzeptionelles Versatzstück aus der Identitätsliteratur: »[...] an organization's early organizing choices, especially those involving higher-order social categories and their long-term, path defining effects.« (King/Whetten 2008: 197) Entsprechend entfaltet sich eine Pfadabhängigkeit der Organisationsidentität. Ein Austausch eines Identitätselementes kann sich aufgrund der Komplementarität mit anderen Elementen als äußerst aufwendig gestalten. So können auch kleine, aber zentrale Änderungen aufgrund der Beurteilung der Komplementarität der Elemente zu umfassenden Änderungen der Organisationsstrukturen führen (vgl. Teece et al. 1997; Baron 2004). Dementsprechend hoch ist der Aufwand, der betrieben werden muss, um eine Veränderung herbeizuführen. Selbstverstärkungseffekte liegen hierbei in der Abstimmung der Konfiguration der Organisation, wenn beispielsweise die Komplementarität dazu führt, dass im Verlauf nur komplementäre Elemente innerhalb der Matrix entwickelt und eingepasst werden. Dieses führt zu einer systematischen Schließung und damit zu einer Barriere für andere nicht-komplementäre Alternativen.

(d) Effekte durch Macht: Nicht zuletzt sind Organisationen mit dem Einsatz von Macht verbunden. So benötigt die Organisation Macht »wie die Luft zum Atmen« (Kühl/Schnelle 2001). Dabei handelt es sich zuerst einmal um formelle Macht als Hierarchie oder Disziplinarmacht, zum Beispiel in Form von Anweisungen, Überwachung und Disziplinierung (vgl. Foucault 1977). Die Hierarchie macht Unterschiede, weist Personen Positionen zu und definiert, wer wem was vorschreiben oder wer was beurteilen darf. Es handelt sich dabei um grundlegende Eigenschaften einer Organisation (vgl. Weber 1972; Luhmann 1964; Presthus 1966). Die Organisation begrenzt jedoch nicht nur das Verhalten der Mitglieder durch Sanktionen, vielmehr werden durch Machtmechanismen auch Möglichkeitsräume erschlossen und Anreize gesetzt (vgl. Foucault 1977; Goffman 1973). Gleichzeitig wird die Organisation aber selbst zum Spielfeld für Machtkämpfe der Mikropolitik (vgl. Burns 1962; Crozier/Friedberg 1979; Küpper/Ortmann 1988; Ortmann 1995: 43ff.; auch Blazejewski 2006). Dabei versuchen Individuen und Gruppen ihre Interessen auch gegen Widerstände durchzusetzen. Abhängig von der Position der Mitarbeiter in der Organisation, als Gruppenmitglied, Experte, Gatekeeper, Relaisstelle oder hierarchische Position, können bestimmte Machtpotenziale entfaltet werden (Crozier/Friedberg 1979: 40).

Der Reproduktionsmechanismus Macht spielt daher in Organisationen eine zentrale Rolle. Die Strukturierung von Organisation mit Hilfe von hierarchischen Positionen verleiht quasi-automatisch unterschiedlichen Personen unterschiedliche Machtpotenziale für Überwachung, Sanktionen und Anreize. Macht wird in Organisationen zu Mikromacht als Teil der alltäglichen Mikropolitik, bei der Macht durch Hierarchie nur eine Form von mehreren Möglichkeiten darstellt. Als Ergebnis von Machtkämpfen steht der Status quo einem Organisationswandel entgegen, bei dem unterschiedliche Gruppen oder Personen mit ihren Interessen eine erhebliche Trägheit erzeugen (Hannan/Freeman 1984; Fligstein 1991). Dagegen bedroht ein Wandel oder eine Reform den Status quo, weil damit eine Umverteilung oder eine Infragestellung der etablierten Machtpositionen und Spielräume verbunden wäre (vgl. Schreyögg et al. 2003: 269; Hannan et al. 2006; Kühl 2001b). Eine einmal etablierte Lösung, die dem Status quo entspricht, kann so eine enorme Rigidität angesichts von Alternativen erzeugen.

Für die Pfadabhängigkeit von Organisationsidentitäten sind Formen als Definitionsmacht oder Deutungsmacht von Interesse, bei der bestimmte Personen eine bestimmte Interpretation der Situation durchsetzen können (Hatch/Schultz 2002: 1004f.; Fiol 1991: 204).[53] In Prozessen des »Sensegiving« gegenüber dem »Sensemaking« (vgl. Gioia/Chittipeddi 1991; Corley/Gioia 2004; Ravasi/Schultz 2006: 448) verfügen beispielsweise bestimmte Personen in der Organisation über die Möglichkeit, als Experten oder Gatekeeper die Interpretationen anderer Mitglieder zu beeinflussen, indem sie strategisch Informationen nicht zu Verfügung stellen oder sie in einer bestimmten Art und Weise präsentieren. In diesem Zusammenhang lässt sich die machtvolle Rolle des Managements herausstellen. So wird versucht, geteilte Deutungen zu etablieren und zu beeinflussen, um koordiniertes Verhalten der Mitglieder zu erzeugen: »Organizational members are subtly and not-so-subtly guided toward interpretations of what the organization represents and how it functions.« (Ashforth/Mael 1996: 35; vgl. Chreim 2005) Machtverhältnisse spiegeln sich in der Ausgestaltung der Organisationsstruktur (vgl. Greenwood/Hinings 1996), wobei die zentrale Frage der Kontinuität oder Änderung der Organisationsidentität auch eine Machtfrage darstellt (vgl. Hatch/Schultz 2002; Nag et al. 2007).

Eine Machtverteilung schreibt sich in die Organisationsidentität ein, indem bestimmte Aktivitäten kontinuierlich verfolgt werden, während andere nicht zur Verfügung stehen (Nag et al. 2007: 843). Die kontinuierliche Reproduktion bestimmter Elemente der Organisationsidentität ist damit unter Umständen eine Reflexion der Machtverhältnisse in der Organisation. Bestimmte Gruppen oder mächtige Akteure mobilisieren Ressourcen oder drohen zumindest mit diesen glaubhaft, um eine Veränderung der Organisationsidentität zu verhindern. Dabei ist hervorzuheben, dass die Organisationsidentität zum Teil selbst grob definiert, welche Regeln für wen gelten und wer über welche Ressourcen in der Organisation verfügen kann. Bestimmte Alternativen lassen sich dann der Machtverteilung entsprechend nicht umsetzten.

Ein Selbstverstärkungseffekt von Macht ergibt sich, wenn die Organisationsidentität zum einen durch Macht gestaltet wird, andererseits selbst

53 So ist die Zuschreibung von Legitimität zum Teil auch an Definitionsmacht gebunden (vgl. auch Berger/Luckmann 1980).

wiederum auch Machtchancen definiert, indem festgelegt wird, wer über welche Ressourcen verfügen kann und mit welchen Kriterien die Wichtigkeit dieser Ressourcen für die Organisation als Ganzes bewertet wird. Dieses führt, ähnlich wie bei Institutionen, zur Einschätzung, dass Macht zu mehr Macht verhilft und damit immer mehr Elemente der Organisationsidentität machtverstärkend angepasst werden können.

(e) Effekte durch Legitimität: Legitimität als der kollektiv geteilte Glaube an die Angemessenheit und Richtigkeit bestimmter Tatsachen (vgl. Berger/Luckmann 1980; Mahoney 2000) ist eine weitere wichtige Grundlage für Pfadabhängigkeit. Für die Organisation spielt Legitimität vor allem im Bereich der Organisationskultur eine Rolle. Organisationskultur als Bezugspunkt und Teil der Organisationsidentität (siehe Hatch/Schultz 1997, 2002; Fiol et al. 1998; Corley 2004; Corley et al. 2006) beschreibt vor allem durch die formellen Bereiche der Organisation eingerahmte, emergente Formen im Bereich der informellen Organisationsstrukturen (vgl. Meyerson/Martin 1987; Scott/Davis 2007). Folglich ist die Reproduktion von Teilen der Organisationsidentität durch die Zuschreibung von Legitimität gekennzeichnet:

»According to the enduring definitional standard, legitimate identity claims are, generally speaking, those organizational elements that have withstood the test of time.« (Whetten/Mackey 2002: 224; vgl. Whetten 2006)

Der regelmäßige Vollzug wird zum Symbol für deren Legitimität als Teil der Organisationsidentität (vgl. Ashforth/Mael 1996). Zum einen ist Legitimität die Ursache dafür, dass sich bestimmte Elemente der Organisationsidentität überhaupt dauerhaft reproduzieren. Zum anderen führt das gewohnheitsmäßige Einleben bestimmter Praktiken und Entscheidungsregeln zu einer Legitimierung, was wiederum die Elemente als Bestandteil der Organisationsidentität verankert. Durch diesen Mechanismus werden Veränderungsversuche systematisch behindert: »If beliefs about organizational identity are ignored, identity can act as a barrier to the implementtation of planned organizational change that threatens it.« (Reger et al. 1994: 578) In dem Maß, in dem Aspekte der Organisationsidentität als angemessen bewertet werden, lassen sich Alternativen nicht oder nur unter erheblichen Widerstand umsetzen (Ashforth/Mael 1996; Corley 2004; Ravasi/Schultz 2006; Jacobs et al. 2008).

Für Legitimität liegt der Ausgangspunkt in der allgemeinen Möglichkeit der Selbstverstärkung der Erwartungen der Legitimität (vgl. David 1994; Mahoney 2000). Auf Ebene der Organisationsidentität bedeutet dies, dass

Elemente, die einen gewissen Zeitraum überdauert haben, zu legitimen Elementen der Organisationsidentität werden (vgl. Whetten 2006). Die Organisationsidentität ist dann von einer sich selbst verstärkenden Zirkularität gekennzeichnet, die lautet: Legitimität durch Kontinuität und Kontinuität durch Legitimität der Identität.

3.1.4 Lock-in der Organisationsidentität

Wie für Institutionen, so gibt es auch für Organisationsidentitäten einen Unterschied zwischen Innovation, Feedbackphase und Reproduktion. Die Umstände, die zur Entwicklung einer bestimmten Logik der Organisationsidentität geführt haben, sind dabei im Verlauf nicht ursächlich für die spätere Reproduktion der Logik.

Indem Entscheidungen und Praktiken in die Identitätskonstruktion einfließen, ist dieses Verhältnis anfällig für Selbstverstärkungseffekte. Im Verlauf der Feedbackprozesse vergrößert sich der Abstand von den gewählten Konfigurationen der Organisationsidentität zu Alternativen. Entsteht in diesem Prozess entlang der angeführten Reproduktionsmechanismen Irreversibilität, führt dieses zu einem Lock-in der Organisationsidentität. Gleichzeitig existieren für die Ausgestaltung von Organisationsidentitäten an einem gegebenen Zeitpunkt oft mehrere Möglichkeiten. Dabei ist unsicher, welche der Möglichkeit die optimale ist. Entsprechend existieren in der Evolutionsdynamik von Organisationsidentitäten multiple lokale Optima, die unter den Bedingungen von Irreversibilität nicht beliebig ausgetauscht werden können.

Die oben angeführten Mechanismen bestimmen die Konstruktionsbedingungen der Kontinuität der Organisationsidentität. Die Pfadabhängigkeit der Organisation ist damit ein Ergebnis der pfadabhängigen (Re-)Konstruktion der Kontinuität der Organisationsidentität. Frühe Realisierungen der Organisationsidentität ziehen spezifische Organisationsaktivitäten nach sich, die diese Identitätsformulierungen bestätigen. Entsprechend lenkt dieser Prozess die Entwicklung der Organisation in eine von vielen möglichen Entwicklungsrichtungen, die dann mit der dauerhaften Reproduktion entsprechender Organisationsaktivitäten einhergeht. Allgemein und ohne direkten Bezug zum Pfadansatz wurde dieser Sachverhalt von einigen Autoren bereits umschrieben. Je nach dem Maß, in dem Identitäten irreversible Commitments beinhalten (Whetten 2006), findet sich die Organisation unter Umständen leicht in einer Identitätsfalle wieder

(Bouchikhi/Kimberly 2003), in der ein kollektives Lock-in von Aktivitäten zu beobachten ist, die in der Entwicklungsdynamik später nicht (mehr) zu den Umweltbedingungen passen (Ashforth/Mael 1996).

Unterstellt man, dass es sich bei Organisationsidentitäten um umkämpfte Strukturen handelt, dann stellt sich die Frage, wie ein Lock-in aufrechterhalten wird und wie Alternativen effektiv abgewehrt werden können. In einem Lock-in-Zustand hat die Identität ein lokales Optimum unter vielen Möglichen erreicht. Abweichungen sind immer möglich, in einem Lock-in werden diese jedoch systematisch durch negatives Feedback aus der Organisation behindert. In diesen Prozessen sind erneut die integrative und operative Funktion der Organisationsidentität grundlegend. Indem die Organisationsidentität eine Beobachtungslinse und einen Rahmen vorgibt sowie die Integration der unterschiedlichen Teile leistet, werden Aktivitäten beeinflusst. In diesem Verhältnis von Identität und Aktivität kommt es zu Konflikten, wenn beispielsweise eine bestimmte Praktik nicht den Vorgaben der Identität entspricht und damit die Identität in Frage stellt. Letztlich erwächst aus dieser Situation eine Bedrohung für die integrative Funktion der Organisationsidentität und damit für deren *Viabilität* (vgl. Seidl 2005).

Im Konfliktfall zeigt sich, dass in der Organisation Aktivitäten ergriffen werden und Programme anlaufen, die darauf ausgerichtet sind, den Konflikt zu bearbeiten und Bedrohungen der Organisationsidentität abzuwenden. Bei diesen Aktivitäten handelt es sich um erhaltende Identitätsarbeit. Angesichts von Identitätsbedrohungen werden beispielsweise Such- und Anpassungsprozesse angestoßen, die auf Integrationsmöglichkeiten von Abweichung in die existierende Identität ausgerichtet sind (vgl. Jacobs et al. 2008). Mit einem offensichtlichen Konflikt oder einer manifesten Bedrohung der Identität entsteht eine Uneindeutigkeit (Corley/Gioia 2004), die beispielsweise Rekonstruktionsaktivitäten auslöst, um eine offensichtliche Diskontinuität dennoch als kontinuierliche Entwicklung der Identität darzustellen (Ravasi/Schultz 2006). Gerade in Phasen des (induzierten) Organisationswandels sind solche Anstrengungen zu beobachten (Gioia/Thomas 1996), die in ihren Effekten weitestgehend mit Translations- und Editingprozessen vergleichbar sind (vgl. Sahlin-Andersson 1996; Sahlin/Wedlin 2008). In all diesen Beispielen werden umfangreiche Maßnahmen ergriffen, um eine etablierte Identität gegen alternative Deutungen und Abweichungen zu verteidigen.

Identität stellt als Rahmen eine Grundlage der Bestimmung von Konformität und Abweichung dar. Entsprechend können darauf aufbauend Sanktionen oder Anreize erfolgen. Einer identifizierten Abweichung wird demnach begegnet, um diese zu unterbinden oder sie anzupassen. Grundsätzlich sind diese Formen der erhaltenden Identitätsarbeit permanent notwendig, um die erforderliche Konsistenz der Organisationsidentität abzusichern sowie um die etablierte Konfiguration gegen einen permanent drohenden Zerfall zu schützen. Das gilt auch abseits von Pfadabhängigkeit. Es ist demnach zu unterstellen, dass diese Formen erhaltender Identitätsarbeit in vielen unterschiedlichen Konstellationen zu beobachten sind. Der Unterschied zu einer pfadabhängigen Situation besteht darin, dass die Aktivitäten der erhaltenden Identitätsarbeit mit systematischem Bezug auf die genannten Reproduktionsmechanismen ablaufen. Beziehen sich diese Aktivitäten systematisch auf Reproduktionsmechanismen (Kosten, Macht, Legitimität …), so dienen diese als Ressourcen, um ein erhebliches negatives Feedback erzeugen zu können. Entsprechend können bei einer Absicherung durch Reproduktionsmechanismen Alternativen dauerhaft abgewehrt werden.

3.2 Zwischenfazit: Pfadabhängigkeit der Organisationsidentität

Ziel des letzten Abschnittes war es, das Konzept der Pfadabhängigkeit mit der Forschung zu Organisationsidentität zu verknüpfen. Ein gemeinsamer Ansatzpunkt von Pfadkonzept und Organisationsidentität besteht im Selbstbezug der Organisation mit Hilfe der Organisationsidentität und dem zugrunde liegenden primären Feedbackzyklus. Feedback, Irreversibilität und Lock-in als Grundlagen des Pfadkonzeptes wurden für Organisationsidentitäten herausgearbeitet und mit einer Diskussion von Reproduktionsmechanismen (Investition, Lernen, Komplementarität, Macht, Legitimität) verbunden. Dabei konnte herausgestellt werden, dass ein Lock-in der Organisationsidentität durch erhaltende Identitätsarbeit gekennzeichnet ist. Ferner wurde argumentiert, dass sich in einem Lock-in Alternativen langfristig abwehren lassen, wenn die Formen der erhaltenden Identitätsarbeit systematisch auf die jeweiligen Reproduktionsmechanismen Bezug nehmen.

D. Organisationsidentität, Wandel und Institutionen

In diesem letzten Abschnitt der Arbeit werden die bisher entwickelten Argumentationslinien und -ebenen in einem integrierten Modell zusammengeführt, um die dritte leitende Frage nach den Konsequenzen der bisherigen Argumentation bezüglich des Organisationswandels in institutionellen Umwelten zu bearbeiten. Es geht hierbei um eine Integration der Überlegungen zu Eigenlogik und Umweltabhängigkeit der Organisation. Dafür werden die Ergebnisse der Auseinandersetzung mit dem soziologischen Neo-Institutionalismus und der Verbindung von institutionalisierten Organisationsmodellen und Organisationsidentität aufgegriffen. Diese Ergebnisse werden mit den gewonnenen Einsichten aus der Anwendung des Pfadansatzes auf Organisationsidentität verbunden.

Organisationsidentität wirkt als Rahmen und Beobachtungslinse für die Aktivitäten der Organisation. Um im Folgenden Teil eine bearbeitbare Argumentation leisten zu können, wird das Verständnis von Organisationswandel auf den Wandel der Organisationsidentität und den damit verbundenen Effekten begrenzt. Die Bedingungen des Organisationswandels entsprechen in diesem Sinn den Bedingungen des Wandels der Organisationsidentität. Um die Eigenschaften des Organisationswandels als Effekt von Organisationsidentitäten zu zeigen, werden die Effekte entlang bestimmter Dimensionen des Wandels diskutiert (ähnlich Corley et al. 2006: 94). Zunächst folgt eine Diskussion der Eigenschaften und Bedingungen des Wandels von Organisationsidentität, die um die Darstellung der Implikationen für Organisationswandel unter den Bedingungen einer Pfadabhängigkeit der Organisationsidentität ergänzt wird. Die gewonnenen Erkenntnisse werden mit den Aussagen zu institutionalisierten Modellen der Organisation verknüpft. Im Anschluss wird eine Integration der Perspektiven auf Organisationswandel in institutionellen Umwelten vorgenommen, bevor weiterführende Schlussfolgerungen für Organisationsidentität und Organisationswandel in institutionellen Umwelten gezogen werden.

1. Organisationswandel als Wandel der Organisationsidentität

Als grundlegende Dimensionen des Wandels von Organisationsidentität sind vor allem der Umfang und die Ursachen von Wandel sowie die Rolle von Intention herauszustellen. Hinzu kommt die Frage nach der Konsequenz des Wandels. Die Ausführungen zu Entkopplung und projizierten Images verweisen bereits auf diese Dimension. Schließlich kann hervorgehoben werden, dass die Integrität der Organisationsidentität in Bezug auf Wandel eine entscheidende Rolle spielt. Die Dimensionen werden in Tabelle 5 aufgestellt, wobei jeweils die Eckpunkte der entsprechenden Dimensionen abgetragen sind, die weiter unten für die Beschreibung von Organisationswandel zugrunde gelegt werden. In Ergänzung dieser Dimensionen des Organisationswandels und deren Ausprägungen wird die Rolle von legitimen, institutionalisierten Organisationsmodellen diskutiert. Dabei steht die Verbindung der Ausführung zu Organisationsidentitäten und der Aussagen zu Isomorphie im soziologischen Neo-Institutionalismus im Vordergrund.

1.1 Umfang: Radikaler vs. inkrementeller Wandel

Im Hinblick auf Organisationsidentitäten werden diverse Unterscheidungen bezüglich Wandels vorgenommen, um den Umfang zu bezeichnen. Dazu zählen beispielsweise fundamental/inkrementell (Reger et al. 1994); inkrementell/substanziell (Gioia/Thomas 1996) inkrementell/diskontinuierlich (Corley/Gioia 2004), adaptiv/umwälzend (Hannan et al. 2006), episodisch/kontinuierlich (Corley et al. 2006). Fox-Wolfgramm et al. (1998) unterscheiden im Bezug auf Organisationsidentitäten Wandel erster und zweiter Ordnung. Wandel erster Ordnung beschreibt schrittweise Anpassung als Form inkrementellen Wandels existierender Organisationsstrukturen. Radikaler Wandel als Wandel zweiter Ordnung dagegen entspricht Veränderungen, die von den etablierten Strukturen abweichen. Letztlich beschreiben diese Unterteilungen erneut ein Kontinuum, auf dem sich einzelne Fälle zwischen den Polen inkrementell und radikal entsprechend ihres Umfangs aufreihen lassen (siehe oben).

Tabelle 5: Dimensionen des Organisationswandels und deren Ausprägungen

Dimensionen		*Ausprägungen*	
Umfang/Art	inkrementell	←→	radikal
Ursachen	endogen	←→	exogen
Intention	emergent	←→	intendiert
Konsequenz	substanziell	←→	zeremoniell
Integrität	fragmentiert	←→	konsistent

Quelle: eigene Darstellung

Die ursprünglich eher statische Sicht auf Organisationsidentität von Albert und Whetten impliziert Wandel in einem Modell des punktierten Gleichgewichts (vgl. Romanelli/Tushman 1994). Identität wird als stabil definiert und Wandel ist, wenn überhaupt, nur in Ausnahmesituationen denkbar. So rufen Krisen eine Revision der Identität auf den Plan und zwingen die Organisationsmitglieder dazu, ihre kollektiv-geteilten Ansichten über die Organisation zu diskutieren und gegebenenfalls anzupassen. Gleich ob inkrementell oder radikal, die Beschäftigung mit Wandel widerspricht dabei dem von Albert und Whetten (1985) eingeführten Definitionskriterium der zeitlichen Stabilität der Organisationsidentität (Gioia/Thomas 1996). Während von einigen Autoren Wandelbarkeit als Ausschlusskriterium für Identitätselemente gewertet wird (Whetten/Mackey 2002), stehen empirische Befunde des Wandels von Organisationsidentitäten diesen Aussagen gegenüber. In der empirischen Analyse finden sich oft Hinweise, dass sich Organisationsidentitäten häufig in kleinen Schritten verändern (vgl. Gioia/Thomas 1996; Gioia et al. 2000; Corley/Gioia 2004; Chreim 2005). Es wird unterstellt, dass allgemeine Labels der Organisation stabil bleiben, während sich die Bedeutungen dieser Labels (kontinuierlich) verändern:

»[…] an organization can claim a stable identity, […] but the significance of such words as ›service‹, ›quality‹, and ›highest possible‹ can (and, in some circumstances, must) take on different meanings at different times and in different parts of the organization« (Corley 2004: 1149).

Damit decken diese Untersuchungen einen Mechanismus inkrementellen Wandels auf. Gerade im Zusammenspiel mit externen Erwartungen erhält die Organisationsidentität Flexibilität, aber auch eine adaptive Instabilität (Gioia et al. 2000).

Weiter oben wurde bereits argumentiert, dass es sich bei Identitätsformulierungen um »leere Begriffe« handelt (vgl. Ortmann 1995: 369ff.; Ortmann/Salzman 2002), die in konkreten Situationen mit Bedeutungen gefüllt werden. Gleichzeitig beschreiben gerade die konkrete Verbindung von Label und Bedeutung bzw. die damit verbundenen Interpretationsspielräume die operative und integrative Funktion der Organisationsidentität, indem Aktivität und Selbstbeschreibung zusammengeführt werden. Es lässt sich demnach schlussfolgern, dass Organisationsidentitäten zeitlich nicht streng stabil sind, sondern sich im Normalfall in kontinuierlich ablaufenden inkrementellen Anpassungsprozessen reproduzieren. Identitäten erscheinen damit nicht starr und unveränderlich, sondern besitzen eine gewisse Plastizität: »Some identities [...], like some balloons, can be expanded more than others without breaking; [...] some are expansive and some are restrictive.« (Fox-Wolfgramm et al. 1998: 121) Das Ausmaß der Fähigkeit, die Organisationsidentität in Bezug auf konkrete Problemsituationen schnell und umfassend anzupassen, unterscheidet Organisationen erheblich voneinander und stellt damit im besten Fall eine Kernkompetenzen dar (Fiol 2001, 2002). In der kritischen Auseinandersetzung mit der ursprünglichen Definition von Wandel wird inkrementeller Wandel beschrieben, der durch kontinuierliche Aushandlungsprozesse in der Organisation bestimmt ist. Je stärker jedoch die Plastizität der Organisationsidentität und damit die Möglichkeiten für inkrementellen Wandel eingeschränkt sind, desto wahrscheinlicher wird ein radikaler, punktierter Wandelprozess (Fox-Wolfgramm et al. 1998).

Wenn inkrementeller Wandel schrittweise Anpassungen erfasst, so beschreibt radikaler Wandel einen substanziellen Bruch in der Entwicklungsdynamik. Gioia und Thomas (1996: 394) formulieren diese so: »[...] for substantive change to occur, some basic features of identity also must change.« In einer anderen Darstellung wird in vergleichbarer Weise festgestellt, dass in einer veränderten Situation alte Bedeutungen nicht mehr passen: »[...] substantial changes require members to ›make new sense‹ – to develop new interpretations – of what their organization is about [...]« (Ravasi/Schultz 2006: 345).

Um die Formen des Wandels sauber abzugrenzen, wird hier die Logik der Identität als grundlegende Ordnung der Elemente zueinander verwendet. Diese Überlegungen verhalten sich analog zu den Ausführungen zu Institutionen. Der Umfang des Wandels beschreibt, wie weit ein Veränderungsprozess von der etablierten Logik der Identität abweicht. Sofern lediglich neue Interpretationen für existierende Labels eingeführt werden, die jedoch nicht der grundlegenden Logik widersprechen, kann von inkrementellen Wandel gesprochen werden. Wenn eine Veränderung die etablierte Logik der Identität durchbricht und eine neue Ordnung der Elemente erzeugt, ist der Wandelprozess als radikal zu bezeichnen.

In Bezug auf eine Pfadabhängigkeit der Organisationsidentität lässt sich diskutieren, warum nicht radikal andere Alternativen gewählt werden und aus welchem Grund Wandelprozesse in begrenzten Bahnen verlaufen. Im Fall von Pfadabhängigkeit wird eine bestimmte Logik der Identität reproduziert, da hier Irreversibilität wirkt und letztlich erhaltende Identitätsarbeit Alternativen systematisch abwehrt. In dieser Situation finden sich jedoch zudem erzeugende und zerstörende Aktivitäten. Unter der Bedingung von Pfadabhängigkeit kann der Wandel der Organisationsidentität auch inkrementell oder radikal verlaufen. Der inkrementelle oder radikale Wandel von Organisationsidentitäten lässt sich entsprechend als Wechselspiel von erzeugender, zerstörender und erhaltender Identitätsarbeit beschreiben. Die konkrete Form des Wandels wird durch die Mischung der unterschiedlichen Formen der Identitätsarbeit bestimmt.

Allgemein argumentieren Fox-Wolfgramm et al. (1998) im Anschluss an Hinings und Greenwood (1988), dass sich ein etablierter Archetyp der Organisation entlang bestimmter Pfade (Tracks) bewegt, da die Plastizität der Organisationsidentität die Anpassungsfähigkeit bestimmt. Die Trägheit der Organisation führt dazu, dass der Wandel des zentralen Modells der Organisation nur schrittweise verläuft. Zum Teil fallen Organisationen selbst nach anfänglichen Wandelerfolgen in alte Strukturen zurück. In der Analyse von zwei Banken zeigen die Autoren, dass die Organisationsidentität die Anpassungsbewegungen bestimmt und dabei alternative Lösungen blockiert. Organisationsidentitäten unterliegen dabei systematischen Behinderungen und Begrenzungen. Doch auch Wandelprozesse, die einen umfassenden Bruch mit der etablierten Identität beschreiben, können erhebliche Gegenreaktionen auslösen (Reger et al. 1994). Empirische Studien zeigen, dass im Fall der Abweichung von einer etablierten Identität umfangreiche Aktivitäten eingeleitet werden, um Veränderungen abzuwehren oder abzuschwächen (Dutton et al. 1994; Elsbach/Kramer 1996; Nag et al. 2007; Jacobs et al. 2008). Dabei werden beispielsweise Such- und Anpassungsaktivitäten gestartet, die die etablierte Identität erhalten oder eine Integration von etablierten und neuen Strukturen erreichen sollen. Starke Kräfte des Selbsterhalts der Organisationsidentität machen einen radikalen Wandel unwahrscheinlich und behindern systematisch grundlegende Veränderungen (Ashforth/Mael 1996; Fox-Wolfgramm et al. 1998).

Speziell lässt sich Wandel unter den Bedingungen der Pfadabhängigkeit der Organisationsidentität in Abhängigkeit zu Formen der Identitätsarbeit bestimmen. Die unterschiedlichen Arten des Wandels sind in Tabelle 6 dargestellt. Eine quasi-deterministische Pfadabhängigkeit als Form einer Hyperstabilität der Organisation ist durch starke erhaltende Identitätsarbeit gekennzeichnet, während keine relevanten erzeugenden oder zerstörenden Aktivitäten zu beobachten sind. In der Regel ist jedoch keine solche quasideterministische Reproduktion zu beobachten. Im Normalfall ist ein Lockin durch inkrementellen pfadabhängigen Wandel geprägt. Starke erhaltende Aktivitäten verhindern zwar systematisch die Umsetzung von starken abweichenden Alternativen, doch schwache erzeugende und zerstörende Formen von Identitätsarbeit sind in der Lage, Details der etablierten Lösung zu verändern oder anzupassen – beispielsweise die Bedeutung etablierter, pfadabhängig reproduzierter Labels. Eine Pfadabhängigkeit der Organisationsidentität beschreibt damit nicht eine Reproduktion des Gleichen. Vielmehr ist eine pfadabhängige Entwicklung der Organisationsidentität zu unterstellen, wobei diese Entwicklung in systematisch begrenzten Bahnen abläuft. Wandel der Identität ist immer möglich, es handelt sich aber um systematisch begrenzten Wandel.

Die ersten beiden Arten des Wandels bei Pfadabhängigkeit beschreiben die Kontinuität einer gegebenen Logik der Identität. Radikaler Wandel dagegen ist davon geprägt, dass erhaltende Kräfte erheblich abgeschwächt oder ausgehebelt werden können. Ein Pfadbruch als Bruch mit der etablierten Logik beschreibt eine Situation, in der starke erzeugende und zerstörende Formen der Identitätsarbeit schwache erhaltende Aktivitäten überlagern und eine neue Logik etablieren. Mit einer Pfadzerstörung verhält es sich analog. Gleichzeitig fehlen jedoch erzeugenden Aktivitäten, um eine neue Lösung zu etablieren. Die abgelöste Logik wird nicht durch eine neue ersetzt. Bei der Pfadkreation dominieren die erzeugenden Formen der Identitätsarbeit, die durch schwache erhaltende Aktivitäten unterstützt werden und nicht durch zerstörende Formen behindert werden.

Tabelle 6: Pfadabhängiger Wandel und verschiedene Formen der Identitätsarbeit

Arten des Wandels	*Erzeugend*	*Zerstörend*	*Erhaltend*
Quasi-deterministische Pfadabhängigkeit	keine	keine	stark
Inkrementeller pfadabhängiger Wandel	schwach	schwach	stark
Pfadbruch	stark	stark	schwach
Pfadzerstörung	keine	stark	keine
Pfadkreation	stark	keine / schwach	schwach

Quelle: eigene Darstellung

1.2 Ursachen: Endogene und exogener Einflüsse für Wandel und Stabilität

Die Ursachen für Veränderungen lassen sich ordnen, indem man externe von internen Quellen trennt. Wie bereits oben ausgeführt, ist ein zentraler Ansatzpunkt des Organisationsidentitäten-Konzeptes die Beschreibung der Identität-Image-Interaktion und damit der Beschreibung von exogen induzierten Wandel der Organisation (Gioia et al. 2000, siehe oben). Eine grundsätzliche Dynamik entsteht durch den permanenten, wechselseitigen Abgleich zwischen Identität und externen Beschreibungen. Die Organisationsidentität erscheint als Ergebnis eines kontinuierlichen Prozesses, der eine permanente Abstimmung interner und externer Elemente und

Beschreibung beinhaltet. Eine Kerneigenschaft der Organisationsidentität ist die adaptive Instabilität der Organisationsidentität durch die Wechselwirkung von Organisationsidentität und Image. Das Mismatch von externen Erwartungen und den tatsächlich beobachteten Aktivitäten der Organisation löst negatives Feedback aus. Dieses Auseinanderfallen stellt sich für die Organisation als Krisensituation dar. Eine solche Krise führt dann zu Reaktionen (vgl. Dutton/Dukerich 1991), bei der externe Beschreibungen interne Reflektionen und anschließend Veränderungsanstrengungen anstoßen, die selbst wiederum die Organisationsidentität beeinflussen (Ravasi/Schultz 2006).[54]

Differenzen zwischen externen Erwartungen und der Identität führen somit nicht selten zu Krisen der Identität. Dabei spielen institutionelle Veränderungen eine unmittelbare Rolle, wie beispielsweise bei der Regulierung von Banken (Fox-Wolfgramm et al. 1998), der Veränderung von Leitbildern im öffentlichen Sektor (Sahlin-Andersson 2000) wie auch bei wirtschaftlichen Anpassungsprozessen auf Arbeitsmärkten (Baron 2004; Hannan et al. 2006) oder auf Absatzmärkten (Ravasi/Schultz 2006). In Krisensituationen entsteht eine erhebliche Unsicherheit, die bei entsprechender Struktur des Organisationsfeldes einen Isomorphieprozess auslöst (DiMaggio/Powell 1983). Neue Modelle der Organisation versprechen in Krisen eine legitime Lösung der aufgeworfenen Probleme: »In such states of uncertainty, actors search around for more reliable experiences and models to imitate.« (Sahlin-Andersson 1996: 76)

Neben externen Quellen als Auslöser gibt es auch endogene Ursachen für Identitätswandel. Letztlich ist der Selbstbezug der Organisation in der Konstruktion der Organisationsidentität ein Faktor für Wandel. Gerade kontinuierliche Anpassungen der Auslegungen der Organisationsidentität beinhalten die Möglichkeit der Auseinanderentwicklung bestimmter Bereiche. Der Versuch, die unterschiedlichen Teile in die Identität zu integrieren, führt langfristig zu einem Veränderungsdruck, der durch die interne Dynamik der Teile der Organisation und deren Beziehung zueinander entsteht. Die Einführung abweichender Praktiken führt zu einem internen Konflikt und löst einen Wandel der Identität aus. Bei einer dichten Verknüpfung der Elemente werden so ganze Wandelkaskaden und

54 Die Interaktion von Identität und Image ist eine Funktion des Umfangs der Selbstbeobachtung der Organisation und des Strebens, Aktivitäten auf Legitimität und Akzeptanz zu prüfen (Fox-Wolfgramm et al. 1998; Price/Gioia 2008).

damit umfassendere Wandelprozesse ausgelöst (vgl. Hannan et al. 2003; Jacobs et al. 2008).

Da es sich bei der Organisationsidentität um vereinfachte Beschreibungen einer komplexen Wirklichkeit handelt, sind diese grundsätzlich für alternative Interpretationen anfällig.[55] Organisationsidentität ist zudem grundsätzlich fragil, da sie permanent durch alltägliche oder strategische Umdeutungen oder die Thematisierung von Alternativen bedroht ist. Akteure in mikropolitischen Konstellationen machen sich mitunter gerade diese Schwäche der Organisationsidentität zunutze, indem zum Beispiel ein bestimmter Ausschnitt der Organisationsidentität strategisch als unzutreffende Simplifikation entlarvt wird und eine alternative Deutung eingebracht wird. Gerade Wandelprozesse bieten eine Gelegenheit, die eigene Macht darzustellen oder die Machtverteilungen zu testen (Gioia et al. 1994). In diesem Sinne ist anzunehmen, dass die Organisationsidentität einen Hauptkristallisationspunkt darstellt, an dem sich die Akteure in ihren Machtspielen mit ihren mikropolitischen Strategien abarbeiten (vgl. Crozier/Friedberg 1979; Küpper/Ortmann 1988). Die Möglichkeit zur Ausdeutung der Kontinuität (vgl. Gioia et al. 2000) gibt Raum für Mikropolitik in Form von Deutungskämpfen und ist damit ein Faktor für endogenen Wandel der Organisationsidentität.

Für Pfadabhängigkeit der Organisationsidentität gilt, dass relevante exogene Schocks umfassenden Wandel auslösen. Die Reproduktion der Organisationsidentität ist immer auch abhängig von dem Zustand der relevanten Umwelt. Gleichzeitig führen auch endogene Prozesse zur Unterminierung einer etablierten Logik, wenn sich beispielsweise Aktivitäten in unterschiedlichen Bereichen in unvereinbare Richtungen entwickeln und sich dann nicht mehr in der etablierten Identitätsformulierung integrieren lassen.

---

55 Mit der Unterstellung einer Vollständigkeit der eigenen Beschreibung handelt es sich um eine Identitätsfiktion, die, da sie auf einer Simplifizierung der eigenen Komplexität beruhen muss, in keinem Fall dem entspricht, was in einer Organisation tatsächlich beobachtet werden kann. Damit ist die Selbstbeschreibung hoch anfällig für die Thematisierung von Bereichen, Praktiken und Tatsachen der Organisation, die durch die Selbstbeschreibung nicht vollständig abgebildet werden. Man kann einer Selbstbeschreibung eben auch zynisch gegenüberstehen, sie attackieren oder unterlaufen. Die Selbstbeschreibung innerhalb einer Organisation kann daher auf Grund unterschiedlicher Beobachtungsperspektiven erheblich fragmentiert sein. So können sich unterschiedliche Abteilungen oder Subkulturen innerhalb der Organisation auch sehr deutlich von einer offiziellen »Selbstbeschreibung von oben« (Luhmann 2000: 428) abgrenzen.

1.3 Intention: Emergenter und intendierter Wandel

Eine weitere Dimension des Wandels kann eingeführt werden, indem die Intention als Ursache unterschieden wird. Es lässt sich dann intendierter von emergentem Wandel abgrenzen. Intention und Wandel der Organisationsidentität treffen vor allem in Formen des Identitätsmanagements aufeinander. Hierbei handelt es sich um gezielte Steuerungsversuche, die an bestimmten Stellen ansetzen, um eine gewünschte Veränderung herbeizuführen. Dabei geht es beispielsweise um Eingriffe der Leitungsebene, die wiederum mit den komplexen Effekten unintendierter Handlungsfolgen einhergehen.

Für die Aktivitäten der Organisation stellt die Organisationsidentität eine Barriere für geplanten Organisationswandel dar (Reger et al. 1994). Geplanter Wandel gelingt, wenn sich Veränderungen in die etablierte Organisationsidentität integrieren lassen (Reger et al. 1994; Jacobs et al. 2008). Demgegenüber kann auch die Identität angepasst werden, um neue Aktivitäten verfolgen zu können. Eine Form intendierten Wandels der Organisationsidentität beinhaltet zuerst einmal zerstörende Identitätsarbeit: »To induce change, the organization must be destabilized and convinced that there is a necessity for a different way of seeing and being.« (Gioia et al. 2000: 75; vgl. Gioia/Chittipeddi 1991)

Die Erzeugung intendierter Uneindeutigkeit der Organisationsidentität (ambiguity-by-design) beschreibt eine Technik des Managements, mit der versucht wird, eine Neu-Interpretation der Organisationsidentität herbeizuführen. Manager erzeugen gezielt Uneindeutigkeit, indem alte Bedeutungen aktiv diskreditiert werden. So entsteht eine Art Vakuum bzw. Leerstelle an der diskreditierten Stelle der Organisationsidentität (void-of-meaning). Um den Wandel zu realisieren, werden gleichzeitig neue Bedeutungen als Lösung präsentiert. Wandel ist hier eine Kombination aus erzeugenden und zerstörenden Aktivitäten:»Top management can then fill the interpretational vacuum by offering a preferred view that lends structure to the equivocal setting [...]« (Gioia et al. 2000: 71–2; vgl. Beispiel bei Ravasi/Schultz 2006).

Eine weitere Variante, intendierten Wandel herbeizuführen, besteht darin, visionäre Identitäten (envisioned identities) zu erzeugen oder zu manipulieren. Die Bestimmung der Identität: »Wer sind Wir?«, ist verbunden mit der Frage: »Wer sind wir gewesen?«, dies beinhaltet aber auch die Frage: »Wer wollen wir sein?« (vgl. Albert/Whetten 1985; Gioia et al. 2000; Ashforth/Mael 1996; Fox-Wolfgramm et al. 1998). Die Projektion der eigenen Identität in die Zukunft ist dabei Bestandteil der gegenwärtigen Formulierung der Organisationsidentität. In diesem Fall kann von projizierten Organisationsidentitäten gesprochen werden. Diese visionären Formulierungen ermöglichen intendiertem Wandel. Visionen – als unvollständige, schematische (Selbst-)Projektionen der (eigenen) möglichen Zukunft – sind eine essenzielle Grundlage für strategisches Handeln in Organisationen (vgl. Ortmann/Salzman 2002), indem durch sie kollektiv geteilte Vorgaben für einen Wandel signalisiert werden. Wenn Aktivitäten der Organisation erfolgreich mit den Visionen verknüpft werden, lässt sich ein Wandel der Organisationsidentität herbeiführen (Gioia/Thomas 1996).

Neben Intentionen als Ursachen für Wandel kann auch die Emergenz als Eigenschaft der verschiedenen Teile der Organisation in ihrem komplexen Zusammenspiel Veränderungen auslösen. Dabei entsteht ein oft unausweichlicher Drift der Strukturen (vgl. Ortmann 2010). Nicht konkrete Personen, sondern die Entwicklungsdynamik der Aktivitäten ist hier die Ursache für Wandel. Die Emergenz von Identitätswandel zeigt sich beispielsweise in Kettenreaktionen, die durch kleinere Veränderungen entstehen. Eine scheinbar geringfügige Anpassung löst weitreichende Umwälzungen aus, wenn damit Kaskaden von Wandel ausgelöst werden (Hannan et al. 2003; Jacobs et al. 2008). Unbeabsichtigte Handlungsfolgen schaukeln sich auf und schlagen auf die Identität durch. Diese Eskalation einer Selbstverstärkungsdynamik wird durch den Feedbackprozess zwischen Beschreibung und Aktivität getragen.

Für die Betrachtung der Identitätsdynamik unter der Bedingung der Pfadabhängigkeit ist es wichtig hervorzuheben, dass Wandel in einem Lock-in prinzipiell immer möglich ist und durch intendierte Eingriffe herbeigeführt werden kann. Effektive zerstörende Identitätsarbeit hebelt eine Lock-in-Situation aus. Ein intendierter Pfadbruch ist die Folge (vgl. Sydow et al. 2009). Dabei erscheint die Beobachtung der Effekte von Pfadabhängigkeit als Schlüssel für eine aktive Überwindung eines suboptimalen Zustandes. Indem die systematischen Effekte der Reproduktionsmechanismen aufgedeckt werden, lassen sich Gegenmaßnahmen ergreifen, die eine Veränderung möglich machen (vgl. Beyer 2006a; siehe auch Schreyögg/Kliesch 2006). Unter den Bedingungen von Pfadabhängigkeit ist immer auch emergenter Wandel möglich. Das geschieht, analog zu den Ausführungen weiter oben, wenn sich die einzelnen Elemente, die in einem Lock-in miteinander verbunden sind, auseinanderentwickeln. Passen beispielsweise die Aktivitäten nicht mehr zu den simplifizierten Formulierungen der pfadabhängigen Organisationsidentität, kommt es zu einem Pfadbruch.

1.4 Konsequenz: Substanzieller und zeremonieller Wandel

Für die Beurteilung des Wandels von Organisationsidentität ist es wichtig, zwischen tatsächlicher Anpassung und bloßer Beeinflussung externer Beobachtung zu differenzieren. Liegt eine tatsächliche Anpassung vor, so kann der Wandel als substanziell bezeichnet werden. Wird lediglich ein bestimmtes Bild der Organisation nach außen dargestellt, so kann man diesen Wandel als zeremoniell einordnen. Ein zeremonieller Wandel der Organisationsidentität basiert entsprechend auf zeremonielle Identitätsarbeit.

Ein zentraler Mechanismus, mit dem ein zeremonieller Wandel erzeugt wird, ist die Projektion eines manipulierten Images der Organisation nach außen. Dabei werden sozial erwünschte Eigenschaften signalisiert, während die interne Selbstbeschreibung der Organisation und die tatsächlichen Aktivitäten erheblich abweichen (Gioia et al. 2000). Weiter oben wurde bereits der Zusammenhang zu Untersuchungen der Entkopplung ausgeführt.

Eine Projektion hat dabei eine entscheidende Nebenwirkung. Der Feedbackprozess zwischen dem projizierten Image, externen Beobachtern und der Organisation führt dazu, dass die von der Organisation behaupteten Eigenschaften auch tatsächlich erwartet werden. Damit verändert sich auch die Wahrnehmung der Organisation selbst und dies beeinflusst die tatsächliche (Re-)Konstruktion der Organisationsidentität (Corley 2004; vgl. Scott/Lane 2000). Ein Auseinanderfallen von externen und internen Beschreibungen der Organisation wird letztlich zu einem Problem für die Mitglieder der Organisation (Elsbach/Kramer 1996). Wird der Unterschied zwischen tatsächlicher Identität und Außendarstellung zu groß, löst dies einen Wandel der Identität aus (Ashforth/Mael 1996).

Die gerade beschriebene Nebenwirkung projizierter Images lässt sich jedoch auch intendiert und strategisch nutzen, wenn beispielsweise Manager in der sozialen Bezugsgruppe gezielt eine gewünschte Vision als Image verbreiten und mit Hilfe der daraus entstehenden Erwartungen ein interner Organisationswandel durchgesetzt wird:

»[...] management could project a desired future image that would serve as a catalyst for changing identity (image as the shaper of identity) [...] the projection of a compelling future image would destabilize identity and ›pull‹ it into alignment with the desired image« (Gioia/Thomas 1996: 394; vgl. Fiol 2002; Ravasi/Schultz 2006).

Grundsätzlich sind zeremoniellen oder visionären Akten in Wandelprozessen eine große Bedeutung zuzumessen (vgl. Fiol 2002; auch Gioia et al. 1994; Gioia/Chittipeddi 1991). Nicht zuletzt bieten zeremonielle Übernahmen Angriffspunkte für Mitglieder und Gruppen innerhalb der Organisation, eine Veränderung mit Bezug auf die Außendarstellung einzufordern (vgl. Campbell 2004). Aus diesem Grund erscheint die Annahme einer langfristigen Stabilität von systematischen Entkopplungen von Talk und Action sowie von Image und Identität fraglich. Gerade für die Bestimmung von Wandel oder Stabilität ist diese Unterscheidung von zentraler Bedeutung, indem rhetorischer, zeremonieller Wandel von strukturierendem, realem Wandel unterschieden wird (vgl. Delmestri/Basaglia 2008).

Rhetorische Instrumente dienen der Kommunikation und Aktivierung bei Wandelprozessen. Im Anschluss an die Ausführungen zum soziologischen Neo-Institutionalismus kann behauptet werden, dass das Verhältnis von Talk und Action potenziell zirkulär ist (vgl. Zbaracki 1998). Erst das Scheitern oder die mangelhafte Ausgestaltung der Maßnahme lässt die Rhetorik als leere Formel, als »Talk« erscheinen. Es gilt folglich:

> »The progression, therefore, might not be simply from substance to image but, rather, from substance to image to substance, as organization members seek congruence between the two.« (Gioia/Thomas 1996: 399)

Für die Betrachtung der Effekte der Pfadabhängigkeit von Organisationsidentitäten spielen vorrangig substanzielle Anpassungsformen eine Rolle. Mit zeremoniellen Außendarstellungen kann jedoch unter Umständen eine pfadabhängige Konfiguration der Organisationsidentität gegen externe Erwartungen von Wandel (kurzfristig) abgeschirmt werden.

1.5 Integrität: Fragmentierung und Konsistenz

Integrität ist eine Schlüsselkategorie bei der Analyse des Wandels von Organisationsidentität. Durch sie können Konsistenz und Fragmentierung der Organisationsidentität abgegrenzt werden.

Die Grundlage für die Funktion der Organisationsidentität ist der Erhalt einer minimalen Konsistenz der Identität über die Zeit hinweg. Das gilt auch im Angesicht externer Erwartungen. Entsprechend basieren operative und integrative Funktion und damit auch die *Viabilität* der

Identität auf der Konsistenz aus Beschreibung und Aktivität über die Zeit. Ohne kohärente Identität entstehen beispielsweise Schwierigkeiten, eine konsistente Strategie zu entwickeln (Ashforth/Mael 1996). Auch wird die Orientierungs- und Rahmungsleistung der Identität geschwächt, wenn gleichzeitig verschiedene Deutungen der Organisation als Ganzes existieren. Der Grad der Konsistenz hat Einfluss auf die Möglichkeiten der Veränderung. Eine Offenheit der Formulierungen der Organisationsidentität erhöht das Potenzial für Wandel:

»If the organizational identity is not precisely pinned down, it can accommodate many different presentations and actions; it can accommodate many complex pursuits; and it can engage in planned and unplanned change without appearing to violate its basic (and ostensibly enduring) values.« (Gioia 1998: 23; vgl. dazu Gioia et al. 2000; Baron 2004)

Je schwächer die Konsistenz der Organisationsidentität ausgeprägt ist, desto größer ist der Umfang des Wandels, der beobachtet werden kann. Je stärker die erhaltenden Kräfte eine Fragmentierung verhindern können, desto geringer ist die Wahrscheinlichkeit für einen Wandel der Organisationsidentität. Die Plastizität der Organisationsidentität ist damit eine Funktion der Kohärenz der Identität (Fox-Wolfgramm et al. 1998). Überhaupt beinhaltet jeder Wandel der Organisationsidentität die Auflösung von Konsistenz und eine folgende Wiederherstellung:

»All change, however, involves some process of moving from an existing clarity of understanding to doubt, uncertainty, and/or ambiguity, and ultimately to a state of renewed clarity [...]« (Corley/Gioia 2004: 174; vgl. Seidl 2005)

Eine inkonsistente Organisationsidentität ist fragil und erweist sich beispielsweise systematisch anfällig für Bestrebungen von Gruppen in der Organisation, Konflikte zu provozieren und diese zu nutzen, um Alternativen zur existierenden Identität durchzusetzen (siehe Ashforth/Mael 1996; Glynn 2000; ähnliches Argument bei Greenwood/Hinings 1996). Solche Konflikte führen dann zu Wandel:

»[...] if [organizational identity; SK] claims are chronically contradicted by strategic choices or routine practices, or if an [organizational identity; SK] is increasingly out-of-step with members' preferences or environmental demands, then dissatisfaction and cynicism may result. This creeping cynicism mayor may not foster change.« (Ashforth/Mael 1996: 41)

Wie bereits oben ausgeführt wurde, lassen sich Uneindeutigkeit und Konflikte aktiv für einen geplanten Wandel instrumentalisieren. Bei Uneindeutigkeit und Widersprüchlichkeit der Organisationsidentität werden aber auch Maßnahmen ergriffen, um die Konsistenz wiederherzustellen (Ravasi/Schultz 2006).

Eine systematische Fragmentierung erhält die Organisationsidentität in Form multipler Identitäten. Indem eine Organisation gleichzeitig unterschiedliche und zum Teil widersprüchliche Identitätsformulierungen aufrechterhält, existiert im Alltag von Organisationen eine erhebliche Uneindeutigkeit. Damit entstehen Probleme, die Konsistenz der Identität darzustellen und aufrechtzuerhalten. Solche Organisationen sind im ungünstigsten Fall durch Dauerkonflikte gekennzeichnet, die darum kreisen festzustellen, was genau die Organisation als Ganzes ist (vgl. Albert/Whetten 1985). Demgegenüber finden sich auch Einschätzungen, dass multiple Identitäten durchaus koexistieren und Konflikte eher latent als manifest erscheinen (Pratt/Foreman 2000; Corley et al. 2006).

Eine Pfadabhängigkeit beschreibt einen Zustand, bei dem die Konsistenz einer gegebenen Organisationsidentität über die Zeit und gegen Alternativen aufrechterhalten wird. Unter der Bedingung einer starken Fragmentierung bzw. Inkonsistenz der Organisationsidentität ist daher eine pfadabhängige Reproduktion unwahrscheinlich. Allgemein lässt sich dieser Zusammenhang wie folgt formulieren:

»Though facets of the [organizational identity; SK] may evolve, the more clearly articulated and consensual the [organizational identity; SK], the more likely that changes in [organizational identity; SK] will be path dependent.« (Barney/Stewart 2000: 37)

In diesem Sinn sind die Eigenschaften multipler Identitäten für Pfadabhängigkeit relevant, da Folgendes gilt: »Parallele Prozesse mindern das Risiko, daß der Pfad der lokalen Maximierung in einer Sackgasse endet […]« (Wiesenthal 1990: 66). Multiplizität als Form der Fragmentierung der Organisationsidentität ist ein Gegenmittel gegen Pfadabhängigkeit und Lock-in. Allein erzeugen multiple Identitäten als Nebenwirkungen einen Verlust an Eindeutigkeit.

Dabei ergibt sich eine weitere Möglichkeit eines Pfadbruches durch die Entwicklung von Redundanzen als »ruhende Ressourcen« der Organisationsidentität (vgl. Crouch/Farrell 2004; siehe auch Schüßler 2009). Es besteht hier die Möglichkeit der emergenten Auseinanderentwicklung oder des strategischen Einsatzes zum Pfadbruch. Wenn gleichzeitig mehrere Varianten verfolgt werden, lassen sich Pfade brechen, indem auf andere Aspekte der Identität umgeschaltet wird. Gerade multiple Identitäten lassen sich einsetzen, um einen Lock-in-Zustand zu vermeiden oder zu verlassen. Gleichzeitig sind gerade multiple Identitäten anfällig für emergente Wandelprozesse, wenn sich die zugrunde liegenden Logiken auseinanderentwickeln.

1.6 Institution: Die Rolle institutionalisierter Modelle der Organisation

Im Anschluss an die unterschiedlichen Aspekte des Wandels von Organisationsidentitäten wird nun die Rolle, die institutionalisierte Modelle der Organisation spielen, erläutert. Dabei lassen sich die Aussagen von Powell und DiMaggio (1983) auf Modelle der Organisation und von Identitätswandel anwenden. Die Anpassungen lassen sich zum einen als Reaktion auf externen Erwartungsdruck durch Zwang oder normativen Druck verstehen. Zum anderen finden sich Anpassungen aus Unsicherheit, die eine Form eines mimetischen Isomorphismus beschreiben.

Weiter oben wurden Modelle der Organisation als institutionalisierte Erwartungen beschrieben, die sich auf die Organisation als Ganzes beziehen. Eine Anpassung an solche externen Erwartungen erscheint als logische Folge der adaptiven Instabilität von Organisationsidentitäten und der Abhängigkeit von bestimmten Stakeholder-Gruppen (vgl. Gioia et al. 2000; Brown 2001; Brickson 2005). Dabei ist die Identität-Image-Interaktion ein maßgeblicher Katalysator für Isomorphie. Identität beinhaltet durch ihren relationalen Charakter im Umweltbezug eine Dynamik der Angleichung an die Erwartungen im sozialen Kontext. Letztlich verbindet sich mit einer Übernahme institutionalisierter Strukturen eine gewisse Absicherung im Organisation-Umwelt-Verhältnis (Sahlin-Andersson 1996; Brown 2001). Gleichzeitig werden institutionalisierte Erwartungen in ihrer Logik auf die Strukturen der Organisation bezogen, in diese übersetzt und eingearbeitet (vgl. Sahlin/Wedlin 2008). Damit ist neben der homogenisierenden Wirkung der Identität-Umwelt-Beziehung auch ein differenzierender Effekt vorhanden.

Lösungen und Modelle können nur selten eins zu eins umgesetzt werden und sind normalerweise Gegenstand von emergenten Aushandlungsprozessen (vgl. Gioia et al. 1994; Sahlin-Andersson 1996; Ashforth/Mael 1996; Quack et al. 2004; Sahlin/Wedlin 2008; ähnlich auch Dierkes et al. 1992). Ein Beispiel für einen solchen Wandel der Organisationsidentität entlang eines institutionalisierten Modells wurde in Studien zum New Public Management beobachtet (Brunsson/Sahlin-Andersson 2000). Dabei konnte eine Anpassung der Identitäten von öffentlichen Organisationen an neue, allgemeine Erwartungen beobachtet werden. Es wurde jedoch auch sichtbar, dass diese Organisationen nur schwer den neuen Anforderungen einer veränderten sozialen Form entsprechen können.

Ein zweiter Ausgangspunkt für die Anpassung an institutionalisierte Modelle der Organisation ist Unsicherheit. In der Argumentation von Powell und DiMaggio (1983) passen sich die Organisationen an, indem sie legitime Vorlagen imitieren. Unsicherheiten entstehen beispielsweise durch das Auseinanderfallen von externen Erwartungen und Organisationsidentität. Gleichzeitig ist der Wandel der Organisationsidentität selbst mit Unsicherheit behaftet (Sahlin-Andersson 1996).

Wandel erzeugt eine paradoxe Situation (Seidl 2005: 116ff.; Gioia et al. 1994; Fiol 2002). Er beinhaltet gleichzeitig Stabilität und Veränderung und zwingt daher zum Navigieren zwischen dem Aufrechterhalten der notwendigen Kontinuität einerseits und Steuerungsversuchen des Umbruchs andererseits (Gioia/Thomas 1996). Die Darstellung der Organisationsidentität als Kontinuität von Vergangenheit und Gegenwart wird offensichtlich durchbrochen, was die Organisation mit erheblicher Komplexität konfrontiert. Während die existierende Ordnung ihre Funktionsfähigkeit tagtäglich unter Beweis gestellt hat und zum Teil als gegeben hingenommen wird, sind die tatsächlichen Eigenschaften und Folgen einer neuen Lösung gar nicht oder nur schwer absehbar. Dabei führt Unsicherheit dazu, dass Organisationen erhebliche Trägheit aufweisen, weil alternative Lösungen unsicher sind oder nach einem Experiment schnell zu den etablierten Strukturen und Routinen zurückgekehrt wird (Hinings/Greenwood 1988).

Institutionalisierte Modelle der Organisation bieten der einer unsicheren Situation des Wandels ein funktionales Äquivalent für die zu ändernden Teile der etablierten Identität, beispielsweise in Form eines Leitbildes (vgl. Dierkes et al. 1992; Kirchner et al. 2008). Das institutionalisierte Modell wird im Veränderungsprozess zum Teil der visionären Identität. Noch bevor die neuen Strukturen und Routinen eingesetzt werden und sie ihre Funktionsfähigkeit unter Beweis stellen können, sind diese unter Umständen mit einem erheblichen Legitimationsdefizit behaftet (vgl. Gioia et al. 1994; Kirchner et al. 2008). Die Organisation nutzt in der Phase des Wandels diese Modelle, um die Diskontinuität auf der Ebene der Organisationsidentität zu verarbeiten. Dabei wird deutlich, dass in kritischen und paradoxen Situationen des Organisationswandels Modelle der Organisation eine zentrale Rolle einnehmen. Organisationsmodelle sind für Reorganisationsprozesse wichtig, da sie in ergebnisoffenen Prozessen und damit in kritischen Situationen der temporären Entkopplung eine Basis für Orientierung, Motivierung und Koordinierung der Organisationsmitglieder herstellen (vgl. Dierkes/Marz 1998; Kirchner et al. 2008). Vor allem wird die Organisation durch legitime Organisationsmodelle in einer unsicheren Situation von Begründungszwängen entlastet, indem sie auf ein allgemein legitimiertes Konzept zurückgreift (vgl. Meyer/Rowan 1977; dazu auch Kühl 2002).

Unsicherheit mündet jedoch nicht zwangsläufig in Isomorphie. Gerade die Eigenlogik der Organisationsidentität ermöglicht es, dass, obwohl man sich in einer Krise befindet, das dominante Modell im Markt gerade nicht übernommen wird. In einer Untersuchung von Bang & Olufsen zeigen Ravasi und Schultz (2006), dass auf das Unternehmen ein erheblicher Druck durch die japanische Konkurrenz und durch Händler ausgeübt wurde, deren Erfolgsmodell zu imitieren. Doch gerade durch eine Bestimmung der Differenz zu anderen Anbietern wurde eine neue Strategie entwickelt. Eine starke Organisationsidentität bietet damit eine Möglichkeit zum Widerstand gegen institutionellen Druck und zur Abweichung von Reputationszwängen.

In Bezug auf Pfadabhängigkeit ist die Aufrechterhaltung der Organisationsidentität angesichts institutionellen Drucks besonders interessant. In ihrer Analyse der Entwicklung der ASEAN Family Business Groups (FBGs) beschreiben Carney und Gedajlovic (2002) das Auseinanderfallen von Organisationsstrukturen und Organisationsumwelt, das durch die Persistenz von Kerneigenschaften bestimmt ist. Die Autoren beschreiben die Entwicklung dieser Familenunternehmensgruppen von der postkolonialen Zeit bis zur Gegenwart. In den Gründungsjahren war die spezifische Organisationsform von den vorherrschenden institutionellen und ökonomischen Umweltbedingungen geprägt. In den folgenden Jahrzehnten veränderten sich die institutionellen und ökonomischen Umweltbedingungen grundlegend. Die Selbstdefinition als unabhängiges Familienunternehmen erschwerte in den folgenden Zeitabschnitten den notwendigen Zugang zu externen Kapitalquellen, gut ausgebildeten externen Managern und anderen hochqualifizierten Mitarbeitern. Im Ergebnis treten die FBGs weiterhin als Importeure auf und nicht als Innovatoren in Hochtechnologiebereichen. Die pfadabhängig reproduzierte Strategie war und ist in diesem Fall darauf orientiert, existierende Produkte mit niedrigen Kosten und hoher Qualität geringfügig zu verbessern. Die Selbstdefinition als

Familienunternehmen verhindert wiederholt und erfolgreich, dass alternative Strategien und abweichende Kompetenzentwicklungen verfolgt werden. Die anfänglich angepassten und erfolgreichen Strukturen und Strategien, die um den Kernaspekt des Vertrauens innerhalb der Unternehmerfamilien gebaut sind, verfestigen sich im Zeitverlauf als integraler Bestandteil der Identität der Organisationen und können auch unter geänderten Umweltbedingungen aufgrund von Pfadabhängigkeit nicht angepasst werden.

In dieser Situation der Pfadabhängigkeit wurden keine notwendigen Kompetenzen entwickelt, um die eigene Wettbewerbsfähigkeit zu erhöhen und sich so an die Marktumwelt anzupassen. Ganz im Gegenteil führte die Auseinandersetzung mit externen Gegebenheiten dazu, dass nicht die Strategie verändert wurde, sondern die Organisationen sich eine neue Umwelt suchten: »[...] many FBGs have chosen to adapt by changing environments rather than developing new capabilities [...]« (Carney/Gedajlovic 2002: 20). Mit dieser Exit-Strategie kommen die Unternehmen einer drohenden Selektion zuvor und weichen dem Markt- und Erwartungsdruck erfolgreich aus. Das tun sie, indem sie zunehmend in Billiglohnländer expandieren und sich so nicht der Umwelt anpassen, sondern eine neue Organisationsumwelt auswählen.

Gerade die Organisationsidentität erscheint als ein wirksames Gegengewicht angesichts externer Erwartungen, wobei das Motiv der Selbsterhaltung von Kernbestandteilen einen erheblichen Widerstand gegen die Zumutung weit verbreiteter Modelle erzeugen kann (Ashforth/Mael 1996). Organisationsidentität ist damit eine Instanz, mit der externe Erwartungen nicht nur verhandelt und lokal angepasst werden (vgl. Sahlin/Wedlin 2008), sondern sie beschreibt gleichzeitig eine Instanz der Organisation, mit dem externe Erwartungen letztlich erfolgreich und dauerhaft abgewehrt werden können.

Die Trägheit der Identität angesichts von externem, institutionellem Druck verweist auf ein Spannungsverhältnis zwischen der Eigenlogik der Organisation und einem externen Druck zur Isomorphie. Dieses entspricht der allgemeinen Spannung zwischen internen Anforderungen an Kontinuität und externen Erwartungen. Damit existiert eine Differenz zwischen der eigenlogischen, pfadabhängigen Reproduktion der Identität und den Aktivitäten der Organisation einerseits und institutionalisierte Erwartungen in der Umwelt andererseits. Die Möglichkeiten für Stabilität und Wandel leiten sich entsprechend dem Zusammenspiel der beiden eigenständigen Ebenen, der Organisation und der institutionellen Umwelt, ab.

2. Umweltabhängigkeit, Coevolutionäres Lock-in und Eigenlogik

Auf Grundlage der vorangehenden Argumentation wird hier ein Modell des Organisationswandels in institutionellen Umwelten entworfen. Die Ausführungen und Erkenntnisse zu Organisationsidentitäten, Pfadabhängigkeit und Neo-Institutionalismus werden dazu zusammengeführt. Grundlage ist die Annahme, dass die Stabilität und der Wandel von Organisationen entlang von institutionalisierten Organisationsmodellen ein auf mehreren Ebenen angesiedeltes Phänomen beschreibt. Dabei sind die Verknüpfung von Institution und Organisationsidentität sowie das Wechselspiel zwischen diesen Ebenen maßgeblich für die Bestimmung der Möglichkeiten für Organisationswandel.

Die endogenen Bedingungen für Stabilität der Organisationsidentität wurden weiter oben diskutiert. Der primäre Feedbackkreislauf ist dabei die Grundlage für die Pfadabhängigkeit der Organisationsidentität. Gleichzeitig ist selbstverständlich, dass diese Stabilitätsbedingungen immer vor dem Hintergrund einer bestimmten Umweltsituation gelten, mit der die Organisation in Verbindung steht. Die Verbindung von Institution und Organisation ist weiter oben als Kopplung (vgl. Weick 1976; Orton/Weick 1990) und genauer als Synchronisation herausgestellt worden (vgl. Kirchner 2008).

Um die Wechselwirkung zwischen der Umwelt und der Reproduktionsdynamik der Organisationsidentität genau zu bestimmen, kann nun auf den erweiterten Feedbackkreislauf zurückgegriffen werden. Die folgende, integrierte Beschreibung der Verbindung von Organisationsidentität und Umwelt basiert auf der Wechselwirkung und Differenz von primären und erweiterten Feedback.

2.1 Umweltabhängigkeit und Eigenlogik

Die Grundthese des Neo-Institutionalismus ist die Unterstellung einer Anpassung der Organisation an die institutionelle Umwelt. Mit einem dauerhaften Bezug zu Institutionen werden dabei exogene Ursachen maßgeblich für die Stabilität einer Organisation. Beispielsweise ist das der Fall, wenn Organisationen aufgrund von externen Zwang (vgl. DiMaggio/Powell 1983; Oliver 1992) bestimmte Praktiken oder Identitätselemente einführen und reproduzieren. Eine solche einfache Anpassung an institutionelle Erwartungen und deren Reproduktion allein beschreibt aber keine Pfadabhängigkeit auf der Ebene der Organisation. Die empirische Beobachtung einer Hyperstabilität von Organisationen erklärt sich in solchen Situationen nicht aus einem pfadabhängigen Selbstbezug, sondern aus effektiven, externen Sanktionen, die bei einer Abweichung drohen. Die Stabilität der Organisation ist hier eine Folge der Stabilitätsbedingungen der Institution. Eine solche Konformität mit externen Erwartungen beschreibt eine Umweltabhängigkeit der Organisation. Die Veränderungsresistenz ist nicht auf eine Pfadabhängigkeit der Organisation zurückzuführen, sondern auf die Eigenschaft der Kopplung mit der Institution. Hinings und Greenwood (1996: 1028; vgl. DiMaggio/Powell 1991) beschreiben diesen Zusammenhang in einer allgemeinen Darstellung wie folgt:

»[...] the greater the extent to which organizations are tightly coupled to a prevailing archetypal template within a highly structured field, the greater the degree of instability in the face of external shocks. [...] the rigidity of tight coupling and high structuredness produces resistance to change [...]«

Bei einer solchen engen Kopplung übersetzt sich beispielsweise der (radikale) Wandel der institutionellen Umwelt in einen (radikalen) Wandel der Organisation (vgl. Lewin et al. 1999). Organisationswandel lässt sich in dieser Konstellation tatsächlich als ein Reflex der institutionellen Ebene verstehen und kann in dieser Perspektive auf die Stabilitätsbedingungen der Institution zurückgeführt und mit dieser weitestgehend erklärt werden. Für die Organisation sind die Ursachen der Reproduktion und des Wandels hierbei vorrangig exogen und weniger endogen (vgl. Oliver 1992).

Formen der exogenen Stabilität der Organisation durch Umweltabhängigkeit zeigen sich auch bei der Interaktion von Organisationsidentität und der Reputation der Organisation als Form externer Erwartungen (vgl. King/Whetten 2008). Die Reputation der Organisation beschreibt eine externe Quelle der Trägheit von Organisationen (vgl. David 2007).

»Not only are reputations, as cognitive structures, resistant to change themselves, but they also create inertia in constituents' actions vis-à-vis an organization. This inertial property of corporate reputations provides firms that enjoy favorable reputations with a buffer in bad times. However, it also limits the manageability of reputations in the short run.« (Bouchikhi et al. 1998: 61)

Mit den eigenen Aktivitäten erzeugt die Organisation eine bestimmte Reputation und findet sich in den Abstimmungsprozessen zwischen internen und externen Beschreibungen unter Umständen in einer Situation wieder, in der sie auch bei Abweichungen wiederholt auf eine bestimmte externe Beschreibung festgelegt wird. Der Versuch, Kongruenz zwischen Identität und der trägen Reputation zu erreichen, führt dabei zu einer hohen Stabilität (vgl. Gioia et al. 2000).

Als Umweltabhängigkeit entstehen die Bedingungen für Stabilität und Wandel der Organisation durch einen Bezug oder eine Kopplung mit externen Erwartungen und leiten sich daher aus den Bedingungen für Stabilität und Wandel dieser externen Erwartungsstrukturen ab. In genau einem solchen Fall eines trivialen Verhältnisses von Organisation und Institution greift die klassische Erklärung neo-institutionalistischer Ansätze. Gleichwohl reichen solche Ansätze, die eine Umweltabhängigkeit als Formen externer Stabilisierung von Organisation durch Kopplung unterstellen, allein nicht aus, um die empirische Beobachtung der Widerstandsfähigkeit bis hin zur Hyperstabilität von Organisationen auch im Angesicht institutionellen Wandels zu erklären (vgl. Stinchcombe 1965; Hannan/Freeman 1977, 1984; Sydow et al. 2009).

In der Argumentationskette dieser Arbeit stehen sich nun Institution und Organisation als miteinander gekoppelte, jedoch eigenlogische Ebenen gegenüber. In dieser Untersuchung soll aber gerade eine nicht triviale Verbindung von Institution und Organisation unterstellt werden. Inwieweit und in welchem Umfang diese Bedingungen der Nicht-Trivialität zutreffen, bleibt hier eine empirische Frage. An sich folgt jedoch bereits aus der Annahme der Kopplung bzw. Entkopplung, dass unterschiedliche Ebenen miteinander in Verbindung stehen, die jeweils einer Eigenlogik folgen (vgl. Weick 1976; Orton/Weick 1990). Weiter oben in Teil C wurde argumentiert, dass letztlich beide Ebenen unabhängig voneinander Pfadabhängigkeit ausbilden können. Aus der Perspektive der Organisation heraus entsteht so eine Situation, in der Stabilität und Wandel der Organisation mit Umweltbedingungen verknüpft sind. Durch eine Interaktion mit der Umwelt lässt sich die Perspektive von Pfadabhängigkeit erweitern. Organisationswandel und Stabilität sind hier ein Resultat der Interaktion von unterschiedlichen Ebenen.

2.2 Coevolution: Technologien, Institutionen und Organisationen

Um dieses Problem der Verbindung von zwei eigenständigen Ebenen zu bearbeiten, wird nun das Konzept der Coevolution aufgegriffen. Im Folgenden wird unterstellt, dass diese Verbindung von Organisationsidentität und Institutionen durch coevolutionäre Feedbackprozesse bestimmt wird. Im Fall von Selbstverstärkungsprozessen und Irreversibilität entsteht dabei ein coevolutionäres Lock-in. Entsprechend ergeben sich diverse Konsequenzen für die Beschreibung von Organisationswandel in institutionellen Umwelten.

»Coevolution« ist ein theoretischer Ansatz, der in Bezug auf die Fragestellungen dieser Arbeit hilft zu verstehen, wie sich Organisation und Umwelt wechselseitig beeinflussen. Coevolutions-Prozesse entstehen auf verschiedenen Ebenen, innerhalb, aber auch zwischen Organisationen (Baum/Singh 1994; McKelvey 1997; vgl. Kimberly/Bouchikhi 1995). Der Ansatz der Coevolution ist durch bestimmte Grundannahmen geprägt. Allgemein umfasst er mehrere Ebenen, zwischen denen multi-direktionale Kausalitäten und Feedbackeffekte zu beobachten sind (Lewin et al. 1999; vgl. Baum/Singh 1994). Pfadabhängigkeit ist dabei eine mögliche Folge von Coevolutionsprozessen (Lewin/Volberda 1999: 526f.). Grundlegende Konzepte der Coevolution haben sich mit der Beziehung zwischen Organisationen und Technologien auseinandergesetzt (Baum/Singh 1994; Nelson 1994), beispielsweise in der Analyse der Durchsetzung dominanter, teilweise pfadabhängiger Designs (siehe Rosenkopf/Tushman 1994; Van de Ven/Garud 1994).

Neben der Untersuchung von Technologien ist auch die Interaktion von Organisationen und Marktumwelten mit dem Coevolutionsansatz analysiert worden. Levinthal und Myatt (1994) beobachten beispielsweise eine coevolutionäre Selbstverstärkungsdynamik, die durch einen Feedbackprozess zwischen der Marktposition und Lernprozessen in der Organisation ausgelöst wird. Dabei kommt es zu einer Ausrichtung organisationaler Kompetenzen, die mit den Bedingungen des jeweiligen Marktes abgestimmt sind. So entstehen Entwicklungspfade der Kompetenzen, die sich im Verlauf als äußerst rigide herausstellen (vgl. Teece et al. 1997).

In einer ganz ähnlichen Art und Weise argumentiert auch Burgelman (2002, 2008) in seiner Untersuchung der Strategieevolution des Chip-Herstellers Intel. In der Coevolution der Unternehmensstrategie und der

Marktumwelt entsteht ein positiver Feedbackeffekt[56], der sich vor allem auf die Ausrichtung der Kernaktivitäten und des Organisationslernens auswirkt. Hier wird eine große Ähnlichkeit zum Verhältnis von Organisationsidentität und institutioneller Umwelt erkennbar. In der Coevolution von Unternehmen und Chip-Markt entsteht ein coevolutionäres Lock-in, das die folgende Situation hervorruft:

»[...] a positive feedback process that increasingly ties the previous success of a company's strategy to that of its existing product-market environment, thereby making it difficult to change strategic direction.« (Burgelman 2002: 326)

Eine anfänglich äußerst erfolgreich angepasste Strategie führt durch Selbstverstärkungseffekte zu einen Lock-in-Zustand und wird im Verlauf zu einer Quelle erheblicher Anpassungsschwierigkeiten: »[...]while Intel's lock-in with the PC market segment remained strong, the lock-in of the PC market segment with Intel was perhaps loosening.« (Burgelman 2002: 342) Das coevolutionäre Lock-in beschreibt eine Situation, in der durch die Abstimmung mit der Umwelt Entwicklungswege eingeschlagen werden. Beinhaltet dieser Abstimmungsprozess Irreversibilität, so entsteht eine Pfadabhängigkeit der Organisation. Gerade der Versuch der optimalen Anpassung der Organisation durch strategische Entscheidungen, Kompetenzentwicklung und Lernaktivitäten führt letztlich zu einer systematischen Trägheit und damit zur Unfähigkeit, auf Umweltveränderungen (am Markt) reagieren zu können. Die Ursachen für diese Trägheit liegen dann zwar auf der Seite der Organisation, begründen sich in ihrer Ausprägung jedoch durch die coevolutionäre Dynamik zwischen Organisation und deren Umwelt.

Grundsätzlich kann unterstellt werden, dass die Organisation gleichzeitig in unterschiedlichen Dimensionen einen Austausch von Input und Output gewährleisten muss (vgl. Thompson 1967), dazu gehören Technologien und Märkte, aber auch Institutionen. So finden sich auch in Bezug auf institutionelle Umwelten Ansätze zur Coevolution mit Organisationen. Richard W. Scott bemerkt dazu:

56 Brugelman erläutert dazu: »Intel's success created a positive feedback loop that made it increasingly able to appropriate the available rents in the PC industry. This asymmetry, however, also required Intel to make more and more of the investments necessary to secure timely industry adoption of its ever more powerful microprocessors, including manufacturing investments, R&D investments in enabling technologies [...] « (Burgelman 2008: 9).

»[...] we need studies that focus on the relation between institutional and organizational processes. Such focus may be termed ›the coevolution of institutions and organizations‹ [...]« (Scott 1995: 147; vgl. Scott 2001: 189ff.)[57]

Ein Beispiel einer Coevolution zwischen Institutionen und Organisationen behandelt die Untersuchung von Haveman und Rao (1997), die die Dynamik von Kerneigenschaften bestimmter Organisationen im Finanzsektor beschreibt. Dabei zeigt sich deutlich, dass die Entwicklungen von Institutionen und Organisationen eng miteinander verknüpft ablaufen. Diese rekursive Verknüpfung von Populationen, einzelnen Organisationen und institutionalisierten Organisationsmodellen ist die Grundlage für eine coevolutionäre Erklärung. In der Analyse wird deutlich, dass in evolutionären Prozessen auf der Populationsebene nicht ausschließlich Selektion stattfindet, sondern dass in bestimmten Phasen auch die Anpassung der Organisationen an Veränderungen die Entwicklungsdynamik prägt. Die scheinbar unvereinbare Gegenüberstellung von Anpassung und Selektion wird im Ansatz der Coevolution bewusst aufgelöst. Letztlich sind beide Prozesse für eine Erklärung notwendig (siehe Lewin et al. 1999; Lewin/Volberda 1999, 2003b; Lewin/Volberda 2003a; Volberda/Lewin 2003; vgl. Flier et al. 2003).

2.3 Coevolutionäres Feedback und coevolutionäres Lock-in

Mit der Bestimmung der Organisationsidentität als Ebene der Verbindung zwischen Organisation und Institutionen stellt sich nun die Frage, wie die Überlegungen zu Coevolution die Beschreibung der Stabilität und des Wandels der Organisation in institutionellen Umwelten erweitern.

Organisationsidentität wird als Teil von coevolutionären Prozessen bestimmt, die zwischen Organisation und Umwelt ablaufen (vgl. Rodrigues/Child 2003; Djelic/Ainamo 1999). Eine Coevolution von Umwelt und Organisation umfasst dabei Populationen und Organisationsformen, die wiederum Identitäten definieren (Lewin et al. 1999). Die Entstehung und die beständige Reproduktion bestimmter (konformer oder abweichender) Organisationsformen beeinflusst wiederum das Organisationsfeld sowie die Organisationsidentitäten in der Population (vgl. Levinthal/Myatt 1994; Poroc 1994; Carney/Gedajlovic 2002). Etablierte Institutionen werden so stabilisiert oder destabilisiert.

57 In der zweiten und dritten Auflage des Buches fehlt diese explizite Forderung.

Grundlage für alle diese coevolutionären Dynamiken sind Feedbackprozesse zwischen Organisation und Umwelt (Levinthal/Myatt 1994: 49; Baum/Singh 1994). Im Fall von Organisationsidentitäten umfasst dieser Feedbackprozess die Kommunikation und Verarbeitung von Umwelterwartungen sowie die Reaktion auf diese Erwartungen und die Wahrnehmung und Verarbeitung dieser Erwartungen durch externe Beobachter. Die Einbettung der Organisationsidentität in deren sozialen Kontext lässt sich somit als coevolutionäre Verbindung bestimmen. Diese Abläufe sind weiter oben im Teil B bereits im Modell eines erweiterten Feedbackprozesses beschrieben worden.

In Abbildung 5 sind die zugrunde liegenden Abläufe noch einmal kurz dargestellt. Der primäre Feedbackzyklus der Organisationsidentität läuft innerhalb der Organisation ab, während diese mit Umwelterwartungen konfrontiert wird. Die Identität-Image-Interaktion ist so Ausgangspunkt für die Coevolution von externen Erwartungen und Organisationsstrukturen.

(A) Feedback: Kommunikation/Wahrnehmung der Erwartungen: Mit dem Abgleich zwischen Organisationsidentität und externen Erwartungen verarbeitet die Organisation die Differenz von Selbstbeschreibung und den Beschreibungen durch externe Beobachter (vgl. Dutton/Dukerich 1991; Gioia et al. 2000; Hatch/Schultz 2002; Ravasi/Schultz 2006). Wird unterstellt, dass es sich bei den dargestellten Erwartungen um institutionalisierte Erwartungen in einer sozialen Bezugsgruppe handelt, dann lassen sich an dieser Stelle die Ansichten des Neo-Institutionalismus einfügen. Der Druck zur Ausrichtung der Organisationsidentität hin zu allgemein legitimierten Modellen (siehe Brown 2001; Foreman/Whetten 2002: 622; Whetten 2006) entspricht dann dem Druck zur Strukturangleichung, der wiederum durch Zwang, mimetische Prozesse oder normativen Druck erzeugt wird (DiMaggio/Powell 1983; Strang/Soule 1998). Die Erwartung einer Passung mit Rationalitätsmythen entspricht hierbei der Anpassung an eine allgemein erwartete Form als institutionalisiertes Modell der Organisation.

(B) Externe Beobachtung: Soziale Kontrolle und Überwachung von Konformität: Pfeil B bezeichnet die Wahrnehmung und Beschreibung der Organisation durch externe Beobachter. In einem Prozess sozialer Kontrolle wird dabei die Abweichung oder die Konformität mit allgemeinen Erwartungen beobachtet, verarbeitet und entsprechend sanktioniert oder positiv bewertet (vgl. Berger/Luckmann 1980). Es wird festgestellt, ob eine

Organisation beispielsweise im Einklang mit einer bestimmten institutionalisierten Logik aufgebaut ist oder nicht. Entsprechend der Verarbeitung dieser Wahrnehmungen wirkt sich dieser Prozess auf die Zuschreibung von Legitimität bzw. die Reputation der Organisation aus. Eine Beobachtung von Konformität mit allgemeinen Erwartungen führt dabei zu einem positiven Feedback. Eine Abweichung löst entsprechend negative Feedbackeffekte aus. Mit dem Bezug der Organisationsidentität auf eine institutionalisierte Logik (Synchronisation) entsteht eine rekursive Verbindung von Organisation und Institution.

Abbildung 5: Coevolutionäres Feedback

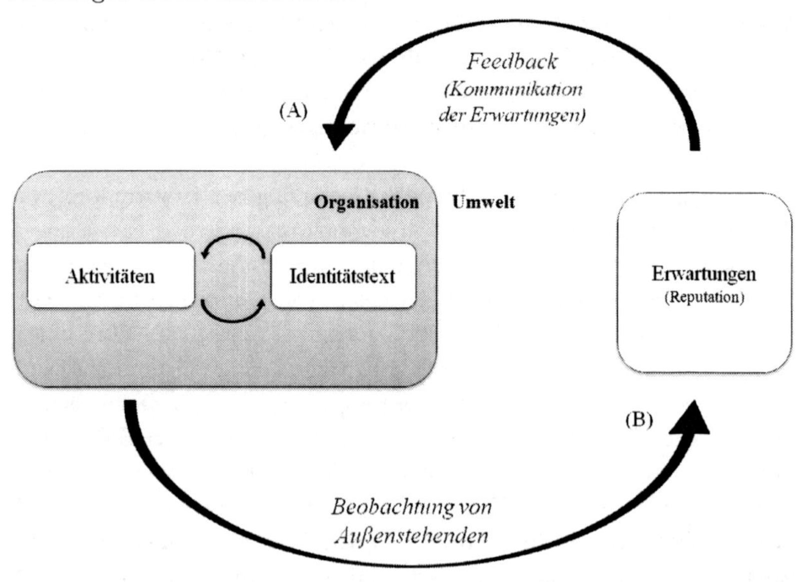

Quelle: eigene Darstellung

Hier vollzieht sich ein coevolutionärer Feedbackprozess. Indem die Konformität einer Organisation allgemeine Erwartungen realisiert, signalisiert sie deren Legitimität. Nichts anderes wird in Diffusionsstudien unterstellt. Dieser Mechanismus verknüpft die Organisation und das Feld, indem hier eine (marginale) Bestätigung der Legitimität der Institution (innerhalb der Verteilung in einem Feld) signalisiert wird. Je einflussreicher oder zentraler eine bestimmte Organisation ist, desto stärker ist das Gewicht der Bestätigung für das gesamte Organisationsfeld. Das führt dazu, dass sich eine strategische Beeinflussung anbietet (vgl. Meyer/Rowan 1977; DiMaggio/owell 1983). Bei einem vergleichsweise kleinen Organisationsfeld hat beispielsweise die Konformität einer (zentralen) Organisation einen entsprechend größeren Einfluss (vgl. Rodrigues/Child 2003). Die Einhaltung von Erwartungen verstärkt die Erwartungen in der Population (vgl. David 1994) und ein coevolutionärer Selbstverstärkungsprozess durch Legitimität entsteht. Dieser Feedbackeffekt zeigt sich beispielsweise auch bei Bandwagon-Effekten (Abrahamson/Rosenkopf 1993: 488). In dem Maß, in dem die Zahl der Adoptoren in einem Feld zunimmt, kann sich die Organisation zunehmend schlechter den allgemeinen Erwartungen entziehen. Die internen Einschätzungen werden dann von externem Druck überlagert (Tolbert/Zucker 1996). Jedoch entsteht ein Lock-in nur, wenn Reproduktionsmechanismen greifen und anders als bei Moden einen dauerhaften Struktureffekt erzeugen.

Die Organisationsidentität beschreibt einen Mechanismus, der zwischen internen Anforderungen für Kontinuität und externem Druck vermittelt. Damit bietet das Konzept der Identität der Organisation einen zentralen Ansatz zur Erklärung von Anpassung und Abweichung von Organisationen in institutionellen Umwelten. Nur ein Ansatz, der dauerhaften Widerstand gegen allgemeine Erwartungen einbezieht, kann letztlich das Potenzial für Innovation und Wandel aufdecken. Am Anfang jeder Diffusionsdynamik stehen einzelne Innovatoren, die eine Abweichung von bisherigen Erwartungen und institutionellen Logiken verfolgen und gerade damit zum Ausgangspunkt für institutionellen Wandel werden. Die Stabilität einzelner Organisationen gegenüber Erwartungen der institutionellen Umwelt wird dabei zum Ausgangspunkt für eine institutionelle Dynamik in Organisationsfeldern. Indem Organisationsidentitäten Abweichungen stabilisieren und Widerstand ermöglichen, sind sie Ausgangspunkt für institutionellen Wandel. Die Dynamik zwischen Organisationsidentität und Institution erfordert dabei eine coevolutionäre Perspektive, um die Freiheitsgrade und Einflüsse der Ebenen abzubilden.

Die Betrachtung der Austauschprozesse zwischen Organisation und Institution macht es jedoch möglich, die Effekte der Eigenlogik der Organisation in diesen Prozessen zu bestimmen und damit eine Quelle der Persistenz von Organisation zu identifizieren. Bei der Konstruktion der Organisationsidentität verläuft der Umweltbezug nicht unabhängig vom Selbstbezug der Organisation. Auch wenn Elemente aus der Umwelt (in einer eigenlogischen Imitation) übernommen werden, müssen diese Elemente im Selbstbezug der Organisation als kontinuierliches Element der Organisationsidentität immer wieder reproduziert werden. Als Kernbestandteile der Organisation stellen sie *viable* Selbstbeschreibungen dar, die ihre integrative und operative Funktion erfüllen. Mit der Kopplung zwischen Institution und Organisation kommt es zu einer Synchronisation der beiden Ebenen. Beinhaltet diese Synchronisation im primären Feedbackkreislauf der Organisationsidentität Irreversibilität, dann kann sich auf Ebene der Organisation Pfadabhängigkeit einstellen.

Konkret beschreiben Institutionen als Modelle der Organisation bestimmte Rezepte der Konfiguration von zentralen Organisationsstrukturen. Im Prozess der lokalen Umsetzung als Imitation der institutionellen Vorgaben ergeben sich Investitionseffekte, Lerneffekte sowie Effekte durch Komplementarität, Macht und Legitimität. In der Abstimmung der Organisationsstrukturen mit externen Vorgaben entsteht unter der Bedingung von Irreversibilität und Selbstverstärkung ein Lock-in-Zustand.

Bei einem coevolutionären Lock-in (Burgelman 2002, 2008) führt der anfänglich erfolgreiche Versuch der Anpassung an spezifische Umweltbedingungen zu einer bestimmten Entwicklungsrichtung der Organisationsstrukturen. Durch Feedbackprozesse innerhalb der Organisation, die mit Irreversibilität verbunden sind, entsteht ein Lock-in. Im Zeitverlauf entstehen zwischen den eigenlogischen Entwicklungsverläufen von Organisation und Institution mitunter erhebliche Abweichungen. Nicht nur massive, sondern auch graduelle Veränderungen der Umwelt werden dann nicht von einer entsprechenden Anpassung der Organisation begleitet. Ein Mismatch zwischen Institution und Organisation ist die Folge, bei dem sich die Organisation aufgrund der Pfadabhängigkeit der eigenen Strukturen stabil reproduziert, obwohl eine erhebliche Differenz mit externen Erwartungen besteht.

Die Dynamik einer anfänglicher Passung und eigenlogischen Ablösung beschreibt ein Imprinting von Umweltbedingungen in die Strukturen der Organisation (vgl. Stinchcombe 1965; Johnson 2007). Entwicklungsentscheidungen und die Zuordnung in allgemeine Modelle, die sehr früh in der Entwicklung der Organisation getroffen wurden, wirken mitunter noch lange nach (Baron 2004: 24; Whetten 2006). In dem Moment, in dem ein institutionalisiertes Modell der Organisation erfolgreich in die Organisationsidentität übersetzt wird, wird dieses zum Bestandteil der eigenlogischen Reproduktion der Organisationsidentität (Synchronisierung). Schließlich erfüllt es seine integrative und operative Funktion für die Organisation als

Ganzes. Sofern sich eine pfadabhängige Entwicklung der Reproduktion der Organisationsidentität einstellt, wird das Modell als Teil der Organisationsidentität auch bei einer Veränderung der institutionalisierten Erwartungen weiter kontinuierlich reproduziert.

2.4 Diskussion: Pfadabhängigkeit als Mehrebenenphänomen

In den bisherigen Überlegungen zu Pfadabhängigkeit und Neo-Institutionalismus entsteht über die behandelten Punkte hinaus eine Frage, die in der existierenden Literatur weitestgehend unbeachtet geblieben ist. In dieser Arbeit wurde die Pfadabhängigkeit von Organisationsidentitäten in institutionellen Umwelten diskutiert. Pfadabhängigkeit betrifft jedoch gleichzeitig Institutionen und Organisationen:

> »Organizational procedures and forms may persevere because of path dependent patterns of development in which initial choices preclude future options, including those that would have been more effective in the long run. These processes occur both at the level of the individual organization and at the collective level of the industry or the field.« (Powell 1991: 193)

Es handelt sich demnach um zwei unterschiedliche Ebenen, die sich jeweils unter der Bedingung von Pfadabhängigkeit reproduzieren können. Durch deren rekursiven Momente haben sowohl Institutionen als auch Organisationsidentitäten ein Potenzial und eine Tendenz zur Pfadabhängigkeit. Pfadabhängigkeit ist damit ein Phänomen, dass sich nicht selten, sondern häufig entwickelt (vgl. Bassanini/Dosi 2001) und auf unterschiedlichen Ebenen miteinander gekoppelt auftritt. Dabei ist aber wichtig zu betonen, dass nicht jede Form der Nicht-Veränderung oder Trägheit pfadabhängig ist. Vielmehr kann hervorgehoben werden, dass die benannten Bedingungen erfüllt sein müssen, das sind: Selbstverstärkungseffekte, Irreversibilität und Reproduktionsmechanismen. Pfadabhängigkeit erscheint damit als ein Phänomen, das mehrere Ebenen umfasst (Kirchner 2008). Als ein Grund für die hohe Veränderungsresistenz pfadabhängiger Strukturen erscheint dabei gerade die Kopplung unterschiedlicher, jeweils pfadabhängiger Ebenen. Durch eine Selbstähnlichkeit der Reproduktionsmechanismen wird eine enorme Stabilität erzeugt, wenn eine konkrete Ebene nicht nur durch die unmittelbaren pfadabhängigen Reproduktionsprozesse stabilisiert wird, sondern gleichzeitig die gekoppelte Ebene wiederum pfadabhängigen Reproduktionsdynamiken unterliegt. Eine Erklärung für eine enorme Hyperstabilität institutioneller Rahmenbedingungen ist in diesem Sinne die Unterstellung der Kopplung und Selbstähnlichkeit unterschiedlicher Ebenen, wobei Organisationsidentitäten eine zentrale Ebene der Reproduktion bilden.

Fazit und Schluss

Ausgehend von den in der Literatur vertretenen Positionen, Organisationen seien entweder hyperstabil oder veränderten sich leicht und flexibel in Abhängigkeit von ihrer Umwelt, wurden die Fragestellungen und die Kernthese der Arbeit entwickelt. Diese Kernthese besagt, dass durch eine Bestimmung der Ebene der Organisation mit dem Konzept der Organisationsidentität die Bedingungen von Stabilität und Wandel von Organisationen in institutionellen Umwelten herausgearbeitet werden können. In der Arbeit wurden Ansätze diskutiert, die das Konzept der Organisationsidentität, die Verbindung von Organisation und Institution sowie Stabilität und Wandel von Organisationen bearbeiten. Eine Integration dieser drei vorgestellten Perspektiven existierte bisher nicht. Es ist jedoch gerade die These dieser Arbeit, dass eine Verknüpfung dieser Ansätze eine Verbesserung des Verständnisses von Organisationswandel in institutionellen Umwelten leistet.

In der Einleitung wurden drei leitende Fragen aufgeworfen. Entlang dieser Fragen wurden die Abschnitte der Arbeit aufgebaut. Die zugrunde gelegten Konzepte wurden jeweils diskutiert und entsprechende Vorschläge zu deren Verbindung erarbeitet, um schließlich einen Vorschlag für eine integrierte Perspektive zu entwerfen. Der Verlauf der Argumentation soll nun noch einmal zusammengefasst und die Ergebnisse dargestellt werden.

In Teil A wurde das Konzept der Organisationsidentität als Grundlage der gesamten Argumentation eingeführt. Dabei wurden zwei zentrale Bezugspunkte in der Identitätsliteratur diskutiert. Zum einen handelt es sich dabei um die Organisationsidentität in der Perspektive der »Sozialer-Akteur-Ansätze.« Wichtige Eigenschaften sind hier der zentrale, zeitlich stabile, unterscheidende Charakter der Organisationsidentität. Zum anderen existieren Ansätze, die Organisationsidentitäten als einen kontinuierlichen Reproduktionsprozess beschreiben. Identitäten sind dabei Gegenstand der kontinuierlichen Interpretation und Auseinandersetzung der

Organisationsmitglieder. Mit dieser zweiten Sichtweise ergibt sich jedoch das Problem der Integration der Trägheit von Organisationsidentitäten, die in einer großen Zahl von Untersuchungen herausgearbeitet wurde. Entsprechend wurde ein Vorschlag zur Erweiterung des Konzeptes erarbeitet. In Ergänzung der ausgeführten Ansätze wurde Organisationsidentität, in Anlehnung an David Seidl (2005), als Selbstbeschreibungstext der Organisation bestimmt, der in einem kontinuierlichen Feedback von operativer und integrativer Funktion reproduziert wird. Identität prägt dabei Aktivität und Aktivität prägt Identität.

Die Verbindung von Institution und Organisation unter Berücksichtigung des Organisationsidentitätskonzeptes ist Kernaspekt in Teil B. Als Grundlage des Abschnittes diente die erste leitende Frage der Arbeit: Welche Eigenschaften bestimmen die Verbindung zwischen Organisation und Institution? Aufbauend auf einer allgemeinen Diskussion der Grundlagen des soziologischen Neo-Institutionalismus wurden Organisationsmodelle als Gegenstand der Institutionalisierung herausgearbeitet. Dabei wurden Modelle der Organisation, das heißt Erwartungen hinsichtlich der Organisation als Ganzes, von Modellen des Organisierens, das heißt institutionalisierte Erwartungen in Bezug auf einzelne Organisationspraktiken, unterschieden. Im Anschluss wurden Konzepte des soziologischen Neo-Institutionalismus aufgegriffen, die Spielräume von Organisationsaktivitäten in institutionellen Umwelten beschreiben. Dazu zählen die Beschreibung strategischer Reaktionsmöglichkeiten, das Entkopplungskonzept sowie der weniger verbreitete Translationsansatz. Aus der Diskussion der Konzepte wurde geschlussfolgert, dass lediglich der Translationsansatz eine tragfähige Beschreibung der Verbindung von Institution und Organisation bereitstellt. Die Lösung wird in diesem Ansatz bereits mit dem Begriff der Organisationsidentität geleistet. Jedoch wird der Begriff dort nicht vollständig in seinen Implikationen ausgeführt und er wurde von den Autoren bisher auch nicht an die Organisationsidentitätsdebatte angeschlossen.

Entsprechend folgte der Diskussion der Konzepte des soziologischen Neo-Institutionalismus eine Entwicklung einer Verbindung von Organisationsidentität und Institutionen. Bereits bei dem Konzept von Berger und Luckmann, der wissenssoziologischen Grundlage des soziologischen Neo-Institutionalismus, erscheinen Identitäten als zentraler Bezugspunkt für Institutionen. Gleichzeitig sind die Verbindungen zum Ansatz der Organisationsidentität bisher nur selten nachvollzogen worden. Gerade der Fokus auf Reputation im Identitätsansatz gegenüber der Konzentration auf Legitimität im Neo-Institutionalismus erscheint als Differenz. Reputation und Legitimität beschreiben jeweils Erwartungen der Umwelt, die gegenüber der Organisation formuliert werden, und sind Teil von Feedbackprozessen. Entsprechend lassen sich die Konzepte miteinander verknüpfen. Dabei gerät auch das Spannungsverhältnis von Isomorphie (Ähnlichkeit) und Eigenlogik (Unterschiedlichkeit/Wettbewerb) in den Blick. Die Organisationsidentität wurde als Element der Argumentation eingeführt, um zwischen Eigenlogik und Umweltabhängigkeit der Organisation vermitteln zu können. Grob definiert, beschreibt die Identität einer Organisation deren Kern und wirkt damit substanziell auch auf andere mögliche Verbindungen zwischen Organisation und Institution.[58]

Eine Organisation verortet sich nicht ausschließlich durch Selbstbeobachtung (Selbstbezug), sondern bezieht sich auch auf Beobachtungen, die von externen Perspektiven aus angefertigt werden (Umweltbezug). Das entwickelte Feedbackmodell von integrativer und operativer Funktion wird dabei durch externe Beobachtung und die Rückmeldung dieser Beobachtungen an die Organisation erweitert. Im Einklang mit neo-institutionalistischen Positionen lassen sich an diesem Punkt Beeinflussungen externer Beobachter und Anpassungsprozesse als Reaktionsmöglichkeiten herausstellen. Durch eine Spiegelung der Organisationsidentität im Image der Organisation werden die Konvergenz sowie die Differenz von Wahrnehmungen innerhalb und außerhalb der Organisation abbildbar. Externe Beobachter reduzieren Komplexität, indem sie, ähnlich wie bei Individuen (vgl. Simmel 1992: 42ff.; Berger/Luckmann 1980), auch Organisationen in allgemeine Kategorien oder Typen einordnen und damit verknüpfte Erwartungen formulieren. Dabei handelt es sich gleichzeitig um eine Grundlage der Institutionalisierung als wechselseitige Typisierung wie auch um eine allgemeine Basis organisationaler Interaktion. Die grobe Einteilung in bestimmte Organisationstypen strukturiert Aktivitäten. Sie ist damit eine Grundlage für die Interaktionen von Organisationen mit deren Umwelt (vgl. dazu King/Whetten 2008: 197f.).

Eine Anpassung an externe Erwartungen lässt sich aus der Identitätsperspektive als Problem der Selbst- und Umweltreferenz (Whetten 2006)

58 Bei Organisationsidentität handelt es sich nicht um die einzige mögliche Ebene einer Verbindung zwischen Institution und Organisation. Gleichzeitig beschreibt die Organisationsidentität zentrale Aspekte der Organisation und wirkt auf andere Ebenen einer möglichen Verbindung als Rahmen und Beobachtungslinse.

oder als eine Frage der adaptiv-instabilen Organisationsidentität verstehen (Gioia et al. 2000). Eine substanzielle, nicht-zeremonielle Verbindung von Institution und Organisation entsteht durch eine Verbindung von institutionalisierten Modellen der Organisation und Organisationsidentität. Dabei kommt es zu einer Synchronisierung interner und externer Feedbackprozesse. Eine dauerhafte Integration externer Erwartungen in den Selbstbeschreibungstext der Organisation erfolgt nur, wenn diese Erwartungen *viable* Bestandteile des Feedbacks von integrativer und operativer Funktion werden. Bleibt diese Integration aus, ist keine dauerhafte Reproduktion auf Ebene der Organisationsidentität gegeben. Organisationsidentität ist damit Ziel und Mediator institutioneller Erwartungen.

In Reaktion auf Erwartungen der Umwelt wurden spezifische Anpassungs-, aber auch Ausweichreaktionen der Organisationsidentität diskutiert. Aus Sicht des soziologischen Neo-Institutionalismus handelt es sich bei der Beeinflussung externer Beobachter um eine Form der Entkopplung. In der Perspektive der Organisationsidentitätsforschung beschreiben projizierte Images oder Aktivitäten des Impression Management vergleichbare Formen der Beeinflussung. Mit zeremoniellen Praktiken und Entscheidungen wird Konformität nach außen signalisiert, obwohl die tatsächlichen Aktivitäten abweichend verlaufen. Eine besondere Form der Anpassung beschreibt die Ausbildung multipler Identitäten. Dabei versuchen Organisationen in ihren zentralen Strukturen gleichzeitig mehreren Anforderungen zu entsprechen. Mit Hilfe multipler Organisationsidentitäten erfolgt beispielsweise eine Anpassung in einer Situation widersprüchlicher institutioneller Logiken.

Teil C der Arbeit beschäftigte sich mit Pfadabhängigkeit als Erklärung für Stabilität und Wandel von Organisationen. Dabei wurde Pfadabhängigkeit auf das Konzept der Organisationsidentität angewendet. Ausgangspunkt war hier die zweite leitende Frage: Was sind die Bedingungen für Stabilität und Wandel der Organisation? Aus der Diskussion technologischer und institutioneller Pfadabhängigkeitskonzepte wurden zentrale Punkte herausgearbeitet. Dieser Abschnitt wurde durch die aktuelle Forschung zur Pfadabhängigkeit von Organisationen ergänzt. Im Ergebnis konnte Pfadabhängigkeit als Konzept herausgearbeitet werden, das auf Selbstverstärkungsprozessen, Irreversibilität, Reproduktionsmechanismen und einem Lock-in-Zustand angesichts von Alternativen basiert. Darauf aufbauend, wurde eine Übertragung des Pfadansatzes auf Organisationsidentitäten vorgenommen. Es konnte gezeigt werden, dass eine Pfadabhängigkeit der Organisationsidentität auf den grundlegenden Feedbackprozessen von integrativer und operativer Funktion der Identität beruht. Die allgemeinen Aussagen in der Literatur zur Trägheit von Organisationsidentitäten wurde daran anschließend mit der Beschreibung konkreter Reproduktionsmechanismen verbunden. Diese umfassen Investitionseffekte, Lerneffekte, Effekte durch Komplementarität, Legitimität und Macht. Unter den Bedingungen von Selbstverstärkungseffekten und Irreversibilität kommt es so zu einer pfadabhängigen Dynamik der Organisationsidentität. Das rekursive Moment, bei dem Identität Aktivität beeinflusst und Aktivität Identität prägt, erzeugt bei entsprechenden Struktureffekten eine systematische Begrenzung der Entwicklungsmöglichkeiten. Damit wurde gleichzeitig ein eigenständiger Mechanismus für Widerstand und Eigenlogik der Organisation in institutionellen Umwelten bestimmt. In dem Maß, in dem die Organisationsidentität ihre eigenen, internen Reproduktionsbedingungen nachvollzieht, entwickelt sie sich auch unabhängig von externen Erwartungen.

Der selbstverstärkende Feedbackprozess und das Lock-in liefern auch eine Erklärung für die scheinbar widersprüchliche Beobachtung von Anpassungsfähigkeit und Hyperstabilität in der Identitätsliteratur. Es handelt sich vielmehr jeweils um mögliche Stufen in der Entwicklungsdynamik der Organisationsidentität. Anfänglich offene Prozesse verengen sich durch Irreversibilität und legen einen Entwicklungspfad für die Organisation fest. Entwickelt sich eine Identität pfadabhängig, dann ist der Einfluss der Umwelt auf einen Organisationswandel erheblich begrenzt. Auch in Bezug auf die Ansätze zur Trägheit der Organisationsidentität kann hier ein wichtiger Beitrag geleistet werden. Mit dem Fokus auf adaptive Instabilität ist die Frage der Stabilität der Organisationsidentität in der Diskussion aus dem Blick geraten. Stabilität wird oft als Trägheit der Organisationsidentität bezeichnet, wobei Organisationsidentität als grundsätzliche Barriere oder Behinderung für Organisationswandel erkannt wird. Dabei kann herausgestellt werden, dass die Frage nicht lautet, ob Identität stabil ist oder nicht. Vielmehr zeigt das hier entfaltete Konzept der Pfadabhängigkeit von Organisationsidentitäten, dass gefragt werden sollte, durch welche Prozesse anfängliche Flexibilität zu späterer Trägheit wird. Die allgemeinen Beschreibungen einer systematischen Trägheit von Organisationsidentitäten verstehen sich dann als Hinweise auf eine pfadabhängige Entwicklungsdynamik.

In Ergänzung der vorangestellten Abschnitte wurden in Teil D die Konsequenzen für Stabilität und Organisationswandel in institutionellen Umwelten abgeleitet. Ziel dieses Abschnittes war es, Antworten auf die dritte leitende Frage der Arbeit zu geben: Welche Konsequenzen ergeben sich aus der Betrachtung von Organisationsidentitäten für Organisationswandel in institutionellen Umwelten? Dabei wurde das Verständnis von Organisationswandel auf den Wandel der Organisationsidentität und den damit verbundenen Effekten beschränkt. Um hier die grundlegenden Eigenschaften zu beschreiben, wurden verschiedene Dimensionen unterschieden, die Umfang, Ursachen, Intention, Konsequenz und Integrität des Wandels von Organisationsidentitäten abbilden. Die Aussagen der Literatur zu Organisationsidentitäten wurden zusammengeführt und mit den Ergebnissen zur pfadabhängigen Entwicklungsdynamik von Organisationsidentitäten verknüpft. Die Pfadabhängigkeit von Organisationsidentität beschreibt hierbei nicht einfach deterministische Trägheit oder andauernde Stagnation. Vielmehr wird ein Verständnis des Begriffes zugrunde gelegt, das die Möglichkeit für Wandel immer zulässt. Dieser Wandel vollzieht sich in Form von inkrementellen Anpassungen, als radikaler Pfadbruch oder Pfadauflösung. Sowohl die absichtsvolle Erzeugung von Pfadabhängigkeit wie auch der intendierte Bruch werden berücksichtigt. Ein Bruch ist vor allem dann möglich, wenn Reproduktionsmechanismen ausgehebelt werden.

In Ergänzung der Aussagen zur Verbindung von Organisationsidentitäten und Institutionen konnte die Rolle von institutionalisierten Modellen der Organisation herausgestellt werden. Ganz im Verständnis des soziologischen Neo-Institutionalismus bieten sich solche Modelle in Situationen der Unsicherheit an und dienen der Organisation als funktionales Äquivalent für eine eigene Lösung. In einem solchen Fall ist eine Isomorphie der Organisationsidentität und damit der Organisation die Folge. Demgegenüber kann jedoch gleichzeitig die Eigenlogik der Organisation abgebildet werden. Organisationsidentität ist eben auch ein Gegengewicht zu allgemein legitimierten Erwartungen. Antworten auf die Frage: »Wer sind wir als Organisation?«, ermöglichen es, Widerstand gegen externe Erwartungen aufzubauen. Externe Modelle müssen in einem Imitations- oder Translationsprozess immer in die Gegebenheiten der Organisation übersetzt und an diese angepasst werden. Dieser Prozess wird maßgeblich durch die Identität der Organisation vermittelt (Sahlin-Andersson 1996). Darüber hinaus dient die Organisationsidentität auch dazu, Widerstand aufrechtzuerhalten. Die Selbstdefinition wird genutzt, um externe Erwartungen dauerhaft abzuwehren und eigene Lösungen zu entwickeln.

Mit der Zusammenführung verschiedener Perspektiven leistet diese Arbeit einen grundlegenden Beitrag für die Organisationsforschung. Im Hinblick auf das Verständnis der Möglichkeiten für Stabilität und Organisationswandel in institutionellen Umwelten erscheint die hier entwickelte Verknüpfung von Pfadabhängigkeit, soziologischem Neo-Institutionalismus und Organisationsidentität als eine aussichtreiche Forschungsperspektive. Das in dieser Arbeit gewonnene Verständnis der Prozesse innerhalb der Organisation erlaubt es, zwischen den scheinbar widersprüchlichen Theoriepositionen von Eigenlogik und Umweltabhängigkeit zu vermitteln. Das hier entwickelte Konzept fügt sich als Verbindungsstück zwischen die Begriffe Stabilität und Wandel sowie Institution und Organisation. In dieser Perspektive ist es nun möglich, gleichzeitig die Eigenlogik der Organisation und die Einflüsse der institutionellen Umwelt zu berücksichtigen und deren Wechselwirkungen aufzuzeigen. Mit der Bestimmung der Organisationsidentität als zentralen Mechanismus kann erklärt werden, wie sich in Folge von eigenlogischen und umweltabhängigen Prozessen aus anfänglicher Flexibilität Widerstand gegen Wandel bis hin zur Hyperstabilität entwickelt.

Mit der Beschreibung pfadabhängiger Prozesse der Organisationsidentität wurde in dieser Arbeit eine Ressource von Organisationen aufgedeckt, institutionellem Druck zu widerstehen. Es handelt sich damit um einen Erklärungsansatz, der beschreibt, wie es überhaupt möglich ist, in einer gegebenen institutionellen Umwelt abweichende Modelle der Organisation dauerhaft aufrechtzuerhalten (vgl. Schneiberg 2007). Dabei erscheint die Organisationsidentität als eine Struktur, die sich grundsätzlich eigenständig gegenüber institutionellen Umwelten verhält. Die Ausbildung von multiplen Organisationsidentitäten wiederum ermöglicht es beispielsweise, mehrere widersprüchliche Bezüge zu unterschiedlichen Feldern gleichzeitig aufrechtzuerhalten. Dabei können die unterschiedlichen Bezüge genutzt werden, um die Handlungsfähigkeit und Flexibilität der Organisation nicht nur in Krisensituationen zu sichern. Letztlich zeigen besonders die Ausführungen von Carney und Gedajlovic (2002), dass das Verhältnis von Institution und Organisation nicht nur auf Anpassung, Beeinflussung externer Beobachtung und Erhalt oder bloße Selektion gestützt ist. Vielmehr machen sich Organisationen aufgrund ihrer pfadabhängigen

Identitätsentwicklung von Institutionen unabhängig, indem sie beispielsweise mit Hilfe einer »Exit-Strategie« die institutionelle Umwelt verlassen. In dem von den Autoren angeführten, empirischen Beispiel suchen sie sich eine neue Umwelt, die zu der etablierten Organisationsidentität passt. Organisationen beschreiben damit eine eigenständige Ebene, die mit Institutionen verbunden ist, sich jedoch auch eigenlogisch und abweichend verhält. Organisationsidentität als Antworten auf die Frage »Wer sind wir als Organisation?« ist eine Quelle für Widerstand und Eigenlogik. Sie ist damit gleichermaßen Gegenstand und Gegengewicht für institutionelle Erwartungen und Isomorphieprozesse.

Mit der Anwendung des Organisationsidentitätskonzeptes vollzieht diese Arbeit einen wichtigen Schritt hin zu einer Meso-Fundierung des soziologischen Neo-Institutionalismus, bei der die Ebene der Organisation explizit in den Fokus der Untersuchungen genommen wird. Das Konzept der Organisationsidentität bietet einen Ansatzpunkt für die Entwicklung eines belastbaren Begriffes der »Organisation«. Organisationsforschung benötigt einen tragfähigen Organisationsbegriff, andernfalls bleibt sie allgemeine Forschung.

Mit der Verbindung von Organisationsidentitäten und Institutionen entsteht eine Perspektive auf mehreren Ebenen. In dieser Arbeit wird Organisationswandel mit institutionellem Wandel verknüpft, wobei jedoch beide Ebenen eigenen Logiken folgen. Entsprechend beruht Stabilität und Wandel jeweils auf eigenständigen Mechanismen. Dieses erfordert eine coevolutionäre Perspektive, um den einzelnen Ebenen die notwendigen Freiheitsgrade einzuräumen. Im Zusammenspiel der Feedbackprozesse innerhalb der Organisationsidentität sowie zwischen Organisationsidentität und Erwartungen der Umwelt entsteht ein coevolutionäres Lock-in. Die wechselseitige Beeinflussung der beiden Ebenen führt dabei zu einer Ablenkung in eine bestimmte Entwicklungsrichtung. Vormals sehr erfolgreiche mit externen Erwartungen passende Strukturen werden so festgelegt und lassen sich später im Prozess nur schwer verändern. Unter der Bedingung von organisationaler Pfadabhängigkeit ist Umweltanpassung damit keine Garantie mehr für eine langfristige Sicherung des Überlebens der Organisation. Gerade der anfängliche Erfolg wird später zur Ursache für die Bedrohung der Existenz.

Nicht zuletzt sind Eigenlogik und Widerstand Voraussetzung für Organisationswandel und den Wandel von institutionalisierten Organisationsmodellen. Denn es gilt: Nur wenn sich Alternativen auch gegen allgemeine Erwartungen entwickeln können und aufrechterhalten lassen, ist die Erzeugung neuer Organisationsmodelle möglich. Es sind letztlich Abweichungen, die Innovatoren hervorbringen, um in einer Diffusionsdynamik viele andere Organisationen als Adoptoren mitzureißen.

Literatur

Abrahamson, E. (1996) »Management Fashion«. In: *Academy of Management Review* 21(1): 254–85.

Abrahamson, E./Fairchild, G. (1999) »Management Fashion: Lifecycles, Triggers, and Collective Learning Processes«. In: *Administrative Science Quarterly* 44(4): 708–40.

Abrahamson, E./Rosenkopf, L. (1993) »Institutional and Competitive Bandwagons: Using Mathematical Modeling as a Tool to Explore Innovation Diffusion«. In: *The Academy of Management Review* 18(3): 487–517.

Ackermann, R. (2003) Die Pfadabhängigkeitstheorie als Erklärungsansatz unternehmerischer Entwicklungsprozesse. In: G. Schreyögg und J. Sydow (Hg.), *Strategische Prozesse und Pfade*, Wiesbaden: 225–55.

Agyris, C. (1976) »Single-Loop and Double-Loop Models in Research on Decision Making«. In: *Administrative Science Quarterly* 21(3): 363–75.

Albert, S./Whetten, D. A. (1985) »Organizational Identity«. In: *Research in Organizational Behavior* 7(1): 263–95.

Antonelli, C. (1997) »The Economics of Path-Dependence in Industrial Organization«. In: *International Journal of Industrial Organization* 15(6): 643–75.

Arrow, K. J. (2000) »Increasing Returns: Historiographic Issues and Path Dependence«. In: *European Journal of the History of Economic Thought* 7(2): 171–80.

— (2003) Path Dependence and Competitive Equilibrium. In: T. W. Guinnane, W. A. Sundstrom und W. C. Whatley (Hg.), *History Matters: Essays on Economic Growth, Technology, Demographic Change*, Stanford: 23–35.

Arthur, W. B. (1989) »Competing Technologies, Increasing Returns, and Lock-in by Historical Events«. In: *The Economic Journal* 99(1): 116–31.

— (1990) »Positive Feedbacks in the Economy«. In: *Scientific American* 262(2): 92–99.

— (1994) *Increasing Returns and Path Dependence in Economics*. Ann Arbor.

— (1996) »Increasing Returns and the Two Worlds of Business«. In: *Harvard Business Review* 74(4): 100–09.

Ashforth, B. E./Mael, F. A. (1989) »Social Identity Theory and the Organization«. In: *The Academy of Management Review* 14(1): 20–39.

— (1996) »Organizational Identity and Strategy as a Context for the Individual«. In: *Advances in Strategic Management* 13(1): 19–64.

Balmer, J. M. T./Greyser, S. A. (2002) »Managing the Multiple Identities of the Organization«. In: *California Management Review* 44(3): 72–86.

Barney, B. J./Stewart, A. C. (2000) Organizational Identity as Moral Philosophy: Competitive Implications for Diversified Corporations. In: M. Schultz, M. J. Hatch und M. H. Larsen (Hg.), *The Expressive Organization: Linking Identity, Reputation, and the Corporate Brand*, Oxford: 36–48.

Barney, J. B./Bunderson, J. S./Foreman, P./Gustafson, L. T./Huff, A. S./Martins, L. L./Reger, R. K./Sarason, Y./Stimpert, J. L. (1998) A Strategy Conversation on the Topic of Organization Identity. In: D. A. Whetten und P. C. Godfrey (Hg.), *Identity in Organizations. Building Theory through Conversations*, Thousand Oaks, CA: 99–168.

Baron, J. N. (2004) »Employing Identities in Organizational Ecology«. In: *Industrial and Corporate Change* 13(1): 3–32.

Bassanini, A./Dosi, G. (1999) When and How Chance and Human Will Can Twist the Arms of Clio. LEM Papers Series, Pisa: Laboratory of Economics and Management (LEM) Sant'Anna School of Advanced Studies, 1999/05.

— (2001) When and How Chance and Human Will Can Twist the Arms of Clio: An Essay on Path Dependence in a World of Irreversibilites. In: R. Garud und P. Karnøe (Hg.), *Path Dependence and Creation*, Mahwah: 41–68.

Baum, J. A. C./Singh, J. V. (1994) Organization-Environment Coevolution. In: J. A. C. Baum und J. V. Singh (Hg.), *Evolutionary Dynamics of Organizations*, Oxford: 379–403.

Bebchuk, L. A./Roe, M. J. (1999) »A Theory of Path Dependence in Corporate Ownership and Governance«. In: *Stanford Law Review* 52(1): 127–70.

Beck, N./Walgenbach, P. (2003) »ISO 9000 and Formalization – How Organizational Contingencies Affect Organizational Responses to Institutional Forces«. In: *Schmalenbach Business Review* 55: 293–320.

Beckert, J. (1999) »Agency, Entrepreneurs, and Institutional Change. The Role of Strategic Choice and Institutionalized Practices in Organizations«. In: *Organization Studies* 20(5): 777–99.

Belzer, V. (1995) *Sinn in Organisationen? Oder: Warum haben moderne Organisationen Leitbilder?* Mering.

Benders, J./van Bijsterveld, M. (2000) »Leaning on Lean: The Reception of a Management Fashion in Germany«. In: *New Technology, Work and Employment* 15(1): 50–64.

Benders, J./Van Veen, K. (2001) »What's in a Fashion? Interpretative Viability and Management Fashions«. In: *Organization* 8(1): 33–53.

Berger, P. L./Luckmann, T. (1980) *Die Gesellschaftliche Konstruktion der Wirklichkeit. Eine Theorie der Wissenssoziologie*. Frankfurt a.M.

Beyer, J. (2005) »Pfadabhängigkeit ist nicht gleich Pfadabhängigkeit! Wider den Impliziten Konservatismus eines Gängigen Konzepts«. In: *Zeitschrift für Soziologie* 34(1): 5–21.

— (2006a) *Pfadabhängigkeit: Über Institutionelle Kontinuität, Anfällige Stabilität und Fundamentalen Wandel.* Frankfurt a.M.

— (2006b) Vom »Kooperativen Kapitalismus« zum Finanzmarktkapitalismus: Eine Ursachenanalyse. In: U. Brinkmann, K. Krenn und S. Schief (Hg.), *Endspiel des Kooperativen Kapitalismus?*, Wiesbaden: 35–57.

Blazejewski, S. (2006) Value-Infused Organizational Practices. In: M. Geppert und M. Mayer (Hg.), *Global, National and Local Practices in Multinational Companies*, New York: 63–104.

Bosch, G./Haipeter, T./Latniak, E./Lehndorff, S. (2007) »Demontage oder Revitalisierung? Das Deutsche Beschäftigungsmodell im Umbruch«. In: *Kölner Zeitschrift für Soziologie und Sozialpsychologie* 59(2): 318–39.

Bouchikhi, H./Fiol, C. M./Gioia, D. A./Golden-Biddle, K./Hatch, M. J./Rao, H./Rindova, V./Schultz, M. (1998) The Identity of Organizations. In: D. A. Whetten und P. C. Godfrey (Hg.), *Identity in Organizations: Building Theory through Conversations*, Thousand Oaks, CA: 33–80.

Bouchikhi, H./Kimberly, J. R. (2003) »Escaping the Identity Trap«. In: *MIT Sloan Management Review* 44(3): 20–26.

Boxenbaum, E./Jonsson, S. (2008) Isomorphism, Diffusion and Decoupling. In: R. Greenwood, C. Oliver, R. Suddaby und K. Sahlin (Hg.), *The Sage Handbook of Organizational Institutionalism*, Thousand Oaks, CA: 78–98.

Brickson, S. L. (2005) »Organizational Identity Orientation: Forging a Link between Organizational Identity and Organizations' Relations with Stakeholders«. In: *Administrative Science Quarterly* 50(4): 576–609.

— (2007) »Organizational Identity Orientation: The Genesis of the Role of the Firm and Distinct Forms of Social Value«. In: *Academy of Management Review* 32(3): 864–88.

Brown, A. D. (2001) »Organization Studies and Identity: Towards a Research Agenda«. In: *Human Relations,* 54(1): 113 – 21.

Brown, T./Dacin, P./Pratt, M./Whetten, D. (2006) »Identity, Intended Image, Construed Image, and Reputation: An Interdisciplinary Framework and Suggested Terminology«. In: *Journal of the Academy of Marketing Science* 34(2): 99–106.

Brunsson, N. (1989) *Talk, Decisions and Action in Organizations.* Chichester.

Brunsson, N./Olson, J. P. (1993) *The Reforming Organization.* London.

Brunsson, N./Sahlin-Andersson, K. (2000) »Constructing Organizations: The Example of Public Sector Reform«. In: *Organization Studies* 21(4): 721–46.

Burgelman, R. A. (2002) »Strategy as Vector and the Inertia of Coevolutionary Lock-in«. In: *Administrative Science Quarterly* 47(2): 325–57.

— (2008) Strategic Consequences of Co-Evolution Lock-In: Insights from a Longitudinal Process Study. Research Paper Series, Stanford: Stanford Graduate School of Business, No. 2007.

Burns, L. R./Wholey, D. R. (1993) »Adoption and Abandonment of Matrix Management Programs: Effects of Organizational Characteristics and Interorganizational Networks«. In: *Academy of Management Journal* 36(1): 106– 38.

Burns, T. (1962) »Micropolitics: Mechanism of Institutional Chance«. In: *Administrative Science Quarterly* 6(3): 257–81.

Campbell, J. L. (2004) *Institutional Change and Globalization*. Princeton and Oxford.

— (2005) Where Do We Stand? Common Mechanisms in Organizations and Social Movements Research. In: G. F. Davis, D. McAdam, W. R. Scott und M. N. Zald (Hg.), *Social Movements and Organization Theory*, Cambridge: 41–68.

Carney, M./Gedajlovic, E. (2002) »The Co-Evolution of Institutional Environments and Organizational Strategies: The Rise of Family Business Groups in the Asean Region«. In: *Organization Studies* 23(1): 1–29.

Carroll, G. R./Swaminathan, A. (2000) »Why the Microbrewery Movement? Organizational Dynamics of Resource Partitioning in the U.S. Brewing Industry«. In: *American Journal of Sociology* 106(3): 715–62.

Castaldi, C./Dosi, G. (2003) The Grip of History and the Scope for Novelty: Some Results and Open Questions on Path Dependence in Economic Processes: Laboratory of Economics and Management (LEM), Sant'Anna School of Advanced Studies, Pisa, Italy.

Chreim, S. (2005) »The Continuity-Change Duality in Narrative Texts of Organizational Identity«. In: *Journal of Management Studies* 42(3): 567–93.

Clemens, E. S./Cook, J. M. (1999) »Politics and Institutionalism: Explaining Durability and Change«. In: *Annual Review of Sociology* 25(1): 441–66.

Cole, R. E. (1985) »The Macropolitics of Organizational-Change – a Comparative-Analysis of the Spread of Small-Group Activities«. In: *Administrative Science Quarterly* 30(4): 560–85.

Coleman, J. S. (1990) *Foundations of Social Theory*. Cambridge, Mass.

Coombs, R./Hull, R. (1998) »'Knowledge Management Practices' and Path-Dependency in Innovation«. In: *Research Policy* 27(3): 237–53.

Corley, K. G. (2004) »Defined by Our Strategy or Our Culture? Hierarchical Differences in Perceptions of Organizational Identity and Change«. In: *Human Relations* 57(9): 1145–77.

Corley, K. G./Gioia, D. A. (2004) »Identity Ambiguity and Change in the Wake of a Corporate Spin-Off«. In: *Administrative Science Quarterly* 49(2): 173–208.

Corley, K. G./Harquail, C. V./Pratt, M. G./Glynn, M. A./Fiol, C. M./Hatch, M. J. (2006) »Guiding Organizational Identity through Aged Adolescence«. In: *Journal of Management Inquiry* 15(2): 85–99.

Cornelissen, J. P./Haslam, S. A./Balmer, J. M. T. (2007) »Social Identity, Organizational Identity and Corporate Identity: Towards an Integrated Understanding of Processes, Patternings and Products«. In: *British Journal of Management* 18(S1): 1–16.

Crouch, C./Farrell, H. (2004) »Breaking the Path of Institutional Development? Alternatives to the New Determinism«. In: *Rationality and Society* 16(1): 5–43.

Crozier, M./Friedberg, E. (1979) *Macht und Organisation. Die Zwänge kollektiven Handelns*. Königstein.

Curbach, J. (2009) *Die Corporate-Social-Responsibility-Bewegung*. Wiesbaden.

Czarniawska, B./Joerges, B. (1996) Travel of Ideas. In: B. Czarniawska und G. Sevón (Hg.), *Translating Organizational Change*, Berlin: 13–48.

David, P. A. (1985) »Clio and the Economics of Qwerty«. In: *The American Economic Review* 75(2): 332–37.

— (1994) »Why Are Institutions the 'Carriers of History'?: Path Dependence and the Evolution of Conventions, Organizations and Institutions«. In: *Structural Change and Economic Dynamics* 5(2): 205–20.

— (2005) Path Dependence, Its Critics, and the Quest for 'Historical Economics'. Working Papers, Stanford: Stanford University, Department of Economics.

— (2007) »Path Dependence: A Foundational Concept for Historical Social Science«. In: *Cliometrica* 1(2): 91–114.

Davis, G. F. (2010) »Do Theories of Organizations Progress?«. In: *Organizational Research Methods* 13(4): 690–709.

Davis, G. F./Diekmann, K. A./Tinsley, C. H. (1994) »The Decline and Fall of the Conglomerate Firm in the 1980s: The Deinstitutionalization of an Organizational Form«. In: *American Sociological Review* 59(4): 547–70.

Deeg, R. (2001) Institutional Change and the Uses and Limits of Path Dependency: The Case of German Finance. MPIfG Discussion Paper, Köln: MPIfG, 01/6.

— (2005) Path Dependency, Institutional Complementarity, and Change in National Business Systems. In: G. Morgan, R. Whitley und E. Moen (Hg.), *Changing Capitalisms?*, Oxford: 21–52.

Delmestri, G. (1998) »Do All Roads Lead to Rome… or Berlin? The Evolution of Intra- and Inter-Organizational Routines in the Machinebuilding Industry«. In: *Organization Studies* 19(4): 639–65.

Delmestri, G./Basaglia, S. (2008) »Determinants of Real and Rhetoric Change. Paper Presented at the Omt Division of the Academy of Management August 2008, Anaheim, California«.

Denzau, A. T./North, D. C. (1993) Shared Mental Models: Ideologies and Institutions: Unpublished Paper.

Dierkes, M./Hoffmann, U./Marz, L. (1992) *Leitbild und Technik: Zur Entstehung und Steuerung Technischer Innovationen*. Berlin.

Dierkes, M./Marz, L. (1998) Lernkonventionen und Leitbilder. Zum Organisationslernen in Krisen. WZB Discussion Paper, Berlin: Wissenschaftszentrum Berlin, FS-II 98–101.

DiMaggio, P. J. (1988) Interest and Agency in Institutional Theory. In: L. G. Zucker (Hg.), *Institutional Patterns and Organizations: Culture and Environment*, Cambridge, MA: 3–22.

DiMaggio, P. J./Powell, W. W. (1983) »The Iron Cage Revisited – Institutional Isomorphism and Collective Rationality in Organizational Fields«. In: *American Sociological Review* 48(2): 147–60.

— (1991) Introduction. In: W. W. Powell und P. J. DiMaggio (Hg.), *The New Institutionalism in Organizational Analysis*, Chicago: 1–38.

Dirsmith, M. W./Fogarty, T. J./Gupta, P. (2000) »Institutional Pressures and Symbolic Displays in a Gao Context«. In: *Organization Studies* 21(3): 515–37.

Djelic, M.-L./Ainamo, A. (1999) »The Coevolution of New Organizational Forms in the Fashion Industry: A Historical and Comparative Study of France, Italy, and the United States«. In: *Organization Science* 10(5): 622–37.

Djelic, M.-L./Quack, S. (2003) Theoretical Building Blocks for a Research Agenda Linking Globalization and Institutions. In: M.-L. Djelic und S. Quack (Hg.), *Globalizations and Institutions. Redefining the Rules of the Economic Game*, Cheltenham: 15–34.

Djelic, M. L./Quack, S. (2007) »Overcoming Path Dependency: Path Generation in Open Systems«. In: *Theory and Society* 36(2): 161–86.

Dobusch, L. (2008) *Windows Versus Linux. Markt – Organisation – Pfad.* Wiesbaden.

Dobusch, L./Schüßler, E. S. (2007) From Storytelling to Theory: Unlocking Path Dependency from Metaphorical Usage, Berlin: Paper präsentiert auf dem 23. EGOS Colloquium, Wirtschaftsuniversität Wien, Österreich, 5–7 Juli.

Durkheim, E. (1984) *Die Regeln der Soziologischen Methode.* Frankfurt a.M.

Dutton, J. E./Dukerich, J. M. (1991) »Keeping an Eye on the Mirror: Image and Identity in Organizational Adaptation«. In: *The Academy of Management Journal* 34(3): 517–54.

Dutton, J. E./Dukerich, J. M./Harquail, C. V. (1994) »Organizational Images and Member Identification«. In: *Administrative Science Quarterly* 39(2): 239–63.

Elsbach, K. D./Kramer, R. M. (1996) »Members' Responses to Organizational Identity Threats: Encountering and Countering the Business Week Rankings«. In: *Administrative Science Quarterly* 41(3): 442–76.

Faust, M./Jauch, P./Brünnecke, K. (1994) *Dezentralisierung von Unternehmen. Bürokratie- und Hierarchieabbau und die Rolle Betrieblicher Arbeitspolitik.* München.

Fiol, C. M. (1991) »Managing Culture as a Competitive Resource: An Identity-Based View of Sustainable Competitive Advantage«. In: *Journal of Management* 17(1): 191–211.

— (2001) »Revisiting an Identity-Based View of Sustainable Competitive Advantage«. In: *Journal of Management* 27(6): 691–99.

— (2002) »Capitalizing on Paradox: The Role of Language in Transforming Organizational Identities«. In: *Organization Science* 13(6): 653–66.

Fiol, C. M./Hatch, M. J./Golden-Biddle, K. (1998) Organizational Culture and Identity: What's the Difference Anyway? In: D. A. Whetten und P. C. Godfrey (Hg.), *Identity in Organizations: Building Theory through Conversations*, Thousand Oaks, CA: 56–59.

Fiol, C. M./Huff, A. S. (1992) »Maps for Managers: Where Are We? Where Do We Go from Here?«. In: *Journal of Management Studies* 29(3): 267–85.

Flier, B./Van Den Bosch, F. A. J./Volberda, H. W. (2003) »Co-Evolution in Strategic Renewal Behaviour of British, Dutch and French Financial Incumbents: Interaction of Environmental Selection, Institutional Effects and Managerial Intentionality«. In: *Journal of Management Studies* 40(8): 2163–87.

Fligstein, N. (1991) The Structural Transformation of American Industry: An Institutional Account of the Causes of Diversification in the Largest Firms, 1919–1979. In: W. W. Powell und P. J. DiMaggio (Hg.), *The New Institutionalism in Organizational Analysis*, Chicago: 311–36.

— (1996) »Markets as Politics: A Political-Cultural Approach to Market Institutions«. In: *American Sociological Review* 61(4): 656–73.

— (2001) *The Architecture of Markets. An Economic Sociology of Twenty-First-Century Capitalist Societies*. Princeton.

Fombrun, C. J. (1996) *Reputation: Realizing Value from the Corporate Image.* . Boston.

Foray, D. (1997) »The Dynamic Implications of Increasing Returns: Technological Change and Path Dependent Inefficiency«. In: *International Journal of Industrial Organization* 15(6): 733–52.

Foreman, P./Whetten, D. A. (2002) »Members' Identification with Multiple-Identity Organizations«. In: *Organization Science* 13(6): 618–35.

Foucault, M. (1977) *Überwachen und Strafen: Die Geburt des Gefängnisses*. Frankfurt a.M.

Fox-Wolfgramm, S. J./Boal, K. B./Hunt, J. G. (1998) »Organizational Adaptation to Institutional Change: A Comparative Study of First-Order Change in Prospector and Defender Banks«. In: *Administrative Science Quarterly* 43(1): 87–126.

Friedland, R./Alford, R. R. (1991) Bringing Society Back in: Symbols, Practices, and Institutional Contradictions. In: W. W. Powell und P. J. DiMaggio (Hg.), *The New Institutionalism in Organizational Analysis*, Chicago: 232–66.

Garfinkel, H. (1984) *Studies in Ethnomethodology*. Cambridge.

Giesel, K. D. (2008) *Leitbilder in den Sozialwissenschaften. Begriffe, Theorien und Forschungskonzepte*. Wiesbaden.

Gioia, D. A. (1998) From Individual to Organizational Identity. In: D. A. Whetten und P. C. Godfrey (Hg.), *Identity in Organizations: Building Theory through Conversations*, Thousand Oaks, CA: 17–31.

Gioia, D. A./Chittipeddi, K. (1991) »Sensemaking and Sensegiving in Strategic Change Initiation«. In: *Strategic Management Journal* 12(6): 433–48.

Gioia, D. A./Poole, P. P. (1984) »Scripts in Organizational Behavior«. In: *The Academy of Management Review* 9(3): 449–59.

Gioia, D. A./Schultz, M./Corley, K. G. (2000) »Organizational Identity, Image, and Adaptive Instability«. In: *The Academy of Management Review* 25(1): 63–81.

Gioia, D. A./Thomas, J. B. (1996) »Identity, Image, and Issue Interpretation: Sensemaking During Strategic Change in Academia«. In: *Administrative Science Quarterly* 41(3): 370–403.

Gioia, D. A./Thomas, J. B./Clark, S. M./Chittipeddi, K. (1994) »Symbolism and Strategic Change in Academia: The Dynamics of Sensemaking and Influence«. In: *Organization Science* 5(3): 363–83.

Glynn, M. A. (2000) »When Cymbals Become Symbols: Conflict over Organizational Identity within a Symphony Orchestra«. In: *Organization Science* 11(3): 285–98.

— (2008) Beyond Constraint. How Institutions Enable Identities. In: R. Greenwood, C. Oliver, R. Suddaby und K. Sahlin-Andersson (Hg.), *The Sage Handbook of Organizational Institutionalism*, Thousand Oaks, CA.

Glynn, M. A./Abzug, R. (2002) »Institutionalizing Identity: Symbolic Isomorphism and Organizational Names«. In: *Academy of Management Journal* 45(1): 267–80.

Goffman, E. (1969) *Wir Alle Spielen Theater: Die Selbstdarstellung im Alltag.* München.

— (1973) *Asyle. Über die Soziale Situation Psychiatrischer Patienten und Anderer Insassen.* Frankfurt a.M.

— (1977) *Rahmen-Analyse ein Versuch Über die Organisation von Alltagserfahrungen.* Frankfurt a.M.

Greenwood, R./Hinings, C. R. (1993) »Understanding Strategic Change: The Contribution of Archetypes«. In: *The Academy of Management Journal* 36(5): 1052–81.

— (1996) »Understanding Radical Organizational Change: Bringing Together the Old and the New Institutionalism«. In: *The Academy of Management Review* 21(4): 1022–54.

Greenwood, R./Suddaby, R. (2006) »Institutional Entrepreneurship in Mature Fields: The Big Five Accounting Firms«. In: *Academy of Management Journal* 49(1): 27–48.

Guler, I./Guillen, M. F./MacPherson, J. M. (2002) »Global Competition, Institutions and the Diffusion of Organizational Practices: The International Spread of ISO 9000 Quality Certificates«. In: *Administrative Science Quarterly* 47(2): 207–33.

Hall, P./Soskice, D. (2001) An Introduction to Varieties of Capitalism. In: P. Hall und D. Soskice (Hg.), *Varieties of Capitalism: The Institutional Foundations of Comparative Advantage*, Oxford: 1–68.

Hannan, M. T./Baron, J. N./Hsu, G./Kocak, O. (2006) »Organizational Identities and the Hazard of Change«. In: *Industrial and Corporate Change* 15(5): 755–84.

Hannan, M. T./Burton, M. D./Baron, J. N. (1996) »Inertia and Change in the Early Years: Employment Relations in Young, High Technology Firms«. In: *Industrial and Corporate Change* 5(2): 503–36.

Hannan, M. T./Freeman, J. (1977) »The Population Ecology of Organizations«. In: *American Journal of Sociology* 82(5): 929–64.

— (1984) »Structrual Interia and Organizational Change«. In: *American Sociological Review* 49(2): 149–64.

— (1993) *Organizational Ecology*. Cambridge, MA.

Hannan, M. T./Polos, L./Carroll, G. R. (2007) *Logics of Organization Theory: Audiences, Codes, and Ecologies*. Princeton, NJ

Hannan, M. T./Pólos, L./Carroll, G. R. (2003) »Cascading Organizational Change«. In: *Organization Science* 14(5): 463–82.

Hasse, R./Krücken, G. (2005) Der Stellenwert von Organisationen in Theorien der Weltgesellschaft. Eine Kritische Weiterentwicklung Systemtheoretischer und Neo-Institutionalistischer Forschungsperspektiven. In: R. Münch, H. Tyrell und B. Heintz (Hg.), *Weltgesellschaft – Theoretische Zugänge und Empirische Problemlagen. Sonderheft der Zeitschrift für Soziologie "Weltgesellschaft"*, Stuttgart: 186–204.

Hatch, M. J./Schultz, M. (1997) »Relations between Organizational Culture, Identity and Image«. In: *European Journal of Marketing* 31(5/6): 356–65.

— (2002) »The Dynamics of Organizational Identity«. In: *Human Relations* 55(8): 989–1018.

— (2004) Introduction. In: M. J. Hatch und M. Schultz (Hg.), *Organizational Identity*, Oxford: 1–15.

Haveman, H. A./David, R. J. (2008) Ecologists and Institutionalists: Friends or Foes? In: R. Greenwood, C. Oliver, R. Suddaby und K. Sahlin (Hg.), *Organizational Institutionalism*, Thousand Oaks, CA: 573–95.

Haveman, H. A./Rao, H. (1997) »Structuring a Theory of Moral Sentiments: Institutional and Organizational Coevolution in the Early Thrift Industry«. In: *American Journal of Sociology* 102(6): 1606–51.

He, Z.-L./Wong, P.-K. (2004) »Exploration Vs. Exploitation: An Empirical Test of the Ambidexterity Hypothesis«. In: *Organization Science* 15(4): 481–94.

Helfat, C. E. (1994) »Evolutionary Trajectories in Petroleum Firm R&D«. In: *Management Science* 40(12): 1720–47

Hinings, C. R./Greenwood, R. (1988) *The Dynamics of Stategic Change*. Oxford.

Hoffman, A. J. (1999) »Institutional Evolution and Change: Environmentalism and the U.S. Chemical Industry«. In: *The Academy of Management Journal* 42(4): 351–71.

— (2001) »Linking Organizational and Field-Level Analyses: The Diffusion of Corporate Environmental Practice«. In: *Organization Environment* 14(2): 133–56.

Höpner, M. (2005) »What Connects Industrial Relations and Corporate Governance? Explaining Institutional Complementarity«. In: *Socio-Economic Review* 3(2): 331–58.

Hsu, G./Hannan, M. T. (2005) »Identities, Genres, and Organizational Forms«. In: *Organization Science* 16(5): 474–90.

Humphreys, M./Brown, A. D. (2002) »Narratives of Organizational Identity and Identification: A Case Study of Hegemony and Resistance«. In: *Organization Studies* 23(3): 421–47.

Ibarra, H./Barbulescu, R. (2010) »Identity as Narrative: Prevalence, Effectiveness and Consequences of Narrative Identity Work in Macro Work Role Transitions«. In: *Academy of Management Review* 35(1): 135–54.

Jackson, G./Deeg, R. (2006) How Many Varieties of Capitalism? Comparing the Comparative Institutional Analyses of Capitalist Diversity. MPIfG Discussion Paper, Köln: MPIfG, 06/2.

Jackson, G./Höpner, M./Kurdelbusch, A. (2004) Corporate Governance and Employees in Germany: Changing Linkages, Complementarities, and Tensions: Research Institute of Economy, Trade and Industry (RIETI).

Jacobs, G./Christe-Zeyse, J./Keegan, A./Polos, L. (2008) »Reactions to Organizational Identity Threats in Times of Change: Illustrations from the German Police«. In: *Corporate Reputation Review* 11(3): 245–61.

Jepperson, R. L. (1991) Institutions, Institutional Effects, and Institutionalism *The New Institutionalism in Organizational Analysis*, Chicago: 143–63.

Johnson, V. (2007) »What Is Organizational Imprinting? Cultural Entrepreneurship in the Founding of the Paris Opera«. In: *American Journal of Sociology* 113(1): 97–127.

Karim, S./Mitchell, W. (2000) »Path-Dependent and Path-Breaking Change: Reconfiguring Business Resources Following Acquisitions in the U.S. Medical Sector, 1978–1995«. In: *Strategic Management Journal* 21(10–11): 1061–81.

Kieser, A. (1997) »Rhetoric and Myth in Management Fashion«. In: *Organization* 4(1): 49–74.

— (2002) Konstruktivistische Ansätze. In: A. Kieser (Hg.), *Organisationstheorien*, Stuttgart: 287–318.

Kimberly, J. R./Bouchikhi, H. (1995) »The Dynamics of Organizational Development and Change: How the Past Shapes the Present and Constrains the Future«. In: *Organization Science* 6(1): 9–18.

King, B. G./Felin, T./Whetten, D. A. (2009) »Finding the Organization in Organizational Theory: A Meta-Theory of the Organization as a Social Actor«. In: *Organization Science* 21(1): 290–305.

King, B. G./Whetten, D. A. (2008) »Rethinking the Relationship between Reputation and Legitimacy: A Social Actor Conceptualization«. In: *Corporate Reputation Review* 11(3): 192–207.

Kirchner, S. (2008) »Pfadabhängigkeit als Mehrebenenphänomen: Grundlagen und Erweiterungen des Pfadansatzes«. In: *Hamburg Review of Social Science* 3(3): 317–43.

— (2010) Organizational Identities and Institutions: Dynamics of the Organizational Core as a Question of Path Dependence. MPIfG Working Paper, Cologne: Max Planck Institute for the Study of Societies, 10/4.

Kirchner, S./Oppen, M./Bellmann, L. (2008) Zur Gesellschaftlichen Einbettung von Organisationswandel: Einführungsdynamik Dezentraler Organisationsstrukturen. IAB Discussion Paper, Nürnberg: Institut für Arbeitsmarkt- und Berufsforschung (IAB), 37/2008.

Kirkpatrick, I./Ackroyd, S. (2003) »Transforming the Professional Archetype? The New Managerialism in UK Social Services«. In: *Public Management Review* 5(4): 511–31.

Knapp, P. (2007) Path Dependence in Self-Maintaining and Self-Reinforcing Structures, New York: Paper presented at the annual meeting of the American Sociological Association.

Koch, J. (2008) »Strategic Paths and Media Management: A Path Dependency Analysis of the German News-Paper Branch of High Quality Journalism«. In: *Schmalenbach Business Review* 60(1): 51–74.

Kogut, B./Zander, U. (1992) »Knowledge of the Firm, Combinative Capabilities, and the Replication of Technology«. In: *Organization Science* 3(3): 383–97.

Kühl, S. (2001a) Der Wandel als das Einzig Stabile in Organisationen. In: T. Edeling, J. Werner und D. Wagner (Hg.), *Reorganisation in Wirtschaft und Verwaltung*, Opladen: 73–90.

— (2001b) »Über das Erfolgreiche Scheitern von Gruppenarbeitsprojekten. Rezentralisierung und Rehierarchisierung in Vorreiterunternehmen der Dezentralisierung«. In: *Zeitschrift für Soziologie* 30(3): 199–222.

— (2002) »Innovation Trotz Imitation: Wie Verändern sich Organisationsleitbilder?«. In: *Industrielle Beziehungen* 9(2): 157–85.

Kühl, S./Schnelle, W. (2001) Die Organisation Benötigt Macht Wie die Luft zum Atmen. Macht und Machtspiele in Veränderungsprozessen, Quickborn, Chatou and Princeton N.J: Metaplan

Küpper, W./Ortmann, G. (Hg.) (1988) *Mikropolitik: Rationalität, Macht und Spiele in Organisationen*. Opladen.

Lambson, V. E. (1991) »Industry Evolution with Sunk Costs and Uncertain Market Conditions«. In: *International Journal of Industrial Organization* 9(2): 171–96.

Lawrence, T. B./Suddaby, R. (2006) Institutions and Institutional Work. In: S. R. Clegg, C. Hardy, T. B. Lawrence und W. R. Nord (Hg.), *The Sage Handbook of Organization Studies. Second Edition*, Thousand Oaks, CA: 215–54.

Leonard-Barton, D. (1992) »Core Capabilities and Core Rigidities: A Paradox in Managing New Product Development«. In: *Strategic Management Journal* 13(S1): 111–25.

Lerpold, L./Ravasi, D./van Rekom, J./Soenen, G. (Hg.) (2007) *Organizational Identity in Practice*. New York.

Levinthal, D./Myatt, J. (1994) »Co-Evolution of Capabilities and Industry: The Evolution of Mutual Fund Processing«. In: *Strategic Management Journal* 15 (Special Issue, Winter): 45–62.

Levitt, B./March, J. G. (1988) »Organizational Learning«. In: *Annual Review of Sociology* 14(1): 319–38.

Lewin, A. Y./Long, C. P./Carroll, T. N. (1999) »The Coevolution of New Organizational Forms«. In: *Organization Science* 10(5): 535–50.

Lewin, A. Y./Volberda, H. W. (1999) »Prolegomena on Coevolution: A Framework for Research on Strategy and New Organizational Forms«. In: *Organization Science* 10(5): 519–34.

— (2003a) The Future of Organization Studies: Beyond the Selection-Adaptation Debate. In: H. Tsoukas und C. Knudsen (Hg.), *The Oxford Handbook of Organization Theory*, Oxford: 568–95.

— (2003b) »Preface. Beyond Adaptation-Selection Research: Organizing Self-Renewal in Co-Evolving Environments«. In: *Journal of Management Studies* 40: 2109–10.

Lewis, D. (1969) *Convention: A Philosophical Study*. Cambridge MA.A.

Lohr, K. (2001) Die Entkopplung von Leitbild, Strategie und Sozialer Praxis bei der Reorganisation von Unternehmen. In: T. Edeling, W. Jann und D. Wagner (Hg.), *Reorganisationsstrategien in Wirtschaft und Verwaltung*, Opladen: 59–72.

Love, E. G./Cebon, P. (2008) »Meanings on Multiple Levels: The Influence of Field-Level and Organizational-Level Meaning Systems on Diffusion«. In: *Journal of Management Studies* 45(2): 239–67.

Luhmann, N. (1964) *Funktionen und Folgen Formaler Organisation*. Berlin.

— (1970) Institutionalisierung: Funktion und Mechanismus im Sozialen System der Gesellschaft. In: H. Schelsky (Hg.), *Zur Theorie der Institution*, Düsseldorf: 27–41.

— (1983) *Rechtssoziologie*. Opladen.

— (1988) Organisation. In: W. Küpper und G. Ortmann (Hg.), *Mikropolitik. Rationalität, Macht und Spiele in Organisationen.*, Wiesbaden: 165–85.

— (2000) *Organisation und Entscheidung*. Opladen.

Maguire, S./Hardy, C. (2005) »Identity and Collaborative Strategy in the Canadian Hiv/Aids Treatment Domain«. In: *Strategic Organization* 3(1): 11–45.

Mahoney, J. (2000) »Path Dependence in Historical Sociology«. In: *Theory and Society* 29(4): 507–48.

March, J. G. (1991) »Exploration and Exploitation in Organizational Learning«. In: *Organization Science* 2(1): 71–87.

March, J. G./Simon, H. A. (1976) *Organisation und Individuum. Menschliches Verhalten in Organisationen*. Wiesbaden.

Mayntz, R. (1963) *Soziologie der Organisation*. Reinbeck.

— (2004) »Mechanisms in the Analysis of Social Macro-Phenomena«. In: *Philosophy of the Social Sciences* 34(2): 237–59.

McKelvey, B. (1997) »Quasi-Natural Organization Science«. In: *Organization Science* 8(4): 352–80.

Mead, G. H. (1975) *Geist, Identität und Gesellschaft: Aus der Sicht des Sozialbehaviorismus*. Frankfurt a.M.

Meyer, J. W. (1977) »The Effects of Education as an Institution«. In: *American Journal of Sociology* 83(1): 55.

Meyer, J. W./Rowan, B. (1977) »Institutionalized Organizations: Formal Structures as Myth and Ceremony«. In: *American Journal of Sociology* 83(2): 340 – 63.

Meyerson, D./Martin, J. (1987) »Culture Change: An Integration of Three Different Views«. In: *Journal of Management Studies* 24(6): 623–47.

Minssen, H. (2001) »Zumutung und Leitlinie. Der Fall Gruppenarbeit«. In: *Zeitschrift für Soziologie* 30(3): 185 – 98.

Morris, T./Lancaster, Z. (2006) »Translating Management Ideas«. In: *Organization Studies* 27(2): 207–33.

Nag, R./Corley, K. G./Gioia, D. A. (2007) »The Intersection of Organizational Identity, Knowledge, and Practice: Attempting Strategic Change Via Knowledge Grafting«. In: *Academy of Management Journal* 50(4): 821–47.

Nelson, R. R. (1994) »The Co-Evolution of Technology, Industrial Structure, and Supporting Institutions«. In: *Industrial and Corporate Change* 3(1): 47–63.

Nijssen, E. J./Hillebrand, B./Vermeulen, P. A. M. (2005) »Unraveling Willingness to Cannibalize: A Closer Look at the Barrier to Radical Innovation«. In: *Technovation* 25(12): 1400–09.

Nooteboom, B. (1997) Path Dependence of Knowledge: Implications for the Theory of the Firm. In: L. Magnusson und J. Ottonson (Hg.), *Evolutionary Economics and Path Dependence*, Cheltenham, UK: 57–78.

North, D. C. (1990) *Institutions, Institutional Change, and Economic Performance.* Cambridge.

— (1991) »Institutions«. In: *Journal of Economic Perspectives* 5(1): 97–112.

— (1993) Five Propositions About Institutional Change: Unpublished Paper.

Oliver, C. (1991) »Strategic Responses to Institutional Processes«. In: *The Academy of Management Review* 16(1): 145–79.

— (1992) »The Antecedents of Deinstitutionalization«. In: *Organization Studies* 13(4): 563–88.

Oliver, D./Roos, J. (2003) Studyding Organization Identity Empirically: A Review. Working Paper, Lausanne: Imagination Lab.

Ortmann, G. (1995) *Formen der Produktion. Organisation und Rekursivität.* Opladen.

— (2010) »On Drifting Rules and Standards«. In: *Scandinavian Journal of Management* 26(2): 204–14.

Ortmann, G./Salzman, H. (2002) »Stumbling Giants. The Emptiness, Fullness, and Recursiveness of Strategie Management«. In: *Soziale Systeme* 8(2): 205–30.

Orton, J. D./Weick, K. E. (1990) »Loosely Coupled Systems: A Reconceptualization«. In: *The Academy of Management Review* 15(2): 203–23.

Pedersen, J. S./Dobbin, F. (2006) »In Search of Identity and Legitimation: Bridging Organizational Culture and Neoinstitutionalism«. In: *American Behavioral Scientist* 49(7): 897–907.

Pierson, P. (2000) »Increasing Returns, Path Dependence, and the Study of Politics«. In: *American Political Science Review* 94(2): 251–67.

Polos, L./Hannan, M. T./Carroll, G. R. (2002) »Foundations of a Theory of Social Forms«. In: *Industrial and Corporate Change* 11(1): 85–115.

Poroc, J. (1994) On the Concept of Organizational Community. In: J. A. C. Baum und J. V. Singh (Hg.), *Evolutionary Dynamics of Organizations*, Oxford: 451–56.

Powell, W. W. (1991) Expanding the Scope of Institutional Analysis. In: W. W. Powell und P. J. DiMaggio (Hg.), *The New Institutionalism in Organizational Analysis*, Chicago: 183 – 203

Powell, W. W./Colyvas, J. A. (2008) Microfoundations of Institutional Theory. In: R. Greenwood, C. Oliver, K. Sahlin-Andersson und R. Suddaby (Hg.), *Handbook of Organizational Institutionalism*, Thousand Oaks, CA: 276–98.

Pratt, M. G./Foreman, P. O. (2000) »Classifying Managerial Responses to Multiple Organizational Identities«. In: *The Academy of Management Review* 25(1): 18–42.

Presthus, R. (1966) *Individuum und Organisation. Typologie der Anpassung*. Frankfurt a.M.

Price, K./Gioia, D. A. (2008) »The Self-Monitoring Organization: Minimizing Discrepancies among Differing Images of Organizational Identity«. In: *Corporate Reputation Review* 11(4): 208–21.

Quack, S./Theobald, H./Tienari, J. (2004) Beharrung oder Wandel? Zur Bedeutung des Emergenten Leitbildwandels für Geschlechterverhältnisse in Organisationen. In: M. Oppen und D. Simon (Hg.), *Verharrender Wandel. Institutionen und Geschlechterverhältnisse*, Berlin: 195–220.

Rao, H./Kenney, M. (2008) New Forms as Settlements *Handbook of Organizational Institutionalism*, Thousand Oaks, CA: 353–70.

Rao, H./Monin, P./Durand, R. (2003) »Institutional Change in Toque Ville: Nouvelle Cuisine as an Identity Movement in French Gastronomy«. In: *American Journal of Sociology* 108(4): 795–843.

Rao, H./Morrill, C./Zald, M. N. (2000) »Power Plays: How Social Movements and Collective Action Create New Organizational Forms«. In: *Research in Organizational Behaviour* 22: 239–82.

Rao, H./Sivakumar, K. (1999) »Institutional Sources of Boundary-Spanning Structures: The Establishment of Investor Relations Departments in the Fortune 500 Industrials«. In: *Organization Science* 10(1): 27–42.

Ravasi, D./Schultz, M. (2006) »Responding to Organizational Identity Threats: Exploring the Role of Organizational Culture«. In: *Academy of Management Journal* 49(3): 433–58.

— (2007) Organizational Culture and Identity at Bang & Olufsen. In: L. Lerpold, D. Ravasi, J. van Rekom und G. Soenen (Hg.), *Organizational Identity in Practice*, New York: 103–20.

Ravasi, D./van Rekom, J. (2003) »Key Issues in Organizational Identity and Identification Theory«. In: *Corporate Reputation Review* 6(2): 118–32.

Reay, T./Hinings, C. R. (2009) »Managing the Rivalry of Competing Institutional Logics«. In: *Organization Studies* 30(6): 629–52.

Reger, R. K./Gustafson, L. T./Demarie, S. M./Mullane, J. V. (1994) »Reframing the Organization: Why Implementing Total Quality Is Easier Said Than Done«. In: *The Academy of Management Review* 19(3): 565–84.

Rehberg, K.-S. (1994) Institutionen als Symbolische Ordnungen. Leitfragen und Grundkategorien zur Theorie und Analyse Institutioneller Mechanismen. In: G. Göhler (Hg.), *Die Eigenart der Institutionen*, Baden-Baden: 47–84.

Robinson, S. E./Meier, K. J. (2006) »Path Dependence and Organizational Behavior: Bureaucracy and Social Promotion«. In: *The American Review of Public Administration* 36(3): 241–60.

Rodrigues, S./Child, J. (2003) »Co-Evolution in an Institutionalized Environment«. In: *Journal of Management Studies* 40(8): 2137–62.

Romanelli, E./Tushman, M. L. (1994) »Organizational Transformation as Punctuated Equilibrium: An Empirical Test«. In: *Academy of Management Journal* 37(5): 1141–66.

Rometsch, M. (2008) *Organisations- und Netzwerkidentität. Systemische Perspektiven* Wiesbaden

Rometsch, M./Sydow, J. (2006) On Identities of Networks and Organizations – the Case of Franchising. In: M. Kronberger und S. Gudergan (Hg.), *Only Connect: Neat Words, Networks and Identities*, Copenhagen: 19–47.

Rosenkopf, L./Tushman, M. L. (1994) The Coevolution of Technology and Organization. In: J. A. C. Baum und J. V. Singh (Hg.), *Evolutionary Dynamics of Organizations*, Oxford: 403–24.

Røvik, K. A. (1996) Deinstitutionalization and the Logic of Fashion. In: B. Czarniawska und G. Sevón (Hg.), *Translating Organizational Change*, Berlin: 139–72.

Rowley, T. J. (1997) »Moving Beyond Dyadic Ties: A Network Theory of Stakeholder Influences«. In: *The Academy of Management Review* 22(4): 887–910.

Sahlin-Andersson, K. (1996) Imitating by Editing Success: The Construction of Organization Fields. In: B. Czarniawska und G. Sevón (Hg.), *Translating Organizational Change*, Berlin: 69–92.

— (2000) National, International and Transnational Constructions of New Public Management. Score Rapportserie, Stockholm Stockholm University; Stockholm Center for Organizational Research, 2000:4.

Sahlin, K./Wedlin, L. (2008) Circulating Ideas: Imitation, Translation and Editing. In: R. Greenwood, C. Oliver, R. Suddaby und K. Sahlin (Hg.), *The Sage Handbook of Organizational Institutionalism*, Thousand Oaks, CA: 218–42.

Schäcke, M. (2006) *Pfadabhängigkeit in Organisationen. Ursache für Widerstände bei Reorganisationsprojekten*. Berlin.

Schneiberg, M. (2002) »Organizational Heterogeneity and the Production of New Forms: Politics, Social Movements and Mutual Companies in American Fire Insurance, 1900–1930«. In: *Research in the Sociology of Organizations* 19: 39–89.

— (2007) »What's on the Path? Path Dependence, Organizational Diversity and the Problem of Institutional Change in the U.S. Economy, 1900–1950«. In: *Socio-Economic Review* 5(1): 47–80.

Schneiberg, M./Lounsbury, M. (2008) Social Movements and Institutionai Analysis *The Sage Handbook of Organizational Institutionalism*, Thousand Oaks, CA: 650–72.

Schneiberg, M./Soule, S. A. (2005) Institutionalization as a Contested Multilevel Process. In: G. F. Davis, D. McAdam, W. R. Scott und M. N. Zald (Hg.), *Social Movements and Organizations*, Cambridge: 122–60.

Schreyögg, G./Kliesch, M. (2006) »Zur Dynamisierung Organisationaler Kompetenzen – »Dynamic Capabilities« als Lösungsansatz?«. In: *Schmalenbachs Zeitschrift für betriebswirtschaftliche Forschung* 58(6): 455–76.

— (2007) »How Dynamic Can Organizational Capabilities Be?«. In: *Strategic Management Journal* 28: 913–33.

Schreyögg, G./Sydow, J./Koch, J. (2003) Organisatorische Pfade – Von der Pfadabhängigkeit zur Pfadkreation? In: G. Schreyögg und J. Sydow (Hg.), *Managementforschung 13: Strategische Prozesse und Pfade*, Wiesbaden: 257–94.

Schüßler, E. (2009) *Strategische Prozesse und Persistenzen: Pfadabhängige Organisation der Wertschöpfung in der Bekleidungsindustrie.* Stuttgart.

Scott, S. G./Lane, V. R. (2000) »A Stakeholder Approach to Organizational Identity«. In: *The Academy of Management Review* 25(1): 43–62.

Scott, W. R. (1994a) Institutional Analysis. Variance and Processes Theory Approaches. In: W. R. Scott und J. W. Meyer (Hg.), *Institutional Environments and Organizations: Structural Complexity and Individualism*, Thousand Oaks, CA: 81–99.

— (1994b) Institutions and Organizations.Toward Theoretical Synthesis. In: W. R. Scott und J. W. Meyer (Hg.), *Institutional Environments and Organizations: Structural Complexity and Individualism*, Thousand Oaks, CA: 55–80.

— (1995) *Institutions and Organizations.* Thousand Oaks, CA.

— (2001) *Institutions and Organizations. Second Edition.* Thousand Oaks, CA.

— (2003) »Institutional Carriers: Reviewing Modes of Transporting Ideas over Time and Space and Considering Their Consequences«. In: *Industrial and Corporate Change* 12(4): 879–94.

Scott, W. R./Davis, G. F. (2007) *Organizations and Organizing. Rational, Natural, and Open Systems Perspectives.* Upper Saddle River.

Scott, W. R./Meyer, J. W. (1991) The Organization of Societal Sectors: Propositions and Early Evidence. In: W. W. Powell und P. J. Dimaggio (Hg.), *The New Institutionalism in Organizational Analysis*, Chicago: 41–62.

— (1994) The Rise of Training Programs in Firms and Agencies. In: W. R. Scott und J. W. Meyer (Hg.), *Institutional Environments and Organizations: Structural Complexity and Individualism*, Thousand Oaks, CA: 228–54.

Seidl, D. (2003) The Role of General Strategy Concepts in the Practice of Strategy. Münchner betriebswirtschaftliche Beiträge. Munich Business Research, München: LMU. Ludwig-Maximilians-Universität München. Munich School of Management.

— (2005) *Organisational Identity and Self-Transformation: An Autopoietic Perspective.* Aldershot.

— (2007) »General Strategy Concepts and the Ecology of Strategy Discourses: A Systemic-Discursive Perspective«. In: *Organization Studies* 28(2): 197–218.

Sevón, G. (1996) Organizational Imitation in Identity Transformation. In: B. Czarniawska und G. Sevón (Hg.), *Translating Organizational Change*, Berlin: 49–67.

Simmel, G. (1992) *Soziologie*. Frankfurt a.M.

Simon, H. A. (1959) »Theories of Decision-Making in Economics and Behavioral Science«. In: *The American Economic Review* 49(3): 253–83.

— (1965) »The Logic of Rational Decision«. In: *The British Journal for the Philosophy of Science* 16(63): 169–86.

— (1991) »Organizations and Markets«. In: *The Journal of Economic Perspectives* 5(2): 25–44.

Snow, D. A./Anderson, L. (1987) »Identity Work among the Homeless: The Verbal Construction and Avowal of Personal Identities«. In: *The American Journal of Sociology* 92(6): 1336–71.

Snow, D. A./McAdam, D. (2000) Identity Work Processes in the Context of Social Movements: Clarifying the Identity/Movement Nexus. In: S. Stryker, T. Owens und R. W. White (Hg.), *Self, Identity and Social Movements*, Minneapolis: 41–67.

Snow, D. A./Rochford, E. B., Jr./Worden, S. K./Benford, R. D. (1986) »Frame Alignment Processes, Micromobilization, and Movement Participation«. In: *American Sociological Review* 51(4): 464–81.

Stimpert, J. L./Gustafson, L. T./Sarason, Y. (1998) Organizational Identity within the Strategic Management Conversation: Contributions and Assumptions. In: D. A. Whetten und P. C. Godfrey (Hg.), *Identity in Organizations: Building Theory through Conversations*, Thousand Oaks, CA: 83–98.

Stinchcombe, A. L. (1965) Social Structure and Organizations. In: J. G. March (Hg.), *Handbook of Organizations*, Chicago: 142–93.

Strang, D./Meyer, J. W. (1993) »Institutional Conditions for Diffusion«. In: *Theory and Society* 22(4): 487–511.

Strang, D./Soule, S. A. (1998) »Diffusion in Organizations and Social Movements: From Hybrid Corn to Poison Pills«. In: *Annual Review of Sociology* 24(1): 265–90.

Streeck, W./Thelen, K. (2005) Introduction: Institutional Change in Advanced Political Economies. In: W. Streeck und K. Thelen (Hg.), *Beyond Continuity: Institutional Change in Advanced Political Economies* Oxford: 1–39.

Sundewall, J./Sahlin-Andersson, K. (2006) »Translations of Health Sector Swaps: A Comparative Study of Health Sector Development Cooperation in Uganda, Zambia and Bangladesh«. In: *Health Policy* 76(3): 277–87.

Sveningsson, S./Alvesson, M. (2003) »Managing Managerial Identities: Organizational Fragmentation, Discourse and Identity Struggle«. In: *Human Relations* 56(10): 1163–93.

Sydow, J./Schreyögg, G./Koch, J. (2005) Organizational Paths: Path Dependency and Beyond., Berlin: Paper präsentiert auf dem 21sten EGOS Kolloquium 30. Juni bis 2. Juli 2005.

— (2009) »Organizational Path Dependence: Opening the Black Box«. In: *Academy of Management Review* 34(4): 689–709.

Teece, D. J./Pisano, G./Shuen, A. (1997) »Dynamic Capabilities and Strategic Management«. In: *Strategic Management Journal* 18(7): 509–33.

Thelen, K. (1999) »Historical Institutionalism in Comparative Politics«. In: *Annual Review of Political Science* 2(1): 369–404.

— (2003) How Institutions Evolve: Insights from Comparative-Historical Analysis. In: J. Mahoney und D. Rueschemeyer (Hg.), *Comparative Historical Analysis in the Social Sciences*, Cambridge: 208–40.

Thompson, J. D. (1967) *Organizations in Action: Social Science Basis of Administrative Theory*. New York.

Thornton, P., H. /Ocasio, W. (2008) Institutional Logics. In: R. Greenwood, C. Oliver, K. Sahlin und R. Suddaby (Hg.), *Handbook of Organizational Institutionalism*, Thousand Oaks, CA: 99–129.

Tolbert, P. S./Zucker, L. G. (1996) The Institutionalization of Institutional Theory. In: S. R. Clegg, C. Hardy und W. R. Nord (Hg.), *Handbook of Organizational Studies*, Thousand Oaks, CA: 175–89.

Van de Ven, A. H./Garud, R. (1994) The Coevolution of Technical and Institutional Events in the Development of an Innovation. In: J. A. C. Baum und J. V. Singh (Hg.), *Evolutionary Dynamics of Organizations*, Oxford: 425–43.

Vogel, R./Hansen, N. K. (2010) Organisationale Identität: Bibliometrische Diskursanalyse und Ausblick auf einen Praxistheoretischen Zugang. Diskussionspapiere des Schwerpunktes Unternehmensführung am Fachbereich BWL der Universität Hamburg, Hamburg: Universität Hamburg, Nr. 03/2010.

Volberda, H. W./Lewin, A. Y. (2003) »Guest Editors' Introduction Co-Evolutionary Dynamics within and between Firms: From Evolution to Co-Evolution«. In: *Journal of Management Studies* 40(8): 2111–36.

Walgenbach, P. (1998) »Zwischen Showbusiness und Galeere. Zum Einsatz der DIN EN ISO 9000er Norm in Unternehmen«. In: *Industrielle Beziehungen* 5(2): 135–63.

— (2000) *Die Normgerechte Organisation: Eine Studie Über die Entstehung, Verbreitung und Nutzung der DIN EN ISO 9000er Normenreihe*. Stuttgart.

— (2011) »Das Ende der Organisationsgesellschaft und die Wiederentdeckung der Organisation«. In: *Die Betriebswirtschaft* 71(5): 443–62.

Walgenbach, P./Meyer, R. (2008) *Neoistitutionalistische Organisationstheorie*. Stuttgart.

Weber, K./Rao, H./Thomas, L. G. (2009) »From Streets to Suites: How the Anti-Biotech Movement Affected German Pharmaceutical Firms«. In: *American Sociological Review* 74: 106–27.

Weber, M. (1972) *Wirtschaft und Gesellschaft: Grundriß der Verstehenden Soziologie*. Tübingen.

Wedlin, L. (2006) *Ranking Business Schools. Forming Fields, Identities and Boundaries in International Management Education*

— (2007) »The Role of Rankings in Codifying a Business School Template: Classifications, Diffusion and Mediated Isomorphism in Organizational Fields«. In: *European Management Review* 4(1): 24–39.

Weick, K. E. (1976) »Educational Organizations as Loosely Coupled Systems«. In: *Administrative Science Quarterly* 21(1): 1–19.

— (1988) »Enacted Sensemaking in Crisis Situations«. In: *Journal of Management Studies* 25(4): 305–17.

— (1995a) *Der Prozess des Organisierens*. Frankfurt a.M.

— (1995b) *Sensemaking in Organizations*. Thousand Oaks, CA

Westphal, J. D./Zajac, E. J. (1994) »Substance and Symbolism in Ceos' Long-Term Incentive Plans.«. In: *Administrative Science Quarterly* 39(3): 367–90.

— (2001) »Decoupling Policy from Practice: The Case of Stock Repurchase Programs«. In: *Administrative Science Quarterly* 46(2): 202–28.

Whetten, D. A. (2006) »Albert and Whetten Revisited: Strengthening the Concept of Organizational Identity«. In: *Journal of Management Inquiry* 15(3): 219–34.

Whetten, D. A./Mackey, A. (2002) »A Social Actor Conception of Organizational Identity and Its Implications for the Study of Organizational Reputation«. In: *Business Society* 41(4): 393–414.

Wiesenthal, H. (1990) Unsicherheit und Multiple-Self-Identität. Eine Spekulation Über die Voraussetzungen Strategischen Handelns. MPIfG Discussion Paper, Köln: MPIfG, 90/2.

— (1993) »Akteurkompetenz im Organisationsdilemma. Grundprobleme Strategisch Ambitionierter Mitgliederverbände und Zwei Techniken Ihrer Überwindung«. In: *Berliner Journal für Soziologie* 3(1): 3–18.

— (2006) *Gesellschaftssteuerung und Gesellschaftliche Selbststeuerung. Eine Einführung.* Wiesbaden.

Williamson, O. E. (1981) »The Economics of Organization: The Transaction Cost Approach«. In: *The American Journal of Sociology* 87(3): 548–77.

Zald, M. N./Morrill, C./Rao, H. (2005) The Impact of Social Movements on Organizations. In: G. F. Davis, D. McAdam, W. R. Scott und M. N. Zald (Hg.), *Social Movements and Organizations*, Cambridge: 253–79.

Zbaracki, M. J. (1998) »The Rhetoric and Reality of Total Quality Management«. In: *Administrative Science Quarterly* 43(3): 602–36.

Zucker, L. G. (1977) »The Role of Institutionalization in Cultural Persistence«. In: *American Sociological Review* 42(5): 726–43.

— (1987) »Institutional Theories of Organization«. In: *Annual Review of Sociology* 13: 443–64.

Zysman, J. (1994) »How Institutions Create Historically Rooted Trajectories of Growth«. In: *Industrial and Corporate Change* 3(1): 243–83.